时代造就了李书福

陆涛 著

The Times Made Li Shufu

人民文学出版社

图书在版编目（CIP）数据

时代造就了李书福/陆涛著．——北京：人民文学出版社，2024
ISBN 978-7-02-018675-4

Ⅰ.①时… Ⅱ.①陆… Ⅲ.①李书福–传记 Ⅳ.①K825.38

中国国家版本馆CIP数据核字（2024）第100391号

责任编辑　陈彦瑾
装帧设计　刘　远
责任印制　王重艺

出版发行　人民文学出版社
社　　址　北京市朝内大街166号
邮政编码　100705

印　　刷　北京盛通印刷股份有限公司
经　　销　全国新华书店等

字　　数　240千字
开　　本　890毫米×1290毫米　1/32
印　　张　10.875　插页15
印　　数　1—20000
版　　次　2024年6月北京第1版
印　　次　2024年6月第1次印刷

书　　号　978-7-02-018675-4
定　　价　68.00元

如有印装质量问题，请与本社图书销售中心调换。电话：010-65233595

◆ 少年李书福

时代造就了李书福
------ The Times Made Li Shufu ------

◆ 北极花冰箱厂

时代造就了李书福
—— The Times Made Li Shufu ——

◆ 早期吉利镁铝曲板生产车间

时代造就了李书福
—— The Times Made Li Shufu ——

◆ 早期吉利摩托车生产线

时代造就了李书福
—— The Times Made Li Shufu ——

◆ 1996年吉利集团总部

时代造就了李书福
—— The Times Made Li Shufu ——

◆ 1997年吉利进入汽车行业,吉利汽车在台州正式成立

◆ 1998年,第一辆吉利汽车"豪情"在台州临海基地下线

时代造就了李书福
—— The Times Made Li Shufu ——

◆ 1998年李书福在台州路桥工作照

时代造就了李书福
—— The Times Made Li Shufu ——

中华人民共和国国家经济贸易委员会

公　告

二〇〇一年第 27 号

车辆生产企业及产品（第七批）

根据国家经贸委《关于车辆生产企业及产品目录管理改革有关问题的通知》（国经贸产业〔2001〕471号）精神，现将获得批准的汽车、摩托车、农用运输车生产企业及产品公告如下：

第一部分　汽车生产企业

序号	企业名称	《目录》序号	商标	产品名称	产品型号
1	中国第一汽车集团公司	1	解放牌	载货汽车及底盘	CA1040、CA1041、CA1046、CA1047
				自卸汽车	CA3103、CA3118、CA3125、CA3138、CA3155、CA3163、CA3175、CA3205、CA3210、CA3220、CA3235
				厢式运输车	CA5125X、CA5225X、CA5235X、CA5245X
				仓栅式运输车	CA5225、CA5245
				客车底盘	CA6140、CA6980、CA6981

— 1 —

◆ 2001年，吉利汽车获得国家轿车产品"准生证"

时代造就了李书福
—— The Times Made Li Shufu ——

◆ 2005年，吉利汽车在香港证券交易所上市，股票代码为0175 HK
(图片为2009年拍摄)

◆ 2006年，吉利控股集团入股英国锰铜集团

时代造就了李书福
—— The Times Made Li Shufu ——

◆ 2007年,吉利发表《宁波宣言》,宣布战略转型

时代造就了李书福
—— The Times Made Li Shufu ——

◆ 2010年3月28日，吉利控股集团董事长李书福与福特汽车公司首席财务官刘易斯·布思（Lewis Booth）在哥德堡签署吉利收购沃尔沃轿车公司最终股权收购协议

时代造就了李书福
—— The Times Made Li Shufu ——

◆ 2018年3月两会期间，全国人大代表李书福接受媒体采访

时代造就了李书福
------ The Times Made Li Shufu ------

◆ 李书福在喜马拉雅山（时间不详）

时代造就了李书福
—— The Times Made Li Shufu ——

◆ 2018年12月,李书福获"改革先锋"称号,获颁"改革先锋"奖章

时代造就了李书福
—— The Times Made Li Shufu ——

◆ 2019年3月26日，吉利控股集团董事长李书福与戴姆勒集团董事会主席兼梅赛德斯－奔驰汽车集团全球总裁蔡澈博士（Dr. Dieter Zetsche）代表双方签约

时代造就了李书福
—— The Times Made Li Shufu ——

◆ 2019年4月13日，吉利汽车与第19届亚运会组委会正式签约，成为杭州亚运会官方汽车服务合作伙伴

◆ 2022年3月两会期间,全国人大代表李书福发言

◆ 自2017年始,吉利汽车每年都为两会服务。这是李书福出席两会时的照片

时代造就了李书福
—— The Times Made Li Shufu ——

◆ 时空道宇台州卫星超级工厂

◆ 2023年9月，绿色甲醇点燃杭州第19届亚运会主火炬

◆ 吉利未来出行星座首轨九星（一箭九星）

时代造就了李书福
—— The Times Made Li Shufu ——

◆ 2003年，本书作者陆涛与李书福合影于中国国家博物馆

时代造就了李书福
------ The Times Made Li Shufu ------

青少年时期的牛,青少年过渡期骑自行车做生意,青年时期骑摩托车创业。三十岁若进入汽车业,因为改革开放的浪潮把我这样的农民推上了经济建设的风口,对我而言分不清一切都是因为运气,我必须心怀感恩,感谢这个伟大时代,感恩所有给我运气的好人,我要继续努力奋斗,把我的一切回馈世界,爱还给世界,奉献给善良勤劳人。

◆ 本书写作时,李书福手书给作者的信笺

时代造就了李书福
—— The Times Made Li Shufu ——

梦想神话掠去浮华，剩下的是命名方式。

目　录

前　言　　　　　　　　　　　　　001

第一章　小镇青年魔幻斑斓　　　001
　悬　挂　　　　　　　　　　　003
　影　雀　　　　　　　　　　　016
　橘　幽　　　　　　　　　　　030
第二章　时代春风里的千千阙歌　043
　锦绣未央　　　　　　　　　　045
　幻影般若　　　　　　　　　　058
　蝴蝶尖叫　　　　　　　　　　066
第三章　追梦人踩疼了自己的影子　083
　像蚂蚁那样哭泣　　　　　　　085
　融化的雪　　　　　　　　　　099
　吉利时辰　　　　　　　　　　113

第四章　为老百姓造买得起的好车　121
　　旗帜与命名　123
　　丰田之战　134
　　心碎无痕　148

第五章　重新定义"我是谁"　173
　　海明威　175
　　铁皮鼓　194
　　变形记　208

第六章　穿着战袍舞蹈　221
　　人生是一条船，做好自己的摆渡人　223
　　神在神坛，人还是人的模样　236
　　北京告白　258

第七章　梦想天空决战未来　271
　　生命的诗　273
　　未来已来　286
　　向爱而生　306

附　录　332
　　大事年表　332
　　组织架构　334
　　全球生产布局　336

前　言

当我写下这段文字的时候,杭州第19届亚运会的火炬点燃了。我长出一口气,知道此刻有多少吉利人把悬着的心放下来,有人会泪流满面。这是全世界第一次使用绿色甲醇燃料的火炬,我知道背后的故事跟吉利控股集团董事长李书福有关。我想说的是,人们一直看着台前的李书福,他背后的故事鲜为人知。

20多年以前,我写了李书福的第一部传记《李书福和他的十八戒》,那时候的吉利汽车还晃晃悠悠不成样子,他居然说出想要收购沃尔沃,我像很多人一样认为那就是个笑话。李书福经常说出一些惊人的话,没想到8年以后他真的把沃尔沃汽车收到了吉利旗下。

到底发生了什么？李书福是怎样做到的？"梦想总是要有的,连梦想都没有,这不行。"这是李书福2023年2月25日在CCTV播出的《对话》里说的。人们看到屏幕里的他红光满面,实际上是他中午约我喝了太多的酒。我拦不住他,李书福兴奋得不行,因为甲醇汽车又有了新的重大突破。他说愿意公开所有专利和技术与中国汽车企业分享,还说有一天他要把太阳能变成液体装进容器里,"到那时候中国将出口能源！"他兴奋地说。

当李书福知道我应出版社之邀又要写他的时候，不让我写。可他知道拦不住我，我们有20多年的友谊，因为是朋友，我知道他很多"鲜为人知"的故事。当我再写李书福的时候很多记忆被唤起了，这也是我学习和认知的过程。李书福是一个特别念旧的人，也是一个心软的人，他不干涉我写，他说他不会过问的。李书福显然知道我会写他在奔跑中有多么拧巴，摔倒了会迅速站起来，他不说疼不疼，只问你他摔倒的姿势漂不漂亮。

在当代中国企业家中，李书福必将有自己的历史地位，无论将来的吉利会怎样。"一个放牛娃的成长，证明了新时代社会主义市场经济的顽强生命力。"李书福对我说，听着像官话，却是发自他的内心。李书福的出身没有优势，他总是狂飙着奔向梦想天空，没人知道李书福的"梦想天空"有多大，他给我们的启示是出身不决定命运，成功是抓住机会，要把想做的事做到一种境界。李书福率领吉利一路高歌，上演了近乎疯狂的全球并购，都以为是"买买买"，实际上是"变变变"，立志把"中国制造"进化到"中国智造"，成为李书福和吉利的理想制高点。

实际上，没有人可以写出一个完整的李书福，睿智的人甚至会想吉利究竟是不是在"造汽车"。从某种意义上说，李书福是无法被叙述的。当年我离开《中国经营报》到北京作家协会从事专业写作，2002年春天，我在吉利宁波基地的电梯里初识李书福，他穿着一身工作服，我曾以为他是开电梯的，他一直那样朴素。那时候的李书福说得最多的是"信息不对称"，因为信息不对称让他在一条弯路上走来走去，他不干。我喜欢他在挣扎中诉说的样子，光是表情就引起了我的兴趣，我想要写写他。我一直是写"小人物"的，没想到李书福后来成了一个"大人物"。

我说要去路桥采访他的父亲母亲，他用他特有的眼神看了我一眼，给了我一把车钥匙——他的豪情座驾。我开着吉利豪情出发了，从宁波奔路桥，到台州的时候台风刚刚过去，公路上一片狼藉，路中央的隔离带都被吹倒了，散落了一地的鲜花。我见到了李书福的父母，两位和蔼可亲的老人。李书福的父亲穿得利利整整，崭新的白衬衫系上了每粒扣子，手里拿着一根棍子，要我转告李书福非要揍他一顿不可，因为李书福跑回路桥来造汽车了。

李书福小时候没少挨过父亲的打。我原计划在路桥待3天，结果待了12天。我走进了李书福的童年，他的梦开始的地方。今天我再写李书福，一不树碑立传，二不歌功颂德，我要展现的是李书福鲜为人知的一面，一个时代造就的传奇。我知道他的担忧，李书福心里其实一直很紧张。我想说的是，李书福造车不是用来被批判的，批判者大有人在；李书福造车也不是用来被赞扬的，赞扬者也无处不在。这不是立场上的对立，是情绪上的共振。

李书福对我还要写他心里不踏实，我知道他是多么忧心忡忡。2023年9月17日，他出国总倒不过来时差，那天他在伦敦，英国时间凌晨1点给我发来微信，写得语重心长：

我少年时期放牛，青少年过渡期骑自行车做生意，青年时期骑摩托车创业，三十岁以后进入汽车产业。改革开放的政策浪潮，把我这样的农民推上了经济建设与产业变革的风口。对我而言，今天的一切都是运气，我必须心怀感恩，谢天谢地，感谢所有给我运气的好人！我要继续努力奋斗，把我的一切回馈世界，交还给世界，奉献给善良勤劳的人。

　　我好像找到了重写李书福的主脉——以梦想为支点，青春为底色，时代为坐标，把书稿一再推倒重来。本书不是写给专家看的，也不是给业内人士看的，甚至不是给吉利人看的。有很多写李书福的书都是写李书福造汽车，我写人，写人的成长、人的命运。以李书福为中心会写到一些人，难免挂一漏万，特此说明。我保持着从共性中寻找个性、从个性中寻找味道的一贯风格，包括时间与空间的转换。我从吉利发射卫星写起，没人知道李书福要发射多少颗卫星，有一天马斯克会不会跟李书福约一架也说不好，这个世界上有好多人想把李书福给揍一顿倒是真的。

　　我用我的语言和我的叙述方式，讲述李书福的故事。我想这样说：吉利创造的不是一个周期，而是一个时代。没有不服，怎能创新？没有创新，如何突围？擂台上的人拳拳有理，不是每个人都喜欢看皮开肉绽。清高不如同行，仰望不如相伴。我说这些是想表达我的主张：文学没有标准终点线，但一定有出发立场线。这就是《时代造就了李书福》书名的缘由，这书名也是李书福的原话。

　　感谢人民文学出版社，我特别感谢臧永清社长、孔令燕副总编辑为这本书付出的精力，由衷谢谢责任编辑陈彦瑾对本书投入的心血。我要谢谢陆路对本书的策划，并陪我走访了很多吉利精英新生代。谢谢初稿编辑李宇颖为这本书付出的努力，她总是告诫我不要写得太老套。谢谢王斌、洪勇刚，没有他们一开始的鼓励和鞭策，不会有这本书的诞生。

　　当然，最要感谢的是李书福，他不过问、不干涉我怎样写他。

非常感谢时磊、王硕硕、杨学良、林杰、苏扬、范峻毅、刘永胜、沈子瑜、王洋、沈源、潘巨林、陆丹、宁述勇、李晓云、刘健全、顾勇等为本书写作提供的帮助,真心谢谢杨健、桂生悦、安聪慧、刘金良、翁晓冬等从我第一次写李书福至今20多年来给予的支持。要感谢的人非常多,还有赵杰、韩润生、魏志玲等等我就不一一列举了,在此一并表达我的敬意。

我要真心地谢谢你,写这本书就是为了与你相遇。人有命运,书也一样,谨以此书献给每一位有梦想的读者朋友。

第一章

小镇青年魔幻斑斓

天空很大,马斯克的"星链计划"让太空变得拥挤,李书福也来了。这个从路桥走出来的小镇青年,就像游戏里的怪兽,他干哪行就是哪行里的"怪兽"。

悬　挂

忽然有一种不祥之兆，他站在吉利大厦十楼办公室窗前，看着冬日里雾蒙蒙的天空，一下想起了路桥的那个黄昏，在李家大队村头，他跟一头牛发生了对峙。那是一头重达千斤的牛，9岁的他身体单薄，想要骑上大老牛，理直气壮，刚刚向爸爸宣布他不再上学了。

就是说，他不准备完成学业，要从小学三年级退学。原因很简单，他生气。走进路桥小学的第一天，他就想退学了，看着女老师站在讲台上，教一屋子小屁孩"波、坡、摸、佛"，他当时以为"波坡"是个人，老师教他们"摸佛"。这可不行，佛是用来烧香敬拜的，怎么能摸呢？

李书福刚上学就生气。

那是个黄昏，夕阳挂在天边，云彩红艳艳的，晚霞像是想要火烧路桥。李书福的心好热，决定退学那一刻，他比第一天上学时还要热血沸腾。李书福总跟别人不一样。

人总是要生气的，没有人喜欢生气，可让人生气的事儿躲也躲不过。三年级，就是那天班长掉了一颗牙，语文老师不上课了，带着全班同学到操场上去寻找那颗牙。班长是副县长的儿子,女老师的爱人刚从信访办调去给分管文教卫的副县长做秘书,将来有可能到教育局当局长。

班长掉的是上牙,按照传统,上牙掉了要埋进土里,下牙掉了扔到屋顶上。女老师帮副县长的儿子在操场上找到了那颗牙,兴致勃勃地帮班长把大门牙埋进操场边上的土里,还要全班同学鼓掌,像是预先庆祝将来土里会长出一颗跟野花斗艳的大板牙。

他受不了,隐忍着。李书福没有抱怨爸爸不是副县长,爸爸是李家大队第7小队的副队长,也算走在了进步的路上。他没鼓掌,拿着手里的铅笔狠狠地扎了一下腿,扎破了,裤子上戳出了一个洞,才知道上学是会流血的。

想奶奶,奶奶懂他,爱他,奶奶要是在,他准会跟奶奶说这事儿。奶奶说他生下来5天后才睁开眼睛,第一个看见的是奶奶。妈妈没有奶水,只能喂他米汤,小米粥上面浮着一层米油,奶奶说米油好,有营养,喝米油的娃儿长得快。

他长得不快,两岁多了才会走路,却总是跑。妈妈不让他跑,怕他摔掉才长出来的两颗门牙,别的牙都不急着出来,有点怪。奶奶说不怪,没说牙,说他爱跑,谁家两三岁的小娃要是四平八稳地走路,一定会吓死个人。

他爱跑,第一次溜出家门,一下子就跑进了鱼塘。离家不远有一个鱼塘,差点把他给淹死。幸亏父亲路过,看见鱼塘里有个小娃在水里扑腾,定睛一看是他,就把他给捞了上来,捡起一根树杈使劲抽他的屁股。

树杈上带刺，把他的屁股扎出了血，一躺下就疼，他就趴在床上，看星星。窗外的月亮好亮，天上有好多星星在向他眨眼，他也对星星眨眼睛。奶奶来了，拿着一块月牙糖，一种用大米做成月牙状的糖块，他尝了一口，好甜。

　　舍不得吃完，他把糖悄悄藏在了身子下的衣服里，不知道糖会化的，醒来的时候月牙糖没有了，他就哇哇大哭。奶奶听到后进屋来，抚摸着他的头说："月牙糖去星星里了，月牙糖的家在星星里。"他问："奶奶，月牙糖怎么住在星星里呀？"奶奶说："月牙还没长大呀！长大了的月牙会变成星星，向爱她的人眨眼睛。"

　　奶奶说会再给他月牙糖，他就不哭了。炎热的夏天，奶奶的头上戴着一块方巾，不想让人看到头发。过了些日子，奶奶忽然不见了，爸爸、妈妈、哥哥、姐姐都哭着喊奶奶。他知道奶奶去了哪儿，奶奶去给他拿糖了。他仰望星空，下决心长大后要去星星里，奶奶就在那儿，那里还有他的月牙糖。

　　后来才知道是怎么一回事，奶奶剪掉了一缕头发，给他换来了月牙糖。不久后奶奶就离开了这个世界，好像很多事他都比别人知道得晚一些，可他比别人想得多，记住了天空，种进了梦里。这件事，他不曾跟任何人提起过。在黑暗中能看到满天繁星，阳光下不是没有星星，是看不见。后来才知道，人被蒙住眼睛是走不了直线的，他瞪大眼睛专抄近路，飞一般地向前。

　　长大后的一天，他看见了卖月牙糖的货郎，挑着两个箩筐来到村里吆喝着卖糖。箩筐上面搭块板，板上撒着米糖，可以用钱买，1分钱、2分钱、5分钱都可以，也可以用东西换，鸭毛、鸡毛、橘子皮都行，甚至可以用头发。他知道了，奶奶就是剪掉头发给他换来了月牙糖，李书福愤怒地低着头猛冲过去，一头把货郎给撞进了鱼塘，只见鱼塘上面漂满了鸭毛、鸡毛，还有好多橘子皮。

货郎不会游泳，在鱼塘里扑腾着大口喝水。父亲看到了，拿着棍子想要打他，他跑得快。父亲捞出了货郎，当年被评上"五好社员"，黄曲乡人民公社奖给了父亲一个洗脸盆。那时候不允许做小买卖，那个货郎是黄岩县教育局的，做买卖有些日子了。老实的父亲没有举报那个人，全家人都高兴得不行，李书福还没上学就给家里赚到了一个洗脸盆，比他爸爸的"五好社员"奖状更实惠，这也是李书福的一个秘密。

没有秘密的是大地，春天里油菜花还没开，田野里呈现出一片鲜嫩的绿色。再过些日子油菜花就开了，能看见蝴蝶在辽阔的花海飞舞。春雷大声响过以后，春笋会从地里露出尖来，牛角大的根茎藏在土里，像是土地的精灵探出头来打量这个世界，根茎很快就会见天日的，被路桥人给挖出来吃掉。

小时候家里穷，不仅味觉被遮蔽，视觉里的色彩也都是大自然赏赐的。"很快就可以吃到春笋了，咱妈还藏着腊肉呢，过年的时候没舍得吃完。"大哥说。二哥一下子就给揭穿了，大声说："大哥，没有了！前几天咱爸带着你悄悄把腊肉给卖了，你以为我不知道？三弟，你吃不到腊肉炒春笋了！"

李书福知道，是大哥帮爸爸一起挑起了这个家。他有两个哥哥、一个姐姐和一个弟弟，李书福在兄弟中排行老三，上不着天下不着地，悬在了半空，他变得非常谨慎。大哥像父亲一样，是个不爱说话闷头做事的人。二哥手巧，家里什么东西坏了都是他修好的。小弟被家里人宠爱，谁家的小儿子不是个宝贝疙瘩。他好像天生尴尬，从小就学会了隐忍，总觉得自己是家里多张嘴吃饭的人，变得特别害羞。没有小弟的时候，他是家里最受宠的那个，老四来了，他一下子就被忽略了。

过年的时候，爸爸买来一张年画贴在门上，贴在了门里边，家里忽然有了喜庆的颜色，他马上表现出欢喜的样子，像是在肯定爸爸的壮举。爸爸看都没看他，带着大哥出去倒腾房檐下的腊肉了，小弟骑在爸爸的脖子上，去闻腊肉的香味。二哥蹲在院子里修理掉了把儿的锄头，他关上门看年画。

年画上是一个骑着牛的胖娃娃，胖娃娃的脸蛋红艳艳，骑在牛背上吹笛子。从没见过这样的胖娃娃，李家大队的男孩一个个都跟蜡人似的面黄肌瘦，更没见过这样雄壮又肥硕的牛，生产队的牛一个个都苦大仇深的样子。

只有一头不知因何吃得肥壮的牛。牛也有牛运吧，这头牛不知怎的就受到了呵护，能吃到最好的饲料，干生产队大队长指派的活儿。李书福蓄谋良久，想要骑上这头牛，他骨子里就是个浪漫的人，喜欢浪漫的事儿。可是，他没有笛子，爸爸不可能花钱买个笛子让他骑在牛上吹。

这头壮牛曾经顶死过生产队的一头倔驴，拖着沉重的身子一闪掉进了池塘。一闪有可能辉煌，也可能毁灭。火柴在快灭的时候总会一闪，他把一盒火柴一根根地点着，看火柴最后的一闪。爸爸拿着根棍子追着他打，他跑得快，只要跑得够快，就能少挨一次打。

生产队的大队长在大喇叭里喊，叫社员们赶快去池塘拉牛。他正爬到一棵树上掏鸟蛋，听到喇叭声握着鸟蛋从树上跳下来，快步跑向池塘，用眼神给社员们加油。大队会计的儿子发现了他手里的鸟蛋，一下就给抢走了，说要上缴给大队保管。

李书福要像年画上一样骑牛，反正宣告退学了，他以为只要提出了主张就可以去做，他从小就有这种想法，不知道这想法是帮了他还是害了他。他总是有想法，没有想法就不是李书福了。

面对这头壮牛，他忽然想到万一没骑上去，再被大壮牛给顶了，把他傻乎乎地挂在牛犄角上，让人看见算是骑上了还是没骑上？也是长大后才知道，有一个词叫"图腾"，挂起来让人看。他可不想让牛犄角挂起来让人看，不好看，也不好玩。

爸爸来到村头，手里拿着棍子，一看就是要跟他讨论一下退学的事儿。李书福大口喘着粗气，两只眼睛瞪着壮牛。父亲知道了他想干什么，大声说："老三，你真的不上学了？想骑大老牛？真不知道你那脑袋瓜子里想什么！回家！不想上学了就跟我种地！"爸爸一直认为上学是件无可奈何的事，与其说是把孩子送到学校学知识，不如说是关在学校里集体饲养，到了能下地的年龄赶紧回来种地。

爸爸转身走了，不想在夕阳下把他给打哭了吧。他看着爸爸的背影，一下就想起老师说的《背影》，老师说马上就要讲到《背影》了，他却退学了。他不知道什么是"背影"，后来知道了，老师说的是朱自清关于父亲的散文。"长大后不知道《背影》你会很孤独的，没办法在社会立足！"老师追出教室在他身后大声说。

他不知道何谓"社会"，也不懂什么叫"立足"，有人就有社会，有脚怎么就不能立足呢？而且，上学几天后才知道，"波坡"从来没有"摸佛"，老师教的是汉语拼音，是他想多了。

李书福打小营养不良，没有妈妈期望的高，没有爸爸希望的壮。可他有灵性，像一个有魔法的人，能够把有梦想的人给吸到一块儿，拖着梦的影子前行。他是一个孤独的奋勇者，有人说，孤独是最高级的自由。李书福是自由的，他一直很自由，还喜欢写诗，要求不高，押韵就行，常有神来之笔炸裂在字里行间。

他考进了路桥中学（当然，他又回到了学校），念完初中又考进了路桥高中尖子班。开学的第一堂课是历史，历史老师信誓旦旦地宣布掌握了真理，戴着又大又厚近视眼镜教历史的男老师，想要考一考路桥中学的优等生。

"站在路桥的夜幕下，你抬头看见了天上的一颗星星。"老师扶了一下眼镜，环视了一下教室说，"随便一颗星星，不必确定是哪颗，浩瀚的宇宙里星星太多了，比撒哈拉沙漠的沙子还多！你只要随便选定一颗就行了，请回答，你看见的星星还在不在？"

神经病，老师才是怪兽。李书福在判断老师得了什么病，最有可能的是甲亢，因为历史老师总是瞪着凸出来的眼球。李家大队会计的老婆就得了甲亢，每天鼓溜着两个大眼球出来吓人，像一条会游走的金鱼，有人说是在到处找水，找油水。

他听不懂什么叫"油水"，捞过油水的人一听就懂了。班里50个精英学子面面相觑，不知道历史老师要干吗，是不是受了历史的刺激？全路桥每250个初中毕业生，只有一个能考上路桥中学的高中，他在这个数字里。

数字不好听却是事实，太多好听的都不是事实。历史老师把历史课给上成了天体课，未来3年的学习任务是考大学，没人关心天外的事。"不费你们的脑袋瓜子了！"老师大声宣告他掌握的真理，说，"我可以确定地告诉大家，你看到的那颗星星已经不在了！世界上最快的是光，你看到的那颗星星，走了一万年才到了地球让你看见，一万年前就消失了！"

李书福生气了，站起来大声说："老师，你说得不对！世界上最快的不是光，是心！心在一瞬间就可以到达想到达的地方！光无法穿越黑洞，星星永远在，只是你没有看到！"

后来，他结婚生子有了儿子，给儿子起的名字就叫星星，李星星。星星有个姐姐叫李艺。李书福有艺术情怀，梦想成为一个摄影家。李书福有正反两面，正面是企业家，转身就是一个诗人。

历史老师扶了一下厚厚的镜片，低头看着花名册，从第一排左数第三个找到了他的名字，然后站在讲台上盯着他的脸说："李书福？我警告你，你别老觉得自己跟别人不一样！你见过黑洞吗？我看你就是黑洞！你想要吞噬路桥莘莘学子未来的光芒？你给我坐下！现在我们复习一下初中的历史课，谁能告诉我，中国历史上最短的朝代是哪个朝代？"

不知道是不是这个原因，考上路桥高中的第一天，他又不想上了。退学是他的一种习惯，还经常冒出一些雷人的话来，把很多人的耳朵都给听抽抽了。有人崇拜搞"星链计划"的马斯克，不接受也要造卫星的李书福。没人想到李书福真就造出来了卫星。

2021年12月15日这一天，李书福要上天，媒体一定会铺天盖地报道，李书福上天了！

当然，是吉利GeeSAT（未来出行星座）卫星上天，一共两颗，是双子星，在酒泉卫星发射基地用快舟一号甲运载火箭发射上天。

李书福看了一眼表，9点59分，距发射还有一分钟。

他有点激动，隐忍着，守规矩，作为全国政协委员，过完年，3月份要去北京开两会，他有新的提案要写，没去酒泉。新冠疫情很严重，他站在窗前看着天空，等待好消息，千万不能出差错。多少年了，只要他一动媒体和汽车界都会动，此刻多少人都在盯着这场卫星发射。

保守的英国人发明了蒸汽机，严谨的德国人发明了汽车，美国成为汽车轮子上的国家，李书福也来造汽车，不是越造越神，如果没有沃尔沃，吉利汽车恐怕早已销声匿迹了。这就是现实，对或不对都用实力说话，真理不在舌尖，真理在刀锋上。这个懵懂少年长大后与其说一再惊动世界，不如说是一直惊了自己。李书福像跳跃的音符，不在和谐里。

依据中华传统的浪漫表达，骑牛牧童的年画进了寻常百姓家，到了20世纪90年代，牧童骑牛年画被到处可见的"断臂维纳斯"取代了。1998年在一次中国汽车高峰论坛年会上，一位中国汽车界大佬对吉利汽车发表高见说："吉利看着像汽车，有残缺。"这让汽车业的同行很舒服，没人想到有一天吉利汽车会被中国国家博物馆收藏。

李书福无论做哪行，都跟这个行业好像不在一个时空里。当他决定造卫星的时候，公司名称叫"时空道宇"，瞄向了浩瀚的宇宙。2015年国家明确了支持航天领域向民营企业开放，2018年浙江时空道宇科技有限公司成立，李书福亲自出任董事长，邀请青年科学家王洋担任CEO。

时空道宇在上海成立了研究总院，建立了西安、南京和武汉三个研发中心，在广州和青岛组建了两大运营总部，设立了北京商务中心，把卫星超级工厂设在了路桥。很多地方政府想让李书福把造超级卫星的工厂设在他们那里，都被李书福拒绝了，开出什么样的条件他都不去，就是要放在台州，而且在路桥，这是对故乡的回报。

造卫星不比造汽车，汽车有一两万个零部件，卫星是十万起，大卫星多达几十万个零部件。时空道宇2018年成立，第二年完成了首发双星原型设计，经过复杂的各项鉴定实验和测试，投产正机，欢欣鼓舞地等待发射升空。不料新冠疫情来了，用于发射卫星的快舟一号甲运载火箭等了一年。

从今天开始，2021年12月15日，天上该多了一颗星。不，是两颗，悬挂在天上，白天是看不见的，除非是巨星从天上掉下来，拖着长长的火焰。吉利GeeSAT双子星在浩瀚的太空，就像飘在天上的两朵花，有人说是蒲公英飞上了天，他认为是太阳花。

吉利发射自己的卫星，像当初造汽车一样，又该有人打怪了。这个世界，每天都有感觉超好和感觉超不好的人，放声歌唱或大声叫嚷的人。人生就是这样，有的人是一条直线，像火箭载着卫星一飞冲天；有的人像高尔夫球，一杆下去在空中划出一条曲线，进洞或者掉进沙坑；有的人就没有线，没点着火或没打着球。

没点着火火箭就升不了天，没打着球球就进不了洞，甚至掉不进倒霉的坑。老师说了，他绝对是个疯子，多年以前就是，现在更疯了，要往天上放卫星。从某种意义上，"李书福"和"吉利"已经无法分割，是李书福造就了吉利，还是吉利成就了李书福，历史终会有答案的。

时空道宇的CEO王洋，此刻正心潮澎湃地坐在20基地。20基地是中国航天人的术语，酒泉卫星发射中心被称作20基地，西昌卫星发射中心被称作27基地。马上要进入60秒倒计时，点火发射，快舟一号，一定够快。王洋知道，李书福做什么都快，总能抓住什么，思绪敏捷，出手极快，像闪电。李书福就是闪电，造冰箱把造冰箱的给闪着了，造摩托车把造摩托车的给晃倒了，造汽车把造汽车的给弄晕了。

放卫星，好像地上hold不住李书福了，必须上天去闪烁一下。

天空很大，马斯克的"星链计划"让太空变得拥挤，李书福也来了。这个从路桥走出来的小镇青年，就像游戏里的怪兽，他干哪行就是哪行里的"怪兽"。

其实是他在打怪，干哪行把哪行都给搅个天翻地覆。他是挣到了钱，挣到大钱以后去到北京，没有沿着长安街买套四合院，而是拿出5000万捐献给了中国教育发展基金会。他爱故乡，给台州慈善协会捐钱，台州每遇到自然灾害他总是捐钱捐物。但其实，他很少回故乡，故乡早已遥不可及。李书福小学四年级就开始住校，一直到高中。李家大队改叫李家村，后来又叫李家洋村了，他不得空回家，更别说跟村民打交道了。

越来越多的人开始知道李书福，他是一个喜欢独来独往的人，跑回路桥造汽车，没想到吉利出资修建的路白修了，有几个村子要给拆了。李书福让有些人生气，父亲手里拿着根棍子等他回家，要打断他的腿。父亲是一个要面子的人，听说有几个村子要被拆了造汽车，有人不愿意，这让父亲很没面子，所以把李书福揍一顿很有必要。

今天以后，吉利GeeSAT卫星悬浮在天上，创立智慧出行。这还只是开始，他还要把太阳能、风能变成液体存贮起来。包括甲醇汽车，改变世界温室气候，这对全人类意义重大。

空荡荡的天空，低气压把云给压了下来，西湖起雾了，掩住了断桥，弥漫，眼前很弥漫。今天的太阳还是那样大，也可能小了些，冬天的太阳会离地球远一些。他有一个惊奇的发现，冬天的太阳会从北屋的窗口升起来，让他好不惊讶。他总能在寻常中"发现"，一直以为太阳不可能照到北面的窗户，冬天的太阳竟然照到了。

"十、九、八、七、六、五、四、三、二、一，点火！"

王洋在酒泉卫星发射中心指挥大厅发出口令，快舟一号甲运载火箭带着吉利GeeSAT卫星点火升空！全国很多媒体都在等待消息，争着第一时间发布新闻。上海、西安、南京、广州、青岛、北京和路桥时空道宇的人都准备好了庆祝，依照航天人的传统要放烟花，各地公安局都特批了燃放烟花的手续。

手机振动起来，李书福的手机总是调到静音模式，他以为是王洋打来的，奋战3年，向董事长汇报好消息来了。

不是王洋，是一个记者打来的，老朋友。他接听了，听到老朋友上来就劈头盖脸地问："书福董事长，你有什么看法？"

"我有什么看法？"他重复了一句，这是媒体问他最多的问题，早就习惯了，他笑笑说，"吉利就是要与科技融合造汽车，走科技创新之路。"想起来了，这个记者在K12被叫停以后开始关注职业教育，又补充了一句，"包括教育，专业要与职业挂钩，艺术要与科技融合。"

"牛！你真牛！"记者毫不客气，大声说，"您的那两颗卫星没上去，掉下来了！"

心里咯噔了一下，怪不得有一种不祥的预感呢。快舟一号甲升空了，没能进入预定轨道，就是说没有把吉利 GeeSAT 两颗卫星送上天！

李书福叹了口气。吉利发射自己的卫星，本来想励志，结果是"雷人"。卫星没上去，把他给送上去了，不上也得上，被悬挂在那里，不定被某些人怎样嘲弄呢。从造汽车开始他就习惯了被群殴，再多一次毒打又何妨。

吉利卫星掉下来了，射出个寂寞。

新华社在第一时间向全球发出快讯："12月15日消息，酒泉12月15日10时，我国在酒泉卫星发射中心执行 GeeSAT 双星商业航天发射任务，火箭飞行异常，发射任务失败。具体原因正在进一步分析排查。"

影 雀

  1963年的春天里，李书福出生在浙江省台州市路桥镇李家大队。路桥镇依山面海，地处丘陵之间，多是悬崖滩涂，七山一水二分田，种粮土地贫瘠。听着屋内一个婴儿呱呱坠地，父亲没有抬头看天，而是低头盯着米缸。天象扰不了寻常百姓的日子，父亲更在意家中米缸里有多少米。大米之所以叫大米，米比天大。民以食为天，无论天上飘着怎样的云和怎样的旗，家中多了一个娃总是要吃饭的。如果说欢喜，就是可以再申请一份自留地，多种些蔬菜。

  那年月家家都喊饿，路桥人最大的理想就是能吃饱肚子，家家的娃都哭闹着说饿，让人以为李家大队都是笨爹。"别发愁了！"母亲看着眉头紧锁的父亲，弱弱地说，"赶紧给孩子报户口去，给老三起个名字吧！"父亲说："我先去找大队要块自留地，种大米！"

  父亲从门后摘下伞，出门找大队长去要自留地。父亲是个谨慎的人，爱干净，总是穿得利利索索，话不多，要面子，从不与人有口舌之争。

  那天没有雨，带伞出门是父亲的习惯，以备毫无章法的雨。春天里最不缺的就是雨，随便一片云也会兴致勃勃地从天上抖下一阵雨来，路桥的雨总是说下就下，有时一下就是一整天，有时下个三五分钟，沾湿人的衣服就草草收场了。

到了队长家，大队长不在，大队长的老晏在，路桥人管老婆叫"老晏"。父亲进了屋，老晏没抬头，问："李小副队长，何事？"大队长的老晏总是把小和副说得很重，以示强调，父亲早已经习惯了。

"自然是大事！"父亲说，"我家老三出生了，我来要块自留地！"老晏问："可报上户口了？"父亲说："还没呢！"老晏这才抬起头，说："没户口？你这个7小队的副队长是咋想的？没户口不作数！"父亲说："我先来跟大队长打声招呼，让大队好有个准备！我明天一早就去报户口。"老晏听到这话，问："你得了个男娃，还是囡囡？"

"福娃！"父亲肯定地说，"有福之娃！"

自留地没要成，这事儿大队长的老晏就依规给挡了。否定历来比肯定容易，你跟人家讲道理，人家跟你讲原则；你跟人家讲原则，人家就跟你讲道理。不想解决你的事儿，你连话也接不住，不是接不住，而是根本对不上。一句话，仰望者永远处于劣势，若想赢得主动，须有别的本事。

老三的名字倒是来得痛快，父亲脱口而出一个"福"字，李胥福，跟他二哥李胥兵排一起。一上学，这小子自己就把名字给改了，嫌"胥"字不好写，笔画太多，还有点绕，不是横平竖直，写起来费劲。老三喜欢横平竖直，哭笑随性，痛快利落，自己就把名字改成了李书福。

后来，这个名字如日中天。

父亲起初不愿意，母亲豁达，说："就随孩子去吧！叫书福好，喜欢读书是好事情。他大哥书芳取了书字却不喜欢读书，二哥胥兵也是小学毕业就不念了！这孩子行，按他大哥的书字排，咱家没准还真能出个念大学的呢！"父亲一听这话立刻赞同，道："咱家将来一定要出个大学生！再有了儿子，中间还排书字！"

离念大学的日子还早呢，全国的大学都不着急收一个叫李书福的，都是未来的事儿。若真有先知先觉的大学校长，怕是都不甘心让后来"如日中天"的李书福自由自在地成长，任着性子哪儿行？需要有规划，依照教育家的规划学。比如英语，不花些死记硬背的功夫也是不行的，况且台州话比最难懂的宁波话还让人抓耳挠腮，台州娃娃有时间背英语，还不如下河摸鱼呢！

李书福才不摸鱼呢，嫌太慢，他炸鱼，把过年的鞭炮攒下来，捆成包，扔进鱼塘，嘭的一声，鱼儿自己就飞上来了，害得母亲带着他到大队长家上门去道歉。母亲那样善良，一点儿都欠不得别人家的。李书福不明白，太阳底下的一块池塘，凭什么不是自己家的？母亲说："我们家有兔子呀，他们家也没有。"他知道了，谁家有什么都是定好了的，不知道是哪个人给定的，该有的都会有，不该有的有了也会失去。

三年级，老师上课讲马克思，下课说了一句马克思抽烟斗。李书福喜欢细节，以为马克思不抽烟斗就不是马克思了，列宁不把手插在胸前讲话就不是列宁了。小时候看露天电影《列宁在十月》，父亲带着他们兄弟四人去晚了，黑压压一片坐满了人，父亲让他们进去找地方，说一眼看去没有位子了，进去肯定会有的。

他拿着两块砖头进了场,不是打人给他让地方,是垫在屁股底下坐的。在麻麻的人头中进来一看,果然挤挤能坐下。这是父亲不经意间带给他的启迪,对他影响很大。

　　李书福小时候就非常敏感,而且机灵劲儿贼强,善于动脑子,听到老师不经意间说马克思抽烟斗,放学回家他拿起大哥的锯,瞅见一棵枯树上有带结的树杈,就把那段树杈锯了下来,掏空了枝干,做成烟斗,放进书包。

　　第二天一下课,他就从书包里掏出来树杈烟斗,坐在桌子上往里面塞树叶,点着了,抽了一口就把自己给呛翻了,从桌子上栽了下来。老师看到后怒火中烧,大声叫:"李书福!你在学校大模大样地抽上烟了?你想干吗?想登天呀?我看你真像个怪物!去把你爸叫来!"

　　"来不了!我爸带着我大哥卖桃,被工商所给抓走办学习班去了!"李书福大声说,"你也不用喊了,我退学了!"

　　班长掉门牙的时候他隐忍了,老师否定了他学马克思抽烟斗,这回他坚定地退学了,跟着爸爸学种地,种自己家的自留地。没种几天他就受不了了,嫌种地太累,就说要读书。为了证明在看书,他把草帽支在窗户前,爸爸在地里头干活,抬头看见窗户上的草帽,还以为李书福在读书呢,哪知道他早就跑了,立在窗前的草帽是骗爸爸的。

　　玩了一会儿,也没劲,他来到大队长家,说要放牛。大队长看着他说:"放牛?你叫李舒服,放牛可不舒服!"他硬生生地说:"我叫李书福,不叫李舒服!"

　　大队长同意让他放牛,李家大队的人都嫌放牛给的钱少,耽误时间，有放牛的工夫还不如打理自己家的地。李书福放牛一天能挣1毛5分钱，爸爸高兴，这小子9岁就会挣钱了。父亲一直带着大哥挣钱，把自家地里长的、树上结的拿去卖，没少被抓去办学习班。

后来，大队长觉得还是要让李书福回到学校，放暑假再放牛，祖国的花骨朵应该在学校的苗圃里，滋润着阳光雨露，不再让他做编外社员了。

他又回到学校，从四年级开始就住在学校里了。学习成绩一直名列前茅，考试总是第二，争不过班里总考第一的一个女生。这个女生跟他一起考上了路桥中学，这一天，女生给他的书包里塞了一张纸条，上面写着放学后在大桥下面等他。

女生一放学就跑了，她跑起来真好看，有一种女生后面比前面好看，这个女生就是。女生躲在桥墩子后面等他。他先回宿舍把书包放下，骑着跟父亲借来的自行车来到大桥下，紧盯着从公共汽车下来往这边走的人。

李书福发现了挣钱的机会，下了公共汽车向这边走来的，都是要坐自行车回家的人。他知道那个女生在桥墩后面，露出来半个身影，好让他看到，想要和他一起去吃梅花糕，路桥的传统名吃。

他看见她了，不可能过去，急着挣钱呢。女生见他不过来，扭扭捏捏地自己走出来了，却见李书福骑上自行车驮着一个人跑了！这时候，听到一个又高又瘦的人，也是骑自行车带人挣钱的瘦高个大声喊："李书福，你拉得动吗？别摔到沟里去！你这家伙太不讲规矩了，大家都是1块5，你凭啥只要1毛钱？神经病！"

骑自行车带人大家都是1块5，他只要1毛钱。李书福这1毛钱挣得让人心酸又心疼。有一次，自行车的链条折了，他摔了一跤，把裤子蹭破了，蹲在地上修自行车。忽然下起大雨来，好半天链条也接不上，他推着自行车回家，把身子淋了一个透，大姐看到心疼得不得了，说："三弟你干吗呀？想挣钱想疯了？你摔坏了还得花钱看病，哪头轻哪头重你不知道？"李书福笑笑没说话，进屋吃大姐给他留的饭菜，饭菜早都凉了。

李书福小时候吃过很多苦，家里穷，没钱。"等我将来有钱了，就买辆汽车拉人，干个体出租车，老挣钱了！"又一天，那个又高又瘦的同伴说，放下了李书福抢过他活儿的这件事，都是同路人，不再计较，何况李书福拉15回人才挣到他一次的钱。

"等我有钱了买辆小汽车，雇你当司机！"李书福的眼睛一边寻着人，一边说，"弄不好我将来会造汽车呢！"那人一听还急了，嚷嚷道："我说路桥的牛怎么越来越少了，原来都被你给吹死了！你这人鸡肉算到鸡骨头，离我远点！"

李书福个头低，抬头看看训斥他的人。这人个头好高，精瘦，伸手推了他一把，说："你不服？"然后捋起袖子，露出肌肉说："别看老顾瘦，老顾有肌肉！"这人脾气很大，李书福推起自行车躲开了，不再跟这个自称老顾的人抢活了。

他是顾伟明。过了些年，顾伟明不再骑自行车带人挣钱，改卖水果了，一直卖到李书福跑到临海造汽车，把吹过的牛兑现了。

顾伟明是一个豪迈的人，讲义气，喜欢笑，性格率真，做事果敢，很招大家喜欢。有一天，顾伟明抛下三轮车和一车橘子，跟着李书福造汽车去了——先从组装摩托车做起，一直做到吉利汽车台州基地的总经理。

多年以后，顾伟明认真地跟李书福说："书福董事长，我得读书，要不然跟不上吉利的发展！我越来越觉得造汽车可不是闹着玩的！别人不跟吉利玩，咱们就要像那话说的，今天你带搭不理，明天你高攀不起！"

李书福喜欢顾伟明的豪爽，想读书是好事，他支持读书。顾伟明一边狠抓台州基地的生产管理流程化，一边赴香港读书，还要去美国上课，拿到哥伦比亚大学硕士毕业证的那一天，李书福赶回路桥跟他喝酒相庆。

顾伟明喝酒也豪迈，说："书福，我敬你在大桥下面吹过的牛！"

李书福笑笑，端起酒杯说："你少抽点烟，能戒掉就戒掉吧！吉利马上要在路桥建造生产卫星的基地，到时候你来管！"

"啥？卫星？咱们要造卫星？"顾伟明唰的一下站了起来，又一个出乎意料的好消息，他兴奋地说，"吉利要上天了！哈哈！我连干六杯敬老板！书福啊，你以后可不敢再吹牛了，我怕我高兴得会哭！"

不幸的是，顾伟明英年早逝，没能履职。顾伟明爱吉利，吉利改变了他的人生。女儿考大学，顾伟明只让女儿填报一个志愿，就是北京吉利大学。入学的那一天，顾伟明亲自把女儿送到北京，说好了毕业的时候来接女儿回家。

这个愿望没有实现。愿顾伟明在天堂安好。

李书福以全班第二的成绩考上了路桥高中，跟那个没吃上梅花糕的女生一起进了尖子班。女生不再提梅花糕的事，她自己带着梅花糕，坐在教室里，从书包里拿出来吃给他看。女生变得漂亮了，李书福的身体也强壮了，个头长高了，跟骑自行车带人挣钱锻炼身体有关。

他不喜欢历史课，一代代的王朝，老记不住西汉外戚王莽建的最短的朝代。李书福又把新来的历史老师给气到了，戴大眼镜的历史老师去进修了。新来的历史老师不戴眼镜，一只眼睛被人用弹弓和一块带棱角的石头给打瞎了，他每天瞪着一只眼来上课。"李书福，你怎么老记不住谁造成的社会经济大混乱？"独眼老师生气地说。李书福大声问："是我弄乱的吗？"

全班同学哄堂大笑。李书福改变不了历史，他总是跟梦想相遇，每一步都踩疼了自己的影子。就是那一天，他又不想上学了，改革开放的春风到路桥，广播和电视每天都有令人鼓舞的消息。他能看到的是，没进尖子班的两个高中男生，都穿上了喇叭裤，不下雨也总爱打着雨伞从宿舍到食堂。这俩同学的父亲一个倒腾钢材，一个从广州倒腾雨伞、袜子什么的。

他跑回家，这次打算跟爸爸好好说他想退学，不像小学三年级那样生硬了。爸爸很奇怪，都羡慕李书福考上路桥高中还进了尖子班，怎么又闹这出要退学？

"我听不懂普通话！"李书福说，"爸，路桥高中的老师都讲普通话，我听着不顺溜，不上了！"

这样一说爸爸就懂了，他和书福的妈妈也听不懂普通话，看喜欢看的电视剧总是跟不上。书福说的真就是一个问题，当爸爸的就是要解决儿子的问题。"你等着！"爸爸说完走了，骑上那辆李书福初中开始就霸占了的自行车。他想跑，别等爸爸回来再挨一次打。又一想，不能跑，他需要这辆自行车挣钱呢！原来，李书福的纠结都跟别人不一样。

吃晚饭的时候爸爸回来了,满嘴酒气。爸爸吃过饭了,还喝了酒,高兴地说:"老三,我把你的事解决了!你不想在路桥中学念了,我给你转到了新桥中学!新桥中学的校长欢迎你!"

果然,新桥中学的校长亲自主持了高一全体学生的欢迎会,热烈欢迎从路桥中学高中尖子班转来的李书福,还要他发言。这是李书福头一回站在众人前讲话,把脸憋得通红。讲话这事真不好玩,他不喜欢站在台子上讲话,不知道说什么。

新桥高中的同学越看他满脸通红地不说话,越把掌声鼓得热烈。他知道必须开口了,说:"我喜欢新桥中学的乡音!"

"完了?"校长问。他说:"完了!"校长笑了,大声说:"李书福厉害!简单明了,没有那么多废话!大家鼓掌!"

他在阵阵掌声和浓郁的欢喜气氛中从台上下来。新桥中学果然好,听着同学和老师们的一口台州话舒服多了。学校看门的老大爷也佩服他。住校是有规定的,不能出去,出去了也必须按时回校。李书福都可以,每次晚上回来老大爷总是重复着问他,说:"你是从路桥中学转到新桥中学来的?你牛!你太牛了!"

有一天老大爷以为发现了真相,说:"路桥中学的女生没有新桥中学的好看!学习特别好的女生,没有咱们新桥中学学习不好的女生好看!"

他坚持不懈地骑自行车带人挣钱,已经上到高三了,这天他骑着那辆二八自行车来到老地方。李书福善于发现,不仅敏感,而且有超强的第六感,他推着自行车来到大桥下面的桥墩,果然看见了路桥中学的老同学。

"走！我带你去吃梅花糕！"

女生不仅越发漂亮了，而且丰满起来。女生坐上了他的自行车，李书福骑得飞快，往人多的地方去。

"我们去看电影吧！"女生害怕掉下来，搂住了他的腰，说，"我俩去看《一盘没有下完的棋》。"

"咱们跟日本的棋可是下不完，早着呢！"李书福说，"我带你去公园那边，公园那边有一家梅花糕店！你带到学校吃的梅花糕不好吃，老是那几块，我都看见发霉了！"

女生忽然跳下自行车，跑了。

不知道这算不算是李书福的初恋，结果完败。他还是骑到了公园门口，看见很多人拿着照相机给游人照相。这也可以挣钱？可比他骑自行车带人挣得轻松多了！

同学们都在复习准备高考，他却一心想着挣钱，连高考的登记表都没填。晚上校长跑到宿舍来了，带来了登记表，让他当场填写，说："李书福，你行的！我还指望你为新桥中学争光呢！你去给我考北大清华！上北京！"

校长亲自监督他，李书福不得不填写了登记表，害怕校长去告诉爸爸，那可真就又要挨打了。父亲是一个简单的人，纯朴的人，对别人善良的人，揍起他来一点不含糊。他要抓紧时间骑自行车带人挣钱，不是1毛钱了，也不是大家都一样的1块5，他要1块钱，挣到钱买台照相机。

机会为李书福创造好了，有一个同学的爸爸就是开照相馆的。他上门非要拜师学照相，人家哪肯教，他就免费干活，晚上睡在照相馆的过道上。李书福的照相手艺全是偷学来的，越学越起劲。

高考的时候，李书福还想着照相。不幸的是，考完最后一门，他骑着自行车想狠狠挣一笔，却把钱包给弄丢了，里面有20多块钱。他想哭，晚上回到家，犹豫再三，还是向父亲伸出了手。

父亲高兴，说："怎么，刚考完试就可以念大学了？这发展得也太快了吧！念大学要多少钱？"他说："120块钱，算我借的，我挣了钱马上就还给你！"父亲心疼了，说："你不是为国家念书吗？为国家念书怎么还要收钱呢？这么多？"

李书福这才说实话，说："爸，我想买台照相机，让同学帮我去买，都说好了。等我有了一麻袋的钱，我可以挣回来两麻袋！"

高考成绩下来了，他的照相机也买来了。大学没上成，离专科录取分数线还差3分，这3分决定了李书福的命运、路桥的命运，甚至中国汽车的命运。中国少了一个叫李书福的大学生，多了一个"汽车疯子"。

"爸、妈，你们放心吧！"李书福说，"没考上大学没关系，将来我自己办大学！"

母亲信，无论李书福说什么母亲都相信。

太多的人，走着走着就老了，笑着笑着就哭了。李书福好像走不老，他永远走，永远笑。李书福就像是一条鲇鱼，把活下来的鱼都逼得强大。从此，学校门口、公园门口，凡是人多的地方，都能看到一个小伙子给人照相，快门啪啪地按，干脆利索，从不失手。

有一个经常找李书福照相的姑娘，一看镜头就爱抿嘴笑，说这样照出来她才好看，不会露出牙套来。姑娘戴着牙套修正没长齐的牙，原来"修正主义"也有好的一面，不像上学的时候教政治的老师大声痛批的修正主义，一无是处。

李书福在政治上的进步，还需要一点时间。"发展"给了他时间，而且李书福每次都能抓住机会，只要让他抓住了就紧紧攥在手里头不放，谁也别想让他松手。姑娘说用不了多久，她就会把牙套摘下来，以后牙就齐了，像路桥马路上的电线杆子那样整齐。

这让李书福一下子就想起了学校，小学、初中、高中，学校就是要把学生弄整齐，读一样的书，听一样的课，说一样的话，唱一样的歌，老师们幻想着一群一样的鸟儿飞出森林，拥有一样的天空。

那是不可能的。一样的天空一定飞着不一样的鸟，李书福想做一只飞得高远的雀鸟，在天空留下雀影，倒过来叫"影雀"，他喜欢颠倒秩序。这时候的李书福就是一个摄影师，成全别人的同时挣到属于自己的钱，他要挣很多的钱。

姑娘今天又摆好姿势，他刚端起相机，就从镜头里看见一辆汽车驶来，车身上喷着"工商纠察队"的大字，他叫了一声"快跑！"自己的话音没落，就像躲避弹弓的麻雀一下子消失不见了。公园门口有点混乱，游走街拍的人都跑得快，不像做小买卖的跑起来都是带着声响的。卖小吃的有人跑的时候翻了车，大街上飘满香味。

李书福每次都能成功逃脱，脑海里留下牙套姑娘的抿嘴笑容，总是忘不了姑娘侧过身去照相的姿势，美丽的倩影。工商所纠察队忘不了一个街头照相的家伙跑得贼快，从来都没抓住过他。"那小子骑车带风！"纠察队的人说，"嗖的一下连影儿都没了！"另一个同僚道："你们知道不？听说那小子爱写诗！给姑娘洗完照片，看见顺眼的在照片后面还给人家写首诗！诗！"那语气，好像写诗的是病人，有病的人才写诗。

自从路桥街头出现一个叫李书福的,那些拿着照相机街头游拍的人快活不下去了,因为他照相比别人便宜,照得快,跑得也快,工商所纠察队从来没有抓住过他。

有一天,李书福忽然消失了。父亲以为他挣到钱不定跟哪个姑娘跑了,自行车还在,父亲坐在自行车旁闷闷喝酒,长大的麻雀定是会离开的,自行车就像李书福留在家里的影子。这影子够长,也很重,影子是有分量的,留下了李书福的重。

没想到工商纠察队的人居然找上门来了,所长亲自带人来的,进到院子里就大声说:"老李头,李书福去哪儿了?"父亲一听就笑了,高兴地说:"你们没抓住他呀? 我家书福真行!"所长很早以前就认识李书福的爸爸,因为李书福还没出生就没少扣住他进学习班学习,能当上小队副队长,没准还跟这个有关系呢。

所长说:"快点告诉我他去哪儿了? 李书福有三条罪名:第一是无照经营! 第二是从不纳税! 第三是他使用过期胶卷,所以照相比别人便宜! 有人举报,怕你不信,我把人都给你带来了!"

戴牙套的姑娘走进了院子里,张开嘴亮出她闪光的牙套说:"我想跟你儿子处对象! 老伯爷,快告诉我你儿子李书福去哪里了?"

有点石破天惊,把纠察队的人给惊到了,所长说:"原来你是诬告? 让我们带你来找到他们家?"

"我儿子去哪儿了? 你们把他给吓跑了!"父亲一下抓住了把柄,这回可不怕了,站起身来想把酒碗摔地上,一想没舍得,拿着酒碗指着所长说,"你们把李书福还给我!"

纠察队的人哗啦啦全走了。那时候还不叫城管,但是可以管一管这个姑娘,把牙套姑娘也给拉走了。

父亲猛地想起了什么，急忙回屋里打开柜子。父亲有一个柜子，拉开柜门里面有抽屉，拉开抽屉一看，发现里面少了钱，留下了一张借条，借条上还有手印。李书福拿走了2000块钱，还打了借条，按上手印，在借条上写了一句话："我去上海了。"

"天哪！书福不会被来路桥玩的上海姑娘给骗跑了吧？"父亲不是生气，而是害怕，焦急地说，"要不然就是带着哪个台州姑娘私奔了！"

"不会的，书福想挣钱，他才不会跟哪个姑娘跑了的！"母亲信任书福，倒是一下想起来什么，说，"你不是找人给看过书福的生辰八字吗？说他将来……"

"我到上海找他去！气死我了！"父亲扭头走了，来到院子里向李书福的大哥喊道，"书芳，你去看看，你三弟是不是把我要卖的橘子也给偷走了？"

橘 幽

相传，观音菩萨的莲花宝座旁边有块顽石，吮日月甘露，吸天地精华，逐渐通了人性，化成观音菩萨身边的童子。一日，观音菩萨问石人童子："尔等功果修成之后，各行什么善事？"石人童子说："我要把南天门万金树上的金果带到人间去。"于是，便有了黄岩蜜橘，愈民间疾苦。

路桥曾隶属黄岩县，在浙江省经济排名必须从最后面看，总在倒数第一或第二上换位，改革开放前从未超过倒数第三。黄岩蜜橘自唐代起便是贡品，虽然盛名，却当不了饭吃，且有季节性，秋天里才会四处飘香，把黄岩乃至整个台州人一个个脸吃得蜡黄。李书福打小也在其列，身形枯瘦，经常吃不饱，自然也就长不胖。

那时候，全路桥也找不出来几个胖子，没听说过脂肪肝是一种什么病，也没听说这么多人患高血压、冠心病、肺结节。那时候上海的穷人拿大闸蟹充饥，大连的穷人吃无人问津的海胆，甘肃、青海、西藏的穷人拿冬虫夏草带点肉腥味儿炒菜，台州的穷人拿黄岩蜜橘填肚子。

台州濒东海，靠宁波，临温州，西面毗邻金华和丽水，依山面海，是佛教天台宗和道教南宗的发祥地。民以食为天，台州自古以来缺少耕地，历史上的这道难题，几千年以来都没有现在答得好，现在的台州惊艳了世界。

台州人信奉"行善胜念千声佛，作恶空烧万炷香"。台州寺庙多，多到数不胜数，有清修寺、国清寺、天台山万年寺、广化寺、香严寺、多宝讲寺、普泽寺、天台山高明寺、常乐寺等。济公就是天台山人，也姓李，俗家名字李修缘，号湖隐，法号道济，南宋高僧，后人尊称为济公活佛。

"鞋儿破，帽儿破，身上的袈裟破。你笑我，他笑我，一把伞儿破。"1985年电视台播出《济公》的时候，李书福已经放弃了照相馆，带着一帮路桥的兄弟，哼着《济公》的主题歌做起了电冰箱。忽然下起大雨来，铺天盖地的大雨把厂房顶子压塌了，大家全都跑了出来，只把李书福给扣在了里面。在暴雨中人们回头一看，一个人从塌了的草棚顶子下站了起来，浑身上下都是草，果然就是个"草根"。

冷笑话里有了喜剧色彩。这个时候，他们没人相信跟着李书福会上演一部大片，比电影、电视剧还要精彩，而且是正剧，不是喜剧，更不会是悲剧。李书福一次次开始，一次次转折，悲喜交加，演绎了悲怆与浪漫。

李书福想开照相馆，迈出他最喜欢说的"发展"的第一步。"发展"是李书福的口头禅，多少年来人们被误导了，以为照相馆是李书福的第一桶金，当然不是，只是吉利的序章。当然，从这时开始在李书福的眼里，挣钱是一件很简单的事儿。挣钱是一种姿势，财富是一种态度。这是李书福后来的认知。

此时的李书福就是一种姿势，活脱脱非常形象地向人们展示了"草根"的模样，真的有人笑了。二哥李胥兵和小弟李书通来了，胥兵给三弟撑伞，书通帮他拆着头发上的草，说："三哥，你没事吧？"然后朝着大家吼道，"都站着干吗？还不赶紧清理？设备不是你们家的是吧？"

李书福从街头游拍到开照相馆，是合情合理的发展。脑筋灵活、心思缜密是李书福超于常人的地方，在第一桶金和造摩托车之前，他中间曾经生产过抽油烟机，做过燃气灶。抽油烟机谈不上失败，一开始就觉得没劲；燃气灶做得生气，不是他想要的。要做就做大的、日进斗金的，来钱快，还体面，像个大老板的样子。

他正朝着梦想而去，第一次出发，就来到了上海。

这是个很高的起点，小镇青年一般都是先走进县城，看到花花绿绿之后才向梦想出发的。格局不一样，未来自不同。他拿了算是跟爸爸借的钱，拎着那个年代才有的大大的人造革皮包，里面装了些橘子，坐上长途汽车，留下一路幽幽橘香。

他是穿着拖鞋来的上海，到上海买照相馆用的那种"大照相机"。台州人勤劳，不知道是不是嫌穿鞋耽误工夫，都爱穿着拖鞋挣钱。后来挣成百万富翁的路桥青年，无论是开宝马还是宾利，都喜欢踩着拖鞋，嘴里习惯性地叼着根牙签。已经是百万富翁的老太太，当然不会穿拖鞋的，但依然会在街上卖茶叶蛋，怎么也看不出来是一个百万富翁老太太。

第一次到上海，李书福被迷得眼花缭乱，目不暇接。南京路上的人真多，乌泱乌泱的。上海青年穿着讲究，喜欢几个人合伙走路，手里点着香烟，吸一口，弹一下，那样潇洒。他好好走着，居然被正面走来看都不看他的姑娘给撞得东倒西歪，害羞的是他。

他沿着南京路寻找照相器材店，总能看到一个精巴瘦的上海老头，坐在商店门口一把高高的凳子上，手里拿着一面旗子，看见他过来想要进店，上海老头摇旗呐喊："护好包包！严防小偷！"好像他是小偷，分明是看见他才喊的，这让李书福很生气。

到了一家灯火辉煌的店，他坚定地进来了，是卖糖果的，不明白卖糖果的商店为什么要如此灯火辉煌？然后想到了，人人都喜欢甜的，甜的笑容，甜的日子。香烟可以按支卖，他就买了一根牡丹烟，带过滤嘴的，点着烟走在大街上，一下子感觉好多了。

真正让他惊奇的是，听到上海人跟上海人讲话，每三句话里一定有一句"钞票"，这让李书福兴奋得不得了，一下子喜欢上了上海。钞票，如此美妙。爸爸来过上海，说上海是钞票城，看谁有钱。路桥中学的校长去过美国，说硅谷是科技城，盯着未来。历史老师说我们的历史比别人长，经常一算就是千年，一下子就把才200多年的美国给算没了。

他不关心这些。李书福的身上缺乏政治家的素质，他对政治、权术一类的不感兴趣，不像有些人谈起政治来滔滔不绝头头是道。他为人处世既不圆滑，也没有表面看起来的霸气。

肚子饿了，他来到一家小饭馆，要了一碗云吞面。面条和馄饨放在一起，叫"云吞面"，汤很鲜，碗很小，他可以吃上5碗，再吃两屉小笼包。

没有，他舍不得。

李书福用筷子刚挑起来面条，还没放进嘴里，就听到肚子咕噜了一声，坐在同桌对面的上海青年看了他一眼，那眼神告诉了他许多。他是农民，没错，路桥人都是农民，又都不是农民。土地是养不活路桥人的，所以路桥人爱做小买卖，肯吃苦，善经商。

他小心地把面条咽下去，尽量不发出声音。然后，看见上海青年从夹克衫里掏出一个精致的钱包，敞开的钱包里夹着一摞10元人民币，那时候还没有百元面值的钞票。上海青年从钱包里抠出来几枚硬币，又摸出来一张印着"半两"的上海粮票，合上钱包，动作潇洒地把皮夹放进夹克衫里面的口袋里。

不像是故意露出来钞票给他看。上海青年用精致的动作，把硬币和粮票放在油乎乎的桌子上，让服务员自己拿，整个过程都没有看服务员，更不会瞧他一眼。他像空气，空气里的二氧化碳，上海青年是纯氧。

这时候，男青年的女朋友进来了，向这张一面靠墙的小方桌走来。姑娘把他放在凳子上的人造革提包，抬脚就给踢到了地上，随后掏出纸巾擦了一下凳子，全程也没看他一眼。

李书福想骂人，忍住了。李书福一贯性的强硬，或多或少跟他内心深处的自卑感有关，这是李书福性格的秘密。他老说自己是农民，太多的人跟着起哄，李书福种过地，放过牛，他取得成功以后，仍放不下那头牛。

还有他的鞋。

后来，李书福在中央电视台非常有影响力的《对话》节目中，令人瞠目结舌地当众脱下他那双50块钱的皮鞋，举起来骄傲地向全国人民展示。这不是李书福无所谓的张扬，而是无畏惧的反抗。他总是在跟自己抗争，厌倦一切虚伪的包装和形容。更多的人开始知道，知道李书福14岁就开始骑自行车驮着人挣钱，有谁知道有一次他摔了一个大马趴，把坐在自行车后面的大胖子摔得找不着北，但能找着他，大胖子从地上凶狠地爬起来，瞪着血红的眼睛冲向他。李书福怕挨打，先把自己给吓哭了。

他从地上捡起来人造革包，把包放在腿上，用屁股蹭着将小方凳向里移动，坐到了角落里，像个受了委屈的孩子。坐在对面的上海青年只要了一碗云吞面，把筷子擦了又擦，又从筷子笼里拿出一双筷子，把李书福的碗往他这推了推，放下筷子，跟恋人姑娘头碰头地吃了起来，两人只吃一碗面。

李书福脸憋得通红，向服务员招了一下手，唰的一下拉开了人造革包拉链，拉到彻底敞开，露出包里面两大捆嘎嘎新的钞票，一百张一捆，爸爸从银行取出来的连号的新钞票，给他娶媳妇的。还有七八十张散着的，是他在公园门口和学校门口照相挣的钱。

他又要了10碗云吞面，还有5屉小笼包。有些夸张，多年以后他都后悔那天的举动，看见那对恋人没吃完就走了，明显遭受了打击。他忘不了上海姑娘走的时候，用异样的眼神看了他一眼，有些哀怨，这让李书福后悔了好些年。

都说冲动是魔鬼，他加上了一句"嫉妒是毒药"。冲动是魔鬼，嫉妒是毒药。吃掉10碗云吞面和5屉小笼包是不可能的，李书福是在赌气。就是当下李书福也时常赌气，多半是出于敏感。服务员惊讶地看着他，他留下5碗云吞面和3屉小笼包，说是留给服务员吃，让服务员再一次吃惊。

他总是让人惊讶，服务员是不可能吃的，做哪行都有哪行的规矩。李书福愿意守规矩，多年以后，"规矩"也是他的座右铭。他不止一次立威，让不守规矩的人自食苦果。李书福有点难为情地站起身，对服务员说："这都不能退是吧？没关系，就放在这里，我没动过筷子，你看看谁需要就给谁吃吧！最好别浪费了，多可惜！"

他走了，四处寻找，终于找到了一家摄影器材店，才知道他想买的大照相机叫"座式皮腔照相机"，一问价格给吓了一跳，太贵了！李书福犹豫了良久，最后只买了两个国产的海鸥镜头。李书福并无支持国货的想法，他生在海边，喜欢海鸥，上小学时就喜欢高尔基写的《海燕》。老师非让李书福读《海燕》，他就羞红了脸，用一口台州话站起来读："在苍茫的大海上，狂风卷集着乌云……"

他喜欢海，经常一个人坐在海边，听海哭。

李书福回到了台州，个人是开不了照相馆的，那时候照相馆都是国营的，属于特种行业。他知道文化馆也想创收，找到了在文化馆上班的赵杰，通过赵杰联系到了文化馆的领导。赵杰正在背英语单词，听到李书福说照相馆的名字都起好了，叫"蒙你傻"。赵杰一听就来气了，说："什么叫蒙你傻？那叫蒙娜丽莎！"

"我知道叫蒙娜丽莎！"他逗赵杰玩儿呢，说，"反正我开照相馆，将来开到临海，开到杭州，再开到上海！不，上海就不去了，开到北京，开成全国的连锁店！"赵杰放下手中的《新概念英语》，说："Stop！Stop！"赵杰还不了解李书福，但了解文化馆的馆长，说："可以把文化馆的牌子借给你用，但你说的分成比例不行，你拿得太多了！"

不就是多让点利吗？钱是挣不完的，李书福愿意跟别人分享。这事儿成了，照相馆开业，没人知道他的"座式皮腔照相机"，是自己拿木板钉成的大木头箱子。他还会给照片上色，选了一张街拍时一个姑娘的黑白照片，把照片放大，上了颜色，画成彩色照片挂在橱窗里，还在上面写了一句话："给你点颜色看看！"

照相馆名声大噪，李书福的照相馆比所有照相馆都便宜，生意越发红火。他高兴，坐店挣钱，挣着挣着就想买辆轿车，李书福看不上夏利，可照这个速度挣钱，恐怕干到退休也买不起20多万的桑塔纳，恐怕得先给自己买根拐棍，看别人开桑塔纳。这时候的中国，桑塔纳已经算是豪车了。

李书福有两个镜头：一个用来照大头像，另一个用来照带布景的全家福。照相馆的布景有沙滩、卢浮宫、埃菲尔铁塔、自由女神像，还有北京的天安门、故宫、颐和园，以及圆明园著名的残垣断壁。

李书福开照相馆，路桥的照相行业马上就要遭殃了，他不仅照得好，洗照片的速度也快，而且价格便宜。照相靠技术，说到底也是个人化的东西，无外乎光线、景别、道具和色彩。

玩黑白摄影才是高级的，人们来照相馆照相要的是好看，不把证件照拍得像个在逃犯就谢天谢地了。李书福的黑白摄影技术相当不错，可惜中国不需要一个叫李书福的摄影师。后来有专家分析，如果李书福开发廊，一定能做成连锁店，让全国成千上万个托尼活跃在美丽的路上。

"头正一点，别看我，看镜头，笑一个！"李书福用他蒙着红布的"座式皮腔照相机"，给一家三代照全家福，说，"后天来取吧！后天我换新的显影液，我要把你们的全家福洗得通透些！"

家是李书福心中最柔软的地方。所以，每当有人来照全家福，李书福都会格外用心，而且一定会免费多拍一张，把最好的照片洗出来。

忙完一天，关上门，他的工作才算真正开始。拉上窗帘，拧开红灯泡，他开始洗照片。洗印照片分两步：显影和定影。

显影液和定影液都是化工材料，有人拿着大桶上门来收定影液。李书福好奇，为什么上门来收废弃的液体？他给那人递了一根烟，说："师傅辛苦了！你收这些东西做什么呢？"那人把烟夹在耳朵上，说："洗照片的废水不能流下水道里，会污染环境的。我上门收废弃的液体是保护环境，懂了吧？"

没想到遇上一个品德高尚的人，懂环保、爱环境，鬼才信！李书福知道人家是不愿意告诉他秘密，这秘密一定跟钱脱不了干系。他想弄明白，这时候还没有百度，要不然上网一查就可以了。比他小5岁的李彦宏，这时候还在山西阳泉念初中呢。李书福骑自行车带人挣钱的时候，少年李彦宏迷恋戏曲，被山西阳泉晋剧团录取。幸亏中国舞台上没多一个唱山西梆子的李彦宏，要不然就没有后来的百度了。李书福如果知道上大专也可以学摄影专业，拼命也会多考出3分来，那样的话，是不是也不会有吉利汽车了，不好说。

李书福想知道定影液里有什么，他打开一桶新的定影液，闻到了魔鬼的味道，呛鼻子。李书福着魔了，困惑不解，可以肯定的是那人不想透露商机。

他一定要弄明白定影液究竟能做什么，第二天，买了两瓶五粮液，骑着自行车去看望高中的化学老师。不太受学生欢迎的化学老师见李书福来看他，别提多高兴了。老师总是喜欢育人的，说："李书福，听说你不在学校和公园门口给人照相了，开了个照相馆？我不是班主任，组织不了学生到你那去照相，能买两瓶酒来看老师的，你可是第一人！"

"我来跟老师请教，定影液里有什么？"李书福不瞒着老师，说，"有人上门来照相馆收定影液，我很好奇！"

"我老跟你们说要好好读书，读书才有福气，这下你信了吧？知识用时方知少，这下你明白老师在课堂上跟你们讲的了吧？"化学老师谆谆教导着他，"书福啊，老师这样跟你说吧，人生就是一场化学，任何事物都会起反应的！"

毕业后，再听老师的话不仅亲切，而且句句有用，上学的时候怎么没有发现？"老师教我！"李书福恳切地说，"要不然我现在给您写份检查？"老师笑了，道："上学的时候不好好学，走进社会是有成本的，你现在知道了吧？老师早就讲过，定影液里有银啊！人家上门来收定影液，肯定是卖给化工厂提炼银子呀！"

"啊！"他豁然开朗，脸都涨红了。

"书福，"老师对他的反应很欣慰，"老师给你讲讲化学公式，你坐下！"

就这样，李书福重新拾起化学知识，如饥似渴地学起来。上学的时候，他让老师失望了，现在要让那个不告诉他秘密的人绝望。定影液里有银，电器触点含金，开关闸盒用的是好钢，这个世界遍地都是宝！

李书福在照相馆门上挂出"暂停营业"的牌子，把高中的化学和物理知识挑有用的学了一遍。他开出了一份长长的单子：电视机、收音机、录音机、手机、寻呼机、电闸盒、开关，还有变电箱和变压器。他要将一切通电的旧物变废为宝，垃圾果然是放错了地方的好东西！

一个姑娘向照相馆里面张望，看见李书福手舞足蹈，她敲了好半天门，拿着取相单在玻璃门前不停挥手。李书福这才来开门，姑娘说："啥情况？你这儿不开照相馆了？改成舞蹈培训了？我看你在里面手舞足蹈半天了！"

李书福眨眨眼，有点难为情，看到能挣大钱的商机，怎会不手舞足蹈呢？美丽之舞，生财之舞。不行，要升华一下，文化之舞，经济之舞。美丽是文化，文化是经济，"美丽经济"形成雏形。但这不是他要做的，他不会什么都做。世界上有做炸弹的人，也有拆弹专家。造船挣钱，造船上的集装箱同样挣大钱！

思绪又飘了，他从姑娘手中接过取相单，才想起来前天给姑娘照相的时候走了神，忘了放胶卷。没有胶卷就没照出来相片，他浪费了台州姑娘的表情。"青春的底色是奋斗，"李书福有办法化解尴尬，激情澎湃地说，"在大地上留下你青春的足迹才是最美的！"

姑娘一下子坠入迷雾，听得云里雾里，看来遇到一个爱给人上课的摄影师了。"真好，"她说，"我先不看大地上有没有我的青春倩影，我要我的照片。"

"我给你拍一套艺术照吧！免费，再送你一个亚克力相框！"

这事儿很顺利地解决了，李书福从中午一直拍到太阳下山，姑娘比他还累。"师傅，我明天来取啊！"姑娘说。他点点头，说："我连夜把照片给你洗出来！该放大的放大，保证给你照得好看，因为你是我的最后一位顾客！"

照相馆以美结束，是一个好结局。

晚上11点多，李书福洗完照片，骑着二八自行车回到家，把二哥叫醒，大声说："二哥别睡了！我们一起淘金！"李胥兵揉揉眼，看着眉飞色舞的李书福，脑子飞快转着。胥兵不仅脑子快，动手能力也强，说干就干！小弟李书通当仁不让地加入进来，兴奋地说："三哥，你找到我们一起发财的机会了？"

兄弟三人联手掘金，掘的可是真金真银啊！

蒙娜丽莎全国连锁照相馆的梦想到此为止，李书福把照相馆关了。牵线搭桥的赵杰觉得好没面子，李书福说："赵杰，将来你辞职跟我干！等我开了公司，聘你跑外，把英语用上！"赵杰扭头就走，他才不会放弃体制内的工作，李书福净干些让人意想不到的事儿，跟着他能做什么？到后来，赵杰看到了李书福的蒸蒸日上，敬佩得不行。有一天，赵杰真就从文化馆辞职，加入吉利，干起了外贸，出口吉利汽车。

李书福每天都笑得阳光灿烂，好像太阳是他的。当然不是，太阳是大家的，自古以来属于劳作的人。路桥人穷怕了，发现赚钱的商机总是会一拥而上，没有什么商业规矩。李书福运用了科学手法，像一个掘金勇士抠金提银，挨过漫长的雨季。

那年夏天，路桥的天总是阴着，皮鞋都长毛了。到了冬天，又冷得厉害。一夏一秋一冬，李书福专心从废品中提取金银，金的颜色，胜过蜜橘。

李胥兵擅长技术，天生有一套。李书通组织管理能力出色，四兄弟中最爱给别人分钱，这个美名广为流传，所以后来李书通做事，一挥手就是豪杰相聚。

　　选择才有机会，相信才有可能。李书福抓住了机会，跟财富确认过了眼神，愣是把台州快变成了全国废品收购中心。政府忙着修建公路，大货车从全国各地开往路桥，车上拉着各种废弃宝物。李书福还把变压器和电闸盒里的弹簧钢片抠出来，用好钢做成女人的发卡行销全国。20世纪80年代中国妇女头上的发卡，据说十个里面有八个产自路桥，为女人的美丽做出贡献的人，原来是他，李书福。

　　这才是李书福的第一桶金。

　　有一天，路桥的街道被打扫得干干净净，自行车也不让乱放了，大路两旁挂上了好多令人振奋的标语。李书福到银行存钱出来，一边开自行车的车锁，一边听银行门口两个人说大街为什么扫得这么干净，原来北京来人了。"国家黄金管理局来台州了！"一个人像是幸灾乐祸地说，"从北京来的，调查，可能要抓人！谁都不能扰乱国家黄金市场！"

　　李书福没拧开车锁，手一哆嗦，把自行车钥匙拧折在了锁里。

第二章

时代春风里的千千阙歌

有一种累叫"李书福之累",他身上背负着历史。历史在李书福身上有一种神奇的力量,命运之神关照了李书福,财富让他生出来翅膀,像只猎鹰落在改革开放的枝头,四处张望财富的深井。

锦绣未央

　　李书福的梦被打断，他意识到了危险，自己中断了提炼。好些日子里，他一看到警车就害怕，听到警笛声会紧张，看到警察先绕着走。这时候他才知道，黄金是国家资源，个人提炼黄金是违法的。隐约记得在报纸上看到过，就连谁想要挖自己家的祖坟都不行，因为已经属于古墓，古墓属于文物，文物是国家的，他可不想被捉去吃牢饭。

　　台州有金矿，是人不是物。浙江人都聪明，聪明到头发丝都是空的，谁要是不信抓个台州人、温州人，揪根头发丝看看里面是不是空的？当然，这是形容，都知道台州人、温州人会做生意。农民的根在土地，台州哪儿有那么多地？人们近乎自发地兴起了化工、塑料、机电三大产业，逐渐形成了台州工业的雏形。

　　黄金白银出路桥，就是动了"国本"。1985年，李书福彷徨得不知道做什么的时候，乔布斯正打算离开苹果公司，独自闯荡。这时候的乔布斯30岁，李书福年满22岁。

　　乔布斯从"蓝盒子"找到了世界，李书福从"废电器"发现了财富。一个女孩爱上了乔布斯，画了一幅小丑的画送给乔布斯，乔布斯把画挂在墙上，闲来无事，写写诗，玩玩吉他。李书福给数不清的女孩照过相，把一些姑娘的照片挂进橱窗，让美共享，也写写诗，买了一把古琴。

后来，当乔布斯把各种好玩的、能装进手机里的通通装进了苹果手机的时候，中国汽车界正在"围剿"李书福，这个"汽车疯子"说汽车就是"四个轮子、两排沙发"，简直就像是李书福发明了汽车，超过了汽车界的容忍度，大众也被鼓噪起来，他就像是一个怪兽，大家一起打怪。

李书福不想上大学，想要学摄影，摄影是艺术。艺术一直埋藏在他的心底，以诗表达，以词抒怀，开始写毛笔字，书法越发精进。乔布斯热衷于上选修课舞蹈，马斯克的母亲是模特，李彦宏唱过山西梆子，马云演过电影，领袖级的成功人士都跟"艺术"脱不开干系。这个发现有启迪意义，所以李书福创建的大学里都设有艺术专业，别人看不懂，认为"吉利教育"充其量就是造汽车，艺术算哪根葱！

乔布斯负气出走，离开苹果，后来成为"苹果教父"。李书福挺进临海，开创吉利，成了"汽车疯子"。乔布斯在苹果手机发布会，全世界都紧盯着乔布斯的手，不知道乔布斯从兜里掏出的手机里面又有什么新奇的玩意儿。李书福小心地把手藏起来，害羞，生怕让人看到做电冰箱配件的时候磨得目不忍睹的手。

把李书福跟乔布斯拧在一块说事儿，是因为他们在人生细节上的确有太多相似处。乔布斯开车不知道汽车的后备厢里着火了，差点给烧死。李书福开车神思游移，撞到一棵树上，近乎毁容。听着就像是传说，李书福和乔布斯在生死关头的经历竟然也这般相近，相提并论就不会显得牵强了。

知道李书福开车撞树毁过容的人不多，因为他从来不说，不会让人知道他差点去瑞士。有人告诉他到瑞士用羊胎素治疗一个周期会更年轻，他没去，大姐让他吃瑞士进口的羊胎素，他就买来吃了。很快就奇迹般地恢复，而且越长越像一张娃娃脸，继续精神抖擞、斗志昂扬、奋发图强地走在挣钱的路上。

乔布斯小学三年级也退过学，也是四年级回到的学校。乔布斯上中学的时候，向父亲下最后通牒，坚持要去别的学校。李书福如出一辙，非说听不懂路桥高中老师的普通话，父亲把他给转到了新桥中学。

这就是成长。成长的环境很重要，乔布斯从小住在硅谷，那里是科技城。李书福生长在路桥，除了台风，别说科技，就连种粮食的土地都贫瘠。美国是个移民国家，乔布斯能跟各种人打交道，李书福不一样，听着路桥乡音长大，信任老乡。不管李书福承不承认，他更信任老乡，信任浙江人，或者南方人，而且公认的"恋旧"。在封闭的路桥长大，那时候没有高速公路，从路桥到杭州翻山越岭的要坐一夜长途汽车。说实话，没有改革开放就没有路桥，没有台州一任一任的好领导也不会有今日的路桥。

从街头游拍到开照相馆再到"掘金"是李书福的"求变"，他喜欢变，最爱说的词是"发展"，一心一意想挣钱。"发展"中的李书福一开始并未解读出"财富"的意义。

谜一样的故事魔幻般的人，李书福失业了，从来没有人给他发过工资，都是他给别人发工资，在这点上跟乔布斯不一样。乔布斯从里德学院辍学后，准备找份工作，穿着凉鞋来到雅利达求职，每小时挣5美元，雅利达开创了风靡世界的电子游戏《星际迷航》，说明书上就一行字："1. 投入硬币；2. 躲开克林贡人。"

李书福不想躲开任何商机，他决定到处转转，从未想过要去找份工作。他挣到了钱，想尽快花出去，挣更多的钱。穿着拖鞋走来走去不好，他需要一双皮鞋。他来到一家鞋厂，所谓鞋厂就是个作坊，台州人只要赚钱什么都做，一间屋子可以有两个企业。李书福看见工人一边做鞋一边敲敲打打，还以为这家作坊发明出了什么造鞋新工艺呢，一问才知道，是代人加工电冰箱上的器件。

李书福的脑子飞转起来，电冰箱，一堆塑料，用模具压出形来，台州的塑料和模具厂遍地都是，生产冰箱有何难？他忘了做鞋，骑上那辆二八自行车急头白脸奔向新华书店，买了一堆电冰箱的科普书回家，坐在屋里开始研究。

事情就怕研究，凡事都怕琢磨，一琢磨准出事儿，有好有坏，有悲有喜。他啪地拍了一下桌子。李书福从这时候起就爱拍桌子，喜也拍，怒也拍，这一拍原来是因为发现电冰箱的核心技术就俩东西：一个叫压缩机，一个叫蒸发器。

李胥兵不知道三弟又看什么书呢，给吓了一跳，书福看书，必有大事发生。电冰箱？李胥兵见三弟看的是本技术书，涉及技术开发的事儿总能让二哥兴奋："书福，咱们有的做了，生产电冰箱！"李书福寻思了一下，说："咱们先给电冰箱做配套，从蒸发器开始！"李书通跳起来说："太好啦！三哥，你真行！"

说干就干，闯关，然后再升级，李书福在财富的道路上踏入了"魔兽世界"，第一关：产品研发。李书福把电冰箱的蒸发器和压缩机看得简单了，没想到这玩意竟然鼓捣了一年多，没日没夜地研究，花钱花得心疼。

他买来好多电冰箱，单门的、双门的、卧式的、立着的。把冰箱拆了装，装了拆。实践是检验真理的唯一标准，李书福一直在用行动实践，养成了看《人民日报》的习惯，每日必看CCTV《新闻联播》。

真是个好习惯，国家干部，或者睿智的人都会这样做。听党的话，跟政府走，不仅不会错，而且机会多多。爱党爱国，李书福受益颇多，不是虚的，商人玩虚的终会死路一条。经过一年多的努力，蒸发器研究出来了，压缩机的图纸也画出来了，塑料壳没有什么可研究的，到处都是模具厂，台州工业正在崛起，李书福在这个大潮中找到了出路：电冰箱！

他买了副手套。李书福要远行，带着蒸发器和压缩机样品去寻找配套厂家，不愿意让人看见他被磨掉了皮的惨不忍睹的手。戴着一副白手套，穿着擦得锃亮的皮鞋，他的头发软，一直很软，第一次抹了发蜡，背着用根绳子捆住的两个大纸箱上路了，行走得有点扭曲。

大热天戴着白手套有点奇怪，难为情，李书福有超强的自尊心。女人不能触碰虚荣，男人不能触碰自尊。他是采购员，在研发的日子里都是自己亲自采购，现在他是推销员，坐了一夜的长途汽车，到杭州的时候天刚蒙蒙亮，在火车站下了车。他早就想好了，先给国企冰箱厂配套，给美菱、阿里斯顿、扬子、澳柯玛配套蒸发器、冷凝器、过滤器，然后贴牌生产，创立自己的品牌。

沉睡的岁月，唤醒了音符。哪有机会往哪儿去，水往低处流，李书福向财富走。哪趟火车有票就去哪儿，重庆有票，他就奔四川。

那时候重庆还不是直辖市，有"将军牌"冰箱。李书福坐了40多个小时的火车，他舍不得买卧铺票，愣是坐了两天一夜的硬座到重庆。

一路上还不敢睡实了，害怕样品让人给偷走。比起14岁骑自行车带人挣钱，这点苦不算什么。老有人说不吃苦中苦哪知甜上甜，凭什么中国人就得要吃苦，吃了苦才有甜？归根结底，我们是农耕国家吧！不知道，这是专家的事儿。

李书福累透了，下了火车快不会走路了，腿麻了，骨头都快散架了，还要背着两个沉重的纸箱子。浙江净出江南硬汉，何况是路桥，路桥多一分可种粮食的土地，就会少一群百万富翁。

他背着样品一瘸一拐地走出了火车站，开始了中国式生意过程，喝酒、唱歌、洗脚，到了四川还要吃辣椒，李书福拼了！7天以后，李书福满嘴起泡，又坐了两天一夜的硬座到杭州，再坐长途汽车回路桥，下车走路人还飘着呢，带着签好的合同回来，立即组织生产。

要有厂房，还要有办厂资质。他又骑上了二八自行车开始寻找，一下就找到了，租下了一所学校的校办工厂，借壳以校办工厂的名头开始组织生产。他第一次开始规模化招人，招了好些个人，在校办工厂每天叮里咣当，大干快上，三班倒，声音大，把隔壁教职工宿舍的园丁们快给弄疯了！

老师们晚上被吵得睡不着觉，白天给学生上课脑瓜子还嗡嗡的，就去找校长抗议。校长笑眯眯地面对知识分子，自打教育局批下来校办工厂以后，光听这些个老师胡咧咧挣钱，挣了一地鸡毛。还有杂草，下雨光听蛤蟆叫了，来了个送钱的李书福怎么还有意见了？多少年来，一到教师节全都想起来原来还有这么个节呢，校长把老师们叫到会议室,一边嗑瓜子一边怀念孔子,以孔子为原点出发畅想一下未来,一定要为祖国好好培养花骨朵。教师节第一次分到了奖金,不能端起碗吃肉放下碗骂娘吧?

  知识分子可不管那套,要么说知识就是力量呢,大家联合起来斗校长,个个虎背熊腰、大义凛然、气势汹汹,墨水哪有白喝的,张口就喷出一幅国画来。校长顽强抵抗,老师们居然组织起来罢课,让李书福走!校长快哭了,叫来李书福求他走,说:"李厂长,你走吧!我被老师们给逼疯了!都是为了祖国的下一代,学校不能让你办厂了,关了吧!"李书福一听是为了祖国下一代,这责任可是担当不起,眼圈都快红了。

  去哪儿呢?可是签了合同的,下一代可碍不着人家冰箱厂的事儿,那也得搬家!

  李书福又骑上了那辆自行车,苍天不负有心人,终于找到了,他发现了一个废弃的自来水厂,一眼望去,草比人高。那就除草,然后把设备从学校拉来,肩扛手提,折腾了一个星期弄到了几十里外,却遇到一个大问题:没电。

  自来水厂的变压器是个摆设,里面早就给掏空了,保不准当年有人把里面的东西拆掉卖给了李书福。他找到了村长,得有电啊,又不是原始社会打完猎在山洞里抠骨头,租了自来水厂生产电冰箱,没电哪儿行?村长点点头,非常认同,道:"李厂长总说对的话,做挣大钱的事!可是我们村也不会发电呀,这样吧,你自己从村里拉根电线吧!"

  一根电线拉起来,从村子里一直拉到了自来水厂。李书福还买了个对讲机,大声喊:"书通,合闸!"在村子里的李书通一合闸,通了，叭的一下厂房的灯就亮了，机器也响了。二哥李胥兵别提多高兴了，研发付出了他大量的心血，终于又可以生产了。机器一响，黄金万两。肩膀上也顶颗脑袋的人都表示不服，开始嚷嚷，凭什么李书福跑到这儿来办企业挣钱？要给大家一起分钱！一个人富不算富，全村人一起发财才叫富，才公平，才像话。

厂子被围堵了，进不去人，也出不来人，好些人堵在厂门口，等着分钱。

有人举报李书福私拉国家电网，检察院立案审查，公安局要来抓人了，李书福吓得不敢去厂里，骑着他的二八自行车在风中飘荡，头发都乱了。依法，合规，才是出路。离开校办工厂，电冰箱器件生产已经不合法了，必须有顶红帽子，名正才能言顺，李书福骑着自行车来到了黄岩县乡镇企业局。

20世纪80年代，乡镇企业如日中天。局长仔细看了李书福跟国营冰箱厂的供销合同，愿意借给李书福个名，慢悠悠地说："书福啊，你不能光想着自己挣钱，是不是？要有共同致富的想法，对不对？不要你们自己亲兄弟干，行不行？你得找几个跟黄岩近一点的亲戚，能不能？乡镇企业是集体性质的企业，集体的就是国家的，懂不懂？"

是不是，对不对，行不行，能不能，懂不懂，原来做企业并非有产品就行了，还要面对各种问号。

李书福善于解决问号，于是，黄岩县石曲电冰箱配件厂挂牌成立了。

乡镇企业局还有一个条件，要李书福买下来生产队的一座废弃仓库。当然了，李书福可不是借块牌子做自己兴奋让别人莫名其妙的事，他把家底全都拿了出来，把仓库改造成厂房，又带着人把拉到几十里外的设备和材料给拉了回来！那天的雨下得那叫一个大，李书福带着人愣是把上千斤的设备用血肉之躯肩扛手提回来，再大一点的用小推车生生推回来，名正言顺地大干了一场。

很快，李书福就想要发展了，为电冰箱做配套不能满足他的胃口了，开始贴牌生产电冰箱，每生产一台冰箱给挂牌子的厂家钱就是了。没想到第二年产值就破亿了，第三年一跃成为台州最知名的民营企业家，名声传到了省里，开始有人采访李书福了。

解决了大量就业，完成了乡镇企业局的税收，他把赚到的钱再投资，政府这叫一个高兴，从天上掉下来个李书福，黄岩县财税局局长徐刚欢喜有加，20世纪80年代黄岩县财政局和税务局是在一起的，叫财税局。徐刚认识了李书福，并不是李书福结识了徐刚。

李书福想创办自己的企业，徐刚尊重给黄岩带来巨大税收的大户，不知道是不是怕李书福跑了到别的地方去发展，他常以局长的身份来看看。李书福小心翼翼地透露出想创建自己的企业，徐刚非常支持，打了好些个电话，帮李书福建立了自己的企业——北极花冰箱厂。

后来，徐刚调到浙江省财政厅任副厅级的总会计师，2002年轰动全国的李书福"兄弟分家"之后，徐刚辞职，受李书福之邀出任吉利控股集团总裁。

北极花冰箱厂如日中天，各种荣誉雪花般地飞进李书福的办公室，墙上都挂不下了，他还被中国关心下一代工作委员会授予了"浙江省十大杰出青年"称号。李书福留了胡须，娶了媳妇，生了儿子，取名星星。李星星刚会走路出来，就看到了路桥最大的大班台后面，坐着"冰箱大王"爸爸。

致富不忘修路，李书福开始为家乡修路，做公益，各种捐款和赞助。也给庙里捐钱——台州可是佛教天台宗的发源地。

转眼到了80年代末，北极花冰箱供不应求，从全国来拉冰箱的汽车排成长龙，一片欣欣向荣的景象。李书福开始频繁地接受采访，活动半径一再扩大。有钱以后绝不是生活不一样了，而是对生命的意义有了重新理解，绝对不会胡吃海塞了，恰恰相反，少吃少喝，也开始戒烟了。李书福开始了跨界交际，认识了一大堆明星大腕，为明星大腕走穴提供赞助，文艺圈内全是赞扬。李书福愿意跟很多明星大腕成为朋友，很少有人知道，因为李书福从来不说这些。

不只是他的生活一天天变得越来越好，全国人民都一样，电冰箱的市场需求越来越大，北极花冰箱供不应求，甚至有人要让政府机关的人批条子，才能够比别人早点提货拉走"北极花"。

1989年全国掀起了抢购潮，到后来甚至抢购盐和卫生纸，变化来得太快，李书福毫无准备。国家采取宏观调控政策，对生产过剩的家用电器确定了若干家定点生产企业，对于没有进入定点目录的一律关停并转。李书福绝没想到正在如日中天的时候，会遇到这样的打击。就连"美的"都没能进入冰箱目录，杭州"娃哈哈"想扩张生产线没有一个领导敢批，"希望兄弟"的刘永好要把饲料厂交给国家，没交成。

各种消息像飓风一样袭来，他关注着《新闻联播》和《人民日报》，注意到了全国都在讨论所有制问题，中国经济发展到底是姓

"社"还是姓"资",这是一个问题。那时邓小平还没有去南方,邓公赴深圳的"南方谈话"是3年后才发表的。

觉察到了风向不对,李书福开始意识到要跟着国家政策走,他做出一个重大决定,毅然决然把冰箱厂无偿捐献给了国家。抓住机会是把握商机,放弃拥有是拥有智慧。

李书福来到当年上门相求让他生产冰箱的乡镇企业局,这回是央求着把冰箱厂送给乡镇企业局。还是那位当年跟他说是不是、对不对、行不行、能不能、懂不懂的领导,看着他,沉默了一分钟,问:"李厂长,书福呀,你真的全都捐了?"李书福肯定地说:"真的,捐!"领导又问:"包括设备、合同、市场,还有你这么多年来苦心经营出来的人脉、资源?"李书福义无反顾地说:"一个都不少!"领导说:"这么大的蛋糕,你不留点什么?"他迟疑了一下,说:"不!"

当年办手续用了一个月,这次办手续只一天。太阳快下山了,他又来到办公室,谨慎地问:"领导,保险柜里还有好多现金呢,我可以拿点钱吗?"领导看着他,眼圈一下子就红了,说:"你干吗呀?恶心我呢?你不是恶心我,我可要跟你上纲上线了!"停了一下,递给李书福一支烟,李书福接了,从办公桌上拿起打火机,先给领导点着了烟。

领导抽了一口烟,诚心诚意地说:"书福啊,那些钱本来就是你的呀!我请示过上面的领导了,冰箱厂确实也漏过税,可全都补齐了,罚款你也一分没少地交了,厂里放着等着发货的电冰箱还有四千多万!四千多万啊!你的保险柜里能有多少钱?拿!拿!你拿!你想拿多少拿多少,有问题我负责!"

"谢谢领导！"李书福感动不已，跟领导一个劲儿地握手，手里的烟头还不小心烫了领导一下，连说，"对不起对不起！"

"书福啊，下一步你打算干吗？"领导甩了一下手，然后紧紧地握住李书福的手，说，"我知道你是一个闲不住的人，是不是？这些年挣的钱够你三辈子花了，对不对？我想办法把你调进来进入体制内，行不行？你换个身份，你不在意工资继续干，能不能？未来谁也说不好，你不当船长可以留在船上看看风向，懂不懂？"

李书福笑笑，说："我要读书，去上大学！"

"你说你要干吗？"

北极花冰箱退出历史舞台，李书福的一簇锦绣，未央。未央，就是没完。李书福上大学也没完，甚至可以说没完没了，深圳大学、湖北经济管理大学、哈尔滨理工大学、燕山大学，下一所大学是哪没人知道，如果能有时间，他一定会去剑桥或者哈佛继续读书也说不准。

他创立的冰箱厂没有了，结束。乔布斯离开自己创建的苹果，加入了《星际迷航：新世界》，这个游戏被全世界网迷称之为"难以驾驭的美丽"。李书福1990年到深圳大学上大学也"很美丽"，接下来他有了两个发现：一个是汽车，一个是装饰材料。

这时候离中国加入世界贸易组织还有10年，离第一辆吉利汽车吉利豪情下线还有8年。这一年乔布斯急切地想要挣钱，去过印度的罗伯特·弗里兰德，鼓励乔布斯去印度进行一次精神之旅，乔布斯去了，回来后像个怪物天天找苹果公司的麻烦。李书福也出去了，离开路桥，在大学里有了惊喜的发现，从此走向了另一段开挂人生。

低谷，不仅是遭遇，更是一道选择题。李书福到了广州，坐上从广州到深圳的列车，第一次在列车上吃鸡腿，5块钱一个的大鸡腿怎会这样好吃，他喜欢，还在深圳买了一辆小轿车。

　　李书福拥有了第一辆轿车，中华轿车。

　　就是这辆用玻璃钢做外壳的轿车，带他走上了奇幻的造汽车之路。

幻影般若

李书福对未来一无所知，他注定做不了闲人，繁华之后的寂寞正适合读书。心有向，路择径，觉悟生，运使然。他敬佛并没有学佛，皈依梦想，来的不是般若波罗蜜多讲堂，而是深圳大学。梦想托着他随时准备出发，并没有多大的雄心和抱负。

"冰箱大王"的梦从眼前飘过，原来是浮云。李书福没有抱怨，这时候的他最不缺的就是时间。早就听说深圳原先是个小渔村，他感觉这里跟自己很合拍。到代表特区精神的孺子牛雕塑前照了一张相，这是一头有着强悍肌肉线条的牛，有一股奋进的感染力。他需要这种力量，李书福没有走进陌生，恰恰相反，走进了熟悉，深圳的一切都那样符合他的世界观。有一种人注定了拼搏，有一种人习惯了抱怨。

"北极花"融化了，没有适应国家战略发展，是学习不够，所以要读书。1992年1月邓小平发表"南方谈话"，站在时代高度扫除思想疑虑，深化改革，加速发展。李书福的步子加快了，闪动着他明亮的眼睛去"发现"。

深圳哪儿都好，就是太热，一天要换三次被汗水浸透了的衬衫，

"深圳速度"就是热火朝天。他去了沙头角,沙头角卖什么的都有,都是内地这边想要的好东西,一边是内地公安,一边是港警,中间一条线,不能越界。有点奇怪,到沙头角的内地游客就是要"越界"购物的,要不然来这里干吗? 有趣。

李书福站在沙头角狭窄的街上驻足观望,内地公安和香港警察各自在各自的区域内巡逻,都不会越过中间的一条白线。内地游客伺机就会跨过白色戒线跑到香港那边购物,两边的警察都知道,只要不是大模大样地公然越界,其实都不管。做明面上不被允许的事儿,也是南方企业发展的套路,再没有比在沙头角越界购物更心照不宣的刺激了。

这让他印象深刻。"印象深刻",不知道从哪天开始忽然冒出来的流行词语,中性,不卑不亢,甚至看不出立场,外交辞令,以上帝的视角评价某些事物。李书福对感兴趣的话题喜欢评价,善于联想,发散性思维,让他抓住什么必要弄出个轰轰烈烈。

其实他并不想轰轰烈烈,天赋异禀的他更愿意闷声发大财。在深圳,每天下课他都开着中华轿车出校园,周末没课的时候,他就开车赴广州,进番禺,甚至开到珠海。

李书福从来不会无目的地行走,他看,他想,脑子停不下来。这一天,他一边开车,一边听着香港电台的节目。好奇怪,香港电台的主持人没有气宇轩昂的架势,说普通话不一定有他标准 —— 至少他是这样认为的 —— 主持人像是在跟你拉家常,好像就跟你一个人说话,面对你就是面对了大众。

他有点惊讶,原来还可以这样,主持人低声细语更能入心,差点拿起大哥大打过去跟主持人互动。李书福惊讶地发现自己愿意跟人交流了，过去可不是这样的。经历在改变着他，不是大学课堂里的知识。走出路桥，来到深圳大学最大的收获是结识了天南地北的人，打开了他的视界。

前方不对，刚拐过一个弯来，就看见前面的公路上好多武警，全副武装，都拿着枪，守着路边一条从地下出来的路——一条隧道。他还在寻思着，忽然看见一辆接着一辆的汽车冒了出来，挂着军牌，车上装着满满的小轿车。

突然响起枪声，武警居然向军车开枪！

李书福的魂都快吓飞了！他的车开得很快，公路上本来没什么车，中华轿车又轻，在这短短不到两秒的时间里，他一脚踩住了刹车，再往前就冲入埋伏着的武警了！公路两边有这么多武警，事发突然，刹得太急，他紧握着方向盘，车在公路上打转转，带着惯性往前冲，居然停下了，他推开车门跳了下来，一下子趴在了地上！

离隧道也就五六十米，听见枪声大作！他的心怦怦乱跳，低头紧趴在地上，不知道发生了什么，从来没有见过这种阵势，他快速想着：拍电影！拍电影呢！想到这，李书福心里一下踏实了。有点怒，广东再开放也不带这样的吧？也不拦着点，不管拍电影还是电视剧不怕他开车冲入镜头里？再跟他要霸屏费！他趴在地上抬头看了一眼，发现武警拿的都是真枪，射出的是真子弹，都打向了车帮子，拦截挂着军牌的车辆。

有点迷惑了，不确定是不是在拍电影。这也太逼真了吧！他吸了一口气，闻到了火药味儿，再做了一个深呼吸，呛得咳嗽起来，是真子弹，真开枪！一辆又一辆从隧道里冒出来拉满了小轿车的汽车在逃离，没有看到摄影机。李书福非常重视细节，公路上没有闲人和车辆，这是一片僻静的海边公路。

在枪声大作里，夹杂着军车轰鸣的声音，隧道里的车没有了，忽然从另一边的地下钻出来好几辆挂着武警牌照的汽车，埋伏在公路两边的武警迅速跳上汽车，呼啸着追击而去！

枪声停了。他像是经历了一场幻觉，不真实，又太真实，短短几分钟汗水浸透了衣服。本来就热，李书福站起身来，又给吓了一跳！公路上停着好几辆车，车主们跟他一样全趴在地上，有一个人离他很近，把他当作人盾了！

他还是蒙着的，不知道是问自己还是身后这人："是不是拍电影呢？"

"拍电影？你可真行！"那人也站起来了，对刚才的险境非常懊恼，大声说，"这是犯罪集团！他们挂着的都是假军牌，冒充军车从海外走私汽车！你没看见武警开枪打车不打人吗？我这是第三次遇上武警抓捕走私了！"

李书福的思绪一下子跳到了别处，感慨地说："这样啊！看来小轿车很赚钱呀！"

"什么？"那人又急了，"赚钱？你不怕掉脑袋？"

李书福忽然觉得冒失了，可他就是抑制不住"发现"。他的脑海停留在别处，造汽车肯定赚大钱，要不然怎么会连命都不要地走私汽车？造汽车——他没想过走私汽车——这个念头忽然一闪，梦的种子就此扎根心田。

这才是李书福鲜为人知的造车缘起，他是这样"发现"汽车的，那些个后来编织的李书福造车故事才都是童话。不怪任何人，李书福隐藏了他"发现汽车"的秘密，就跟没人知道他后来开车撞到树上把中华轿车拆了的动因一样，那辆车的底盘变形了。

亲历了一场武警抓走私，虽然心惊肉跳，但重要的是种子在他心田种下了，日后会生根发芽，开出绚丽的花。

李书福重新发动了汽车，再打量这辆轿车，不就是个玻璃钢做的壳子吗？四个轱辘，两排沙发，造起来有何难？发动机可以买，变速箱有人造，焊车架子的人从路桥可以找，每天都能看见马路边给小店焊门脸的。就这样胡思乱想着，他侧脸看向车窗外，看见了海，海上停泊着一艘巨大的货轮。走私的汽车没准就是从这艘巨大的货轮上来的。

他受了刺激，很晚才回到深圳大学，同班同寝的同学想要去听歌。都知道李书福同学曾是北极花冰箱厂的老板，还是"浙江省十大杰出青年"，如果不把冰箱厂捐献给国家，离全国劳动模范也仅一步之遥。

李书福就开着车带他们去了，真的是"听歌"，歌手是香港的，也有内地的，后来在中央电视台见过好几个成了明星。舞台前伸出来，他们四个人坐在前面最好的卡位，有最低消费，李书福买单，大家尽兴地喝。

不同于18岁高中毕业考入大学的青年，他们这些个自考生都是过来人，经历或者准备走向辉煌以及遭遇过一些难以启齿的事情，打探每个人的身世比懵懂的青年打探教授或者校园里的美女帅哥更上心，以备日后之用。就像后来崛起的MBA，大部分人不是来学习的，注重的是学员里的人脉资源。

大家喜欢李书福同学，戴劳力士表，开中华轿车，全都知道李书福总是提防着向他套近乎的女生，李书福防女人比防小人更上道。一个性情中人，说着一口台州普通话，非常在意别人对他说话的腔调，包括眼神。李书福是一个超敏感的人，非常细腻，不像乔布斯那样直白却跟乔布斯一样"狡猾"——褒义词叫聪明。

乔布斯不去日本，就发现不了东芝研发出来的芯片；李书福不去深圳，就发现不了汽车。历史具有偶然性，智慧的人才有可能把偶然变成必然。

同寝的人都喊他"李老板"，学校的规矩太多，他们又都不是十八九岁的孩子，求学目的不同，有的是为了在体制内晋升，有的经营企业怕没学历"hold 不住"公司里的人，有的只是为了面子需要一张文凭，在恋爱上也可获得体面。

李书福没有这些需求，校园既有老师又有同学可以好好学学英语，不为考级，只为应用。他认识了几个英语过了六级的同学，只是没想到，有一天世界弄出来了个翻译软件。2023 年 3 月 15 日 ChatGPT-4 发布的时候李书福也沉默良久，为什么从 0 到 1 的 0 总不在中国？中国人善于人家发明我改进，从"模仿"开创出"辉煌"的企业遍地开花。

"李老板，要不咱们几个到外面租房住吧！"一个同学提议，他赞同。李书福也不太习惯晚上 10 点前回寝，11 点关灯。大家一合计就到外面一起租了房子，没想到，这个决定又让李书福发现了商机，命运转折点来了。

都叫他"李老板"，李书福也想表现一下，决定自己花钱把房子装修一下，第二天就来到了深圳最大的装饰材料市场。李书福从来没有这样眼花缭乱过，走到装饰材料区，看见了五颜六色的塑料，这东西可以把房间装饰漂亮。

"老板，"李书福拿起一块样品，掂了掂，很轻，问，"这塑料片是按张卖，还是按斤卖呀？"

"塑料片？"小老板怔了一下，感慨地说，"还真是塑料片！老板，没见你这样的，人民币还是一张纸呢，能按照纸卖吗？这塑料叫镁铝曲板，进口的，按吨，一吨不到4万！"

"多少钱？4万一吨？"李书福嚷嚷着，说，"不就是塑料片吗，你卖这么贵？"

"你能把金属给印到塑料上去？人家可是专利，进口的！国内没这技术，生产不出来！去年还5万一吨呢！"小老板说，"从吨数合到张数，3平方米一张，打完折260块钱卖给你！"

他沉默了，知道塑料的成本有多低，冰箱就是塑料壳。台州的塑料厂太多了，3平方米的塑料也就几毛钱成本。"多少？一张260块钱？抢钱呀！"李书福说。

"老板这话说得，塑料上面有金属呀！合成到一起，咱们没人能做得出来！"小老板说，"你要买得多，我给你打折，230块钱一张，行了吧？"

李书福忽然兴奋，脑海里翻腾了起来。汽车是幻影，眼前可是能抓得住的五彩斑斓，真是天赐良机！生产这种往塑料上印金属的塑料片有何难？他就是干这个起家的，冰箱壳就是塑料的，做装饰材料不违规又合法，再也不担心了！

果然，机会是为有准备的人创造的。李书福抓住了商机，往中华轿车塞满了一车镁铝曲板下脚料，豪情万丈地从深圳开回台州！1000多公里的路上，他边开车边唱，一路高歌，神清气爽。学是不能上了，他发现了商机。李书福上大学更像是潜伏，一旦发现财富路，潜伏立即终止。

李书福再也没有回到深圳大学。

大哥李书芳看见三弟回来了，就知道三弟不可能完成学业了。二哥李胥兵对三弟回来也不惊讶，书福远行一定会带着收获归来。老弟李书通最兴奋，大声问："三哥，你在深圳淘到金子啦？"

淘到了一宝，李书福像从战场归来的大将军，拉开车门，打开后备厢，一堆五颜六色的塑料片出现在眼前。书通看着塑料片说："三哥，这是什么玩意？"

"镁铝曲板！进口的装潢材料，新型技术，材料轻，不变形，色彩鲜艳好看，不怕风吹日晒，深圳的大酒店和好多大厦都用这个！"李书福开心，有如天助，他豪迈地说，"装潢市场太大了！书通，二哥，这回咱们叫上大哥一起干！以后再也不用借壳戴帽了，依法合规谁都不求！要发展成台州最大的装潢材料厂！大吉大利，就叫吉利装潢材料厂！"

吉利，由此诞生。

蝴蝶尖叫

这一刻起，李书福决定遗忘。遗忘所有的过去，从头开始。他既可以亮剑，也能露出笑脸。先买块地建厂房，创建吉利。然后修路，建一条宽阔的大道，后来这条路被定名为吉利大道188号。

李书福这回可是抓住商机了，依法合规，再也不用看别人的脸色做企业，装饰材料市场随着国家经济发展，会一天更比一天好，吉利会好到如日中天！

他将在这里老去，子孙满堂，有一天跟子孙后代讲述自己的故事，讲述生于斯长于斯的故土路桥。他还专门修了一条路，这条路通往银行。李书福预感到了巨大的财富，改革开放为路桥的发展带来了无限可能，他是这个潮流里的弄潮儿，人人都向往美好的生活，他要往美好里注入自己的色彩——吉利色彩。

大哥李书芳盯建厂工地，二哥李胥兵的任务是研发，老弟李书通负责进化工材料同时招兵买马。李书福负责营销，一边调查市场一边寻找买家，建立销售体系，他开着中华轿车跑遍浙江、江苏，又去了上海，就是没去北京。

北京过于遥远，不仅是地理上的，还有仰望的距离。忘不了上海姑娘哀怨的眼神，还有惆怅，李书福从中品味到的，是对财富的尊重、敬仰和崇拜。做一个有钱人真好，能够主宰自己的命运。

可是，怎么也没有想到，破解镁铝曲板的技术会这样难。

整整一年，一年啊，解不开往塑料上印金属的密码，粘不上。李书福跑到上海建筑研究所，人家说，塑料和金属的分子不一样，融合不到一块儿的。他又去了北京，到中国科学院物理研究所求教，中科院物理所承担的都是国家项目，对民营企业的诉求没有先例，告诉他西方工业确实很先进，学习外国技术急不得，要一步一步来。

后来李胥兵攻克了难关，用了8个多月的时间把黏合问题解决了，却又遇到经不起风吹日晒，会变形的问题。粘上后的塑基和金属不能保持长时间融合，会被氧化，还要解决运动轨迹模型、碰撞、拉刀和拉力的关系、数据信息导入和坯料信息融合等问题，一句话，吉利做不出来合格的产品。

兄弟间的关系也开始有些微妙起来。一年多的研发看不到成功的可能，一次次的实验，一次次的失败。创建吉利装潢材料厂的时候，亲兄弟看似明算账，实际上仅仅是草草制定了股份比例，大哥李书芳占股10%，小弟李书通占股20%，他和二哥李胥兵占股70%，注册资本8800万元，兄弟之间只想把企业做大，其实也埋下了隐患。

李书福脾气变坏了，经常听到他嚷嚷，爱发脾气。他开始亲自招人，组织最后冲刺。1991年7月，账上只剩下不到10万块钱了，积累的财富几乎耗光，就是这天到银行取对账单回来的路上，神情恍惚的他开车一下撞到了树上，当场头破血流，幸好被路人发现叫了救护车把他送到医院。李书福受伤了，内外受伤。

他和他的兄弟们变得沉默了。他想起初中学过马克·吐温的《竞选州长》,当可能成为州长的时候有那么多白人小孩黑人小孩来认爸爸。而在整个中学时代,他更喜欢《汤姆·索亚历险记》,还有普希金的诗,每一簇火焰都照亮了青春的底色,点燃梦想。

杀死退路,绝不转身!

李书福和他的兄弟们拼了,五百天的鏖战,最后的日子里全都吃住在厂房。他把厂房看作产房,等待吉利第一个新生儿。堆积如山的废品里,他困了就睡,饿了就吃。必须拿下! 一关一关地攻破镁铝曲板的技术,还要考虑硬度、亮度、弯曲度。他走上了自我惩罚之路,化身西西弗斯推着巨石上山。当账上还剩下168块钱的时候,李书福大声嚷嚷道:"好呀! 一六八,一路发!"

小平同志说得对,科技是第一生产力。李书福走向了科技,一点都不知道自己是在打破国外的技术垄断,头破血流地创新。我们发明了火药做成爆竹放着玩,人家做成大炮打我们。我们发明了指南针,让西方列强在茫茫大海中找到了中国。中国几千年就忙着种地了,科技这玩意儿总是西方的,电灯、蒸汽机、电脑手机收音机,放眼望去哪个是中国人发明的?

"不许消极!"李书福是个积极的人,不允许出现消极情绪,无论多难必须坚定信心,再靠智慧和不折不挠的毅力。"干! 就是把我干废了,也要把镁铝曲板给造出来!"

他在吼,跟自己吼。1991年7月19日,西方的"黑色星期五",路桥却是阳光灿烂,镁铝曲板终于研发成功了! 李书福用手摸着光滑的镁铝曲板说:"也不是很难嘛!"李胥兵热泪盈眶,李书通高兴地蹦了起来,兄弟们完成了一个壮举! 大哥李书芳去酒店订了宴席。

吉利装潢材料，很快就把进口镁铝曲板给干趴下了。1993年销售额达到了1.6亿，后来……李书福真正成了有钱人。

这时候的李书福开始寻找情怀，必须有足够的财富支撑情怀，撑住他的梦想。他的梦想是跳跃性的，最放不下的就是汽车。一想起将来有一天有可能造吉利汽车他就激动不已，甚至有点害羞，就是不知道害怕。

工业制造，做什么产品也没有比造汽车更刺激，再看着这辆玻璃钢做的中华轿车，越看越像个大玩具，这就是汽车？他决定把它给拆了，看看里面是什么。汽车是由四大系统构成的：发动机、底盘、车身和电器设备。他把中华汽车大卸八块，拆成了零部件，没觉得有多么复杂，发动机可以买，底盘可以造，车身是钣金活，电器更不值得一提，在电视机上做广告跳"燕舞"的那小子都可以造出来吧，燕舞广告是他和一代人的记忆。

说到底，造车梦伊始，李书福的认知里汽车不就是一个组装活儿吗？所以，李书福造车，最开始想到的不过就是组装汽车。当然比做电冰箱复杂，也不一定比从废旧电器上淘金扒银复杂到哪儿，研发镁铝曲板让他变得胆大。造汽车肯定是复杂的，但他要的是简单——化繁为简，尽管李书福后来总是批评别人太简单。

他拿着计算器，把摊了一地的部件数了数，组装一辆中华汽车大概有上万个零件。每个零件都是钱，都需要有人制造，这还真是一个产业链。

造汽车，就是一个产业帝国！

有点小兴奋。李书福被自己的想法鼓舞着,镁铝曲板每天进账几十万到后来的上百万,李书福知道了"挣钱"是怎么一回事儿,他有钱,要挣更多的钱。

这个想法不能说,没必要告诉任何人,自己知道就行了。有一天他一定会造汽车的,要造就造奔驰那样的汽车,才威武。这时候的李书福造汽车根本谈不上使命,都是后人给加上去的。

有人慌慌张张跑进了车间,带来一个坏消息,一个工人出事儿了,骑摩托撞上了一辆军车。"人呢?"他急忙问。"人没事!"向老板报告坏消息的人说,"摩托车散了一地,跟你面前的汽车一样!"人没事儿就好,老板最怕的是人出事儿。

他放下心来,摩托车撞上军车,不散了才叫怪。恢复成零部件的摩托车被拉了回来,李书福刚出车间的门,扫了一眼拉回来散落了的摩托车,忽然眉毛一挑,心里一动。

李书福有个习惯,捕获到一个能让他心动的问题,或者重要的信息,禁不住会挑起眉毛并飞快地向上扫一眼,表明他有主意了。现在李书福就是这个表情,他不动声色地说:"把摩托车卸下来,送进车间里!快!"

没人知道李书福想什么、要干什么,他脑子快得有时候连自己都追不上、抓不住。他又回到车间,像外科医生等待病人那样。几个人急忙把一堆零件抬了进来,李书福挥挥手说:"都出去吧,让我一个人待会儿。"

他看着摩托车的两个轱辘,橡胶的。车架变形了,不是太好的钢。发动机,这玩意儿是摩托车的心脏,看上去有点可笑,好小,里面有活塞,快速动起来就形成了力。忘了在哪看到,在哪届世界博览会上，西方人展览蒸汽发动机的时候，清朝皇帝送到世界博览会的，是一双美丽的鞋，做工那般精美，镶嵌着各式各样的珠宝。

李书福笑了，他高兴，高兴了就要唱歌，李书福爱唱歌，晚上就去了卡拉OK。这是一个有人高歌有人大哭的时代，哪个时代都有人唱有人哭。各式各样的歌，各式各样的哭。李书福最爱唱《驼铃》，低沉，委婉，动情，而且有一种遥远感，还有未知。他唱歌跟说话完全不是一个嗓音，说话起急的时候，音调高、频率快，唱歌完全不一样。李书福有雄厚的男中音，没有说台州普通话时候的腔调，吐字清晰，蓬勃有力，而且动情。

当李书福对这个世界越发动情和这个世界越发了解李书福的时候，越会发现李书福真的是与众不同，他具有AB两面，A面如此务实，B面好不浪漫。A面的李书福是企业家，B面的李书福是诗人。他有一种骨子里的浪漫和简单，从捕捉商机到资本运作极具天赋，没有人可以学得来。于是在吉利内部高管一直有一个"500年出个李书福"的说法，甚至有人私下议论李书福是不是哪一代天台宗高僧转世，所谓"天造李书福"。后来有智慧的国人统一了对李书福的看法——是时代造就了李书福，这点毋庸置疑。

李书福是一个浪漫的人，有时候单纯得让人瞠目结舌，简单到让别人无地自容。他并不喜欢"讲话"，厌恶让他讲话，站在众人面前滔滔不绝地演说简直是一件不可理喻的事儿，有这时间他宁可想事或者写诗。有时候被逼得非要说点什么不可，他站在台上会瞬间迷失，不知道说什么，为什么要说，说给谁听，能听懂吗？

他不想说，想唱，今晚就唱。

李书福不知道自己唱的是美声的、民族的，还是通俗的，响亮就好，动情就好，用心唱就好。他心里想的是造四个轮子的汽车，先从两个轱辘的摩托车下手，不像乔布斯从小住在硅谷空气都带着电子，李书福种自己的豆得自己的瓜。

种豆是可以得瓜的，传统的故步自封害了我们几千年，西方人发明的股票怎不是种豆得瓜呢？也可能种瓜得豆，或者一无所得。有人认为人生就是一场赌博，赌输了的就说人生没有意义，古人笑眯眯地说吃亏是福，吃亏不是李书福。这一晚他在卡拉OK把会唱的歌全唱了，天亮回到家去找父亲，要父亲帮忙说服大哥、二哥、老弟造摩托车。

全家人都想好了，吉利装潢材料厂要扩大，开发出更多的产品，镁铝曲板已经以低于国际市场价1/3的价格返销国际，把世界打了个措手不及。他却要造摩托车。父亲想必已跟大哥书芳、二哥胥兵、小弟书通合计好了，看到他来了，先抛开他想问的，开口说："你回来了？带我孙孙星星回家来看看，你相信兔子不吃草爱吃肉吗？你妈妈养的兔子不吃菜叶爱吃火腿肠了！"

知道了，兔子也可以吃肉的，这事就在家里发生了。他知道无法说服父亲，父亲跟他大哥、二哥和老弟站一起了，不是不接受挑战，而是拒绝未知，不在发财的路上撒欢。造摩托车？全家人只有他读过卡夫卡的《变形记》，他恨不得自己是格里高尔一觉醒来变成一条虫子。他肯定是要变的，变成一条龙，中国龙，等他造汽车的时候一定会起这样一个名字：中国龙。

李书福陷入了以往经验，找有资质的单位给他使用资质——有一个美丽的词汇叫作"合作共赢"。他习惯了割肉，后来的各种投资证实他能容忍赔钱，无论是房地产还是紧跟潮流的各种几亿几亿的投资失败，风向全对，是人不对，只要人对了，这个世界就都对了。李书福给自己的理由是做企业哪有不赔钱的？但绝不容忍有人直眉瞪眼地从他身上骗钱，谁都不行！他可以给，但是你不能抢，更不能骗。最不能容忍的是欺骗他的人，不管是谁，就像他的歌唱得好，能接受唱歌跑调甚至不着调的人，但你别在他面前嚎，猪才嚎呢，听不得驴叫。

李书福能接受没有足够智慧的人，而且会善待这种人，从不计较，重情重义重老人儿，但绝不接受自作聪明的人。这是他的做人底线，要求别人的底线。你可以跟李书福吵，跟李书福闹，就是不能骗，哪怕是出于善意，也是绝对不行的。

就财富而言，装饰材料的生意让李书福已经挣到了三辈子也花不完的钱，财富不是毒药，到头来"钱"就是一个词汇，什么都代表又什么都代表不了。懂得的人自然懂，不懂的人把他的脑壳撬开也塞不进去。李书福适合拥有巨大财富，无论福布斯榜上怎样排名，他一定榜上有名。

他飞到了重庆，复制电冰箱的故事，先给嘉陵摩托做配件，比如先生产轮毂，这东西看着闪亮，支撑摩托车往前跑。嘉陵人看着他笑笑，不知道路桥，还以为是桥梁公司的呢，好半天弄明白了李书福是谁，来干什么，说："李老板，吉利应该造手扶拖拉机，而不是摩托车。"

不带这样的，他都准备好了吃火锅，结果吃了个闭门羹，决定去北京，没想到更是吃了个寂寞。李书福带着火热的激情和一切都准备好了的信心，推开了机械工业部摩托车处的门，劈头盖脸地说："我想造摩托车，是你这儿批吗？"摩托车处的官员看了看窗外，天空正常，太阳还在，西伯利亚的寒流还没刮到北京，然后转头看他，琢磨了好半天也不知道说什么，耐着性子问："您，哪儿的？"

"我是路桥的，浙江省台州市路桥镇的民营企业，叫吉利，生产的镁铝曲板打败了进口货，填补了国内空白，这是我的名片。"李书福还想多说，敏感的他捕捉到了人家不想听，他还是郑重地递上去了自己的烫金名片。

人家接过去，没看，放在桌子上，非常肯定和赞赏地说："谢谢你打败国外进口花里胡哨的东西为国争光！造突突响的摩托车，不比那种挂上去不动的装饰材料。您要关注一下国家产业政策，如果部里举办摩托车产业学习班，一定会通知浙江省的，您别花钱耽误工夫跑到北京来！有学习班的时候你们省里会通知到市里，市里会通知到县里，县里会通知到你们镇里，如果你们镇里看你行，吉利可以造摩托车，你就可以来参加部里有可能举办的学习班了。您慢走，不送了！"

李书福明白了，造摩托车不行。他小心翼翼地吐露心声，问："那好吧！管汽车的在几楼？我去看看，了解一下造汽车。"那人捂了一下肚子，说："对不起，我去趟洗手间！"

后来，有一天李书福造汽车的时候，到上海拜访一个汽车专家，那个专家也是借故上厕所跑了的。

偌大的中国托不住李书福的一个梦，他不信。有一种累叫"李书福之累"，他身上背负着历史。历史在李书福身上有一种神奇的力量，命运之神关照了李书福，财富让他生出来翅膀，像只猎鹰落在改革开放的枝头，四处张望财富的深井。井是什么？从认知上来说，井也可能是坑。

路桥一天比一天欣欣向荣，路上的摩托车太多了。可亲兄弟都不支持他造摩托车，像很多人说的吉利造摩托车一定会刷新交通事故死亡率，听说北京、上海、广州，第一代玩摩托车的元老都已经不在了。

李书福犯上了执拗劲儿，再一次向梦想出发。他踏过沼泽，蹚过梦想的河流，在雨后泥泞的路上骑着他的二八自行车，追着一辆邮政局送电报的摩托车。穿着绿衣的邮递员以为遇上打劫的了，使劲儿扭车把上的机关加油，没想到路太滑一下子翻车了。李书福跳下自行车，赶忙从泥泞中扶起了邮递员，还帮邮递员捡起邮政专用包。

"别动！这都是挂号邮件！"邮递员大声阻止他，抢过来邮包说，"国家保护个人隐私，你起开！你追着我跑干什么？想打劫？"

李书福笑了，说："多缺心眼儿的也不会打劫邮递员啊！我想问你这摩托车是哪儿产的？"

"我真是遇上了一个疯子！"邮递员有点气急败坏，瞪着他，"你说哪儿产？全浙江邮政局的摩托车都是杭州邮政车辆厂生产的！你是不是想要猴票？"

李书福不玩集邮，送给了邮递员一盒还没开包的金装牡丹烟。李书福为什么总嚷嚷着反对信息不对称？因为信息很值钱的。李书福来到了杭州，走进了杭州邮政车辆厂，用报纸包着两条中华烟，人家不要，国企干部怎么可能干这个呢，只问他想干吗。

李书福想干的事儿很简单，他要造摩托车。杭州邮政车辆厂生产的摩托车，本来市场上就没有什么销路，都是邮政系统用，来了个送钱的合作者甚是愉快，派人到路桥吉利装潢材料厂考察，才知道李书福是谁。装潢材料大王李书福指着远处的一大片地说："我要买下这片地建厂，造摩托车！"

国企在某个历史阶段特别爱民企，民企简直就像是国企的秘密情人，好生和谐，那你也得有本事才行。李书福的本事大得很，摩托车厂建起来了，他非常愿意给钱，杭州邮政车辆厂派人常驻，每生产出来一辆摩托车检查合格就给一张合格证，一张合格证收取200元，国企派来的三四个人贴证手都贴麻了。李书福开始知道好些个国企有病，国家也知道，所以在全国开始了规模宏大的企业改革。

吉利在路桥名正言顺地造起摩托车来，老调重弹，李书福从一开始就买来各式各样的摩托车，套路不变，拆。他一边拆一边想名字，华田摩托车是一个好选择，对标日本本田摩托车。都以为李书福喜欢模仿，实际上他需要一个强大的对手。（有一种人什么都准备好了，反而不会做了。）更没有人知道的是，李书福还没造摩托车呢，就已经悄悄设计好了吉利汽车的车标，那是一轮正在升起的红日，没舍得用在摩托车上。

造摩托车要有真本领，必须有绝活。兄弟们满脸愁容地看着他，以为李书福会造两轮轻便摩托车，要么就是哈雷那种大家伙。没有，李书福选择了对标中国台湾"光阳"那种踏板摩托车，国外那种大功率、大块头的摩托车不适合国人，中国道路也不准许野蛮的哈雷在公路上横冲直撞，何况我们的传统就是含蓄和内敛。李书福甚至把台湾光阳摩托车的功率都改小了，多几种色彩，让女性青睐。

7个月以后,华田这种小巧平稳的摩托车一经问世一下子就轰动了! 还有价格,接近两万的光阳怎么对抗得了只卖七八千的华田? 兄弟们开始全力以赴地支持和投入了,拦不住李书福就一起干,后来惹得嘉陵放下了身段,欢欣鼓舞地来找李书福合作,嘉吉摩托车也面世了。

他瞄准了发展。按部就班不是李书福的性格,他喜欢主动出击。李书福大手笔地进军临海经济开发区,用高价买下了850亩地,那里唯一的建筑是一栋三层小楼,到处都是不知道谁养的鸭子,能听见鸭子呱呱呱的快乐叫声。

大雨过后,一层总是泡在水里。这幢遗留下来的小楼看上去像是一条败落的古老的船。鸭子美美地游弋,这里变成了池塘,只缺一弯月光。李书福晚上不太敢一个人来这里。

临海,也叫鹿城。相传隋唐大将军尉迟恭奉命到此修筑城墙,造到北固山的百步峻时,山势险峻,将士无法前行,束手无策。当时正值冬季,天降大雪,尉迟恭发现了一串梅花鹿的蹄印,一直延伸到百步峻之上。既然梅花鹿能上去,人自然也上得去,大将军下令按照梅花鹿的蹄印修筑城墙。

从此后,临海也被称为鹿城。李书福将鹿城摩托车公司收入麾下后,华田摩托车不仅一举攻占中国市场,还杀向了美国、意大利,抢夺了33个国家和地区的市场份额,到1999年卖了43万辆,产值15亿。李书福这条鲇鱼,把已经形成的市场格局一下子给冲得七零八落 —— 再后来,他并购了钱江摩托,成为钱江摩托的老板。

在临海,李书福开始为造汽车蓄能。未来,吉利汽车将让汽车界哀号一片。镁铝曲板对中国建材市场一通扫荡,踏板摩托车在中国和海外刮起一股清流,李书福造汽车来了,注定这个世界不可能安宁。

吉利进军临海,悄悄造起了汽车。李书福先行实践,为了练手,他先造出了各式各样玻璃钢做外壳的汽车,既不是人们广传的吉利1号,也不是吉利豪情。这一天,李书福开着玻璃钢皮卡,美哒哒地上路了。

那天的太阳好大,交警的眼睛瞪得比太阳还大,差点惊掉了眼球:从没见过这样的皮卡,挂的是小客车牌照——李书福把他的中华轿车上的牌子挂在了皮卡上——还有一个硕大的车标,两个太阳,一个大太阳里边包着一轮刚刚升起的红日。开车的司机笑眯眯,乐呵呵,好像太阳是他的。

交警快速地搜索大脑里的信息,从未见过这样的皮卡,比例怪怪的,像只乐开怀的蛤蟆,跑到大街上来蹦跶。交警刚想截停,只听轰的一声,皮卡像印度造的导弹不知道飞哪儿去了!

交警吓出一身冷汗,回头一看,皮卡的排气管喷出火焰,还冒着烟,漂移着来了一个左转弯,轮胎发出刺耳的声音,拐向没什么车的一条路。交警给气炸了,奔向他停在路边的三轮摩托车,使劲踹了一脚,没打着火,又踹了一脚,还没点着,再踹一脚,三轮摩托车点着火了,果然事不过三,年轻的交警骑上三轮挎斗摩托车,玩命去追已经不见踪影了的皮卡!

皮卡的反光镜掉了,倒视镜还没安呢,李书福想试一试这辆车的马力,所以开到开发区等待开发的田野大道,四周都是庄稼地,路倒是修得很宽,没有人也见不到车,一路狂飙,可是比中华轿车强上百倍！灵活性也好，加油门不把方向盘把紧点不知道皮卡一下子会飞到哪儿去！玻璃钢做的外壳，轻飘飘的，人车合一，皮卡估计还没有中华轿车禁撞呢。

李书福正想着，忽然前面出现一条野狗，站在公路上狂吠。他急忙点了一脚刹车，车速太快，他在快速判断是狠踩住刹车还是撞上去。撞上去是对的，一脚踩住急刹车，皮卡可是会禁不住地打个滚。见野狗还不躲开，说时迟那时快他点了一脚急刹车，忽然听到刺耳的嘶啦一声，只见从右侧窗前飞过去一辆三轮摩托车，蹦到皮卡前面左一下右一下扭着，开摩托车的人反应贼快，一下子从摩托车上跳了下来，三轮摩托车冲了出去，一下子跃进了左边的稻田里。

"大跃进"他没赶上，那时候还没有他，大哥说那时候全家都在砸锅炼铁，他制造了一场人铁分离的"大跃进"。他狠踩一脚刹车，把方向盘向左猛打，避开趴在地上的交警，还是从交警的大盖帽上压了过去，皮卡发出刺耳的尖叫，歪歪扭扭地也冲进了稻田，骑在了警用三轮摩托车上。

他知道闯祸了，从车上跳了下来，一脚踏进稻田，头被撞破流了一脸的血，陷在田里拔不出来脚。此时，他听到警笛声在田野里回荡，还叭叭地打枪！他给吓毛了，扭头一看是辆警车，玩了命地冲过来，是排气管在叭叭响。

警车冲到了路边，公路上还残留着警车留下的黑烟。两个警察从还没停稳的警车上跳下来，把李书福给拉出了稻田。

他被抓进了派出所。交警和公安是一家，联动的，派出所的老警察在公路上看见一个交警骑着摩托车追皮卡，于是就急追了过来。

李书福被留置了，老警察准备拘留他，一是要请示所长，二是先做笔录。

"你叫什么？说！"老警察拍了一下桌子，用劲儿太大，把手表都给拍飞了。

"李书福。"

顾伟明骑着一辆踏板摩托车，正在开发区试车。老顾是一个自由的人、可爱的人，也挺任性，每批摩托车出厂前都任选一辆开出来，他有权在这批次的摩托车上签字，决定能不能发合格证出厂。顾伟明往这边一看，看见一辆大吊车，大吊车正从稻田里吊起来一辆皮卡，他太认识这辆车了，这不是李书福的宝贝吗？

顾伟明开着出厂前抽检的摩托车冲了过来，害怕李书福出事，急得头发都竖了起来，到拉皮卡的大货车前没停住，一下子就撞到了货车上，鼻子都给撞破了。顾伟明大声叫："书福呢？我们老板在哪儿？"

临海市领导正在主持会议，研究民营企业在台州市的经济发展中如何发挥作用，决定要大力发展民营经济，促进和提高民营企业在经济建设中的作用。政府要出台配套政策支持，树立像吉利摩托车这样的优秀民营企业典型，而且不能玩虚的，要贯彻台州市委、市政府的要求，大力促进经济发展。

秘书进来了，悄悄在领导前耳语着什么。领导听明白了，摆了一下手，说："民营企业家都会说成草根，有一天终会成为参天大树，形成挺拔的经济森林！当然，像李书福这样的企业家，在成长中一定都会存在着这样或者那样的不足，政府的责任是在批评中帮扶他们成长！分管公安系统的老市长，你到前面我这来一下！"

也是费了番周折，都快午夜了李书福才走出派出所，头上给新包了纱布，一条胳膊还吊上了绷带——胳膊肘错位了。顾伟明也包扎上了纱布，是横着包的，包住骨折了的鼻子。

李书福看着顾伟明，顾伟明看着李书福，在月光下两个人都有些怪异。"老顾，你去找的人？"李书福说，"还惊动了市长？"顾伟明说："啊，我满脸带血地去市政府，正好主管市长在开会呢！我跟他们说民营企业对国家都是带血的忠诚！吉利去年缴税8个亿，李书福很乐意包扎头的药布和吊胳膊的绷带都自己出钱！"

"你太贫了！"李书福咧了一下嘴，头疼胳膊疼，还有点晕。

"我说的都是事实呀，没一句假话！公安局的那个头头给派出所打电话，我就在旁边，人家给你列了三大罪名：第一，非法造汽车；第二，伪造车牌上路；第三，严重超速。公安局的那个局长一听，撂下电话又去找领导了！"顾伟明大声说，"书福，你牛！你让市政府班子会议临时加了个内容，把书记都请来了！主管的市委书记不到场，你的事还没法儿办了，最后集体决定，对你加强教育！我明白了！"

"你明白什么了？"李书福低声问。

"这就是他们说的民营企业家的原罪吧？"顾伟明嚷嚷着说，"书福，将来不管吉利做到多大，你可别让我当法人！"

派出所的政委骑着自行车来了，下了自行车满脸歉意地说："我小孩生病在医院呢！我是派出所的副政委，他们没对你动粗吧？"

"瞧你说的，没有！"李书福说，"有一天我要是造汽车，一定给你们都换成吉利！"

"没有就好！"副政委说，"我用车送你俩回去！"

"不用了！"顾伟明说，"我骑着摩托车呢！走了！"

在大大的月亮照耀下，李书福浑身酸痛，好费劲地坐上了摩托车，问："老顾，我那辆皮卡呢？"

"还说呢！我撞在拉皮卡的货车上，把开吊车的给吓一跳！开吊车那家伙手一抖，把皮卡给摔到车厢里了！皮卡全散了，零件倒是一个没少都给送回厂里了！皮卡还不如咱们的摩托车结实呢！"顾伟明骑着摩托车，一边大声说，"你可是国家级的浙江省十大杰出青年，这个称号帮了你！书福，你又跟人家吹牛，说造汽车都给派出所换上吉利？你的吉利在哪儿呢？"

第三章

追梦人踩疼了自己的影子

中国历史博物馆和中国革命博物馆合组为中国国家博物馆后不久,奇迹般地收藏了吉利汽车。2003年9月28日,吉利推出的"中国都市第一跑·吉利美人豹"被抬进了中国国家博物馆,这成为鼓舞吉利人精神的华彩乐章,"吉利记忆"从此融入了"国家记忆"。

造汽车,李书福的想法其实很简单,哪有后来那么多专家和各路人物总结的那样复杂,他实际上是一个简单的人。

像蚂蚁那样哭泣

当汽油被提炼出来的时候，一开始是在药店出售的，欧洲人用汽油治疗关节炎，这事今天听起来宛如传奇一般，让人惊讶不已。当第一辆汽车出现在德意志坚硬的马路上的时候，并没有奏响工业文明的新号角，而是带来了惊吓。路是为马车而建的，所以叫马路。马路上行驶着高贵的马车，里面坐着高贵的人，没想到路上忽然出现一个钢铁家伙，前面跑着一个人在摇着旗子呐喊，让大家快点闪开，汽车来了！

人们看到一个奇怪的铁家伙，还带着轰鸣的声响，空气中弥漫着一股奇特的味道，有人捂住鼻子，也有人追逐在汽车后面吸吮汽油味儿。汽车就像一个怪物，它的出现就是搞怪来的，突突的声响敲击着人的耳膜，还有城市的心脏。

没有什么可以惊吓到德意志民族，高傲的日耳曼人翘着流行欧洲的大胡子，怎么会给嗡嗡作响的铁疙瘩让路呢？瞪着深邃的蓝眼睛、绿眼睛，冷峻地看着这台有点像魔鬼的东西，仿佛听到了钢铁的呼吸声。

1885年以后，汽车这个铁家伙的速度越来越快，前面不再有人举着旗子为它开道,情况开始发生了变化。显然,汽车改变的不仅是人的出行方式,还有行走方式,因为马路上除了马车以外,还有人在行走。19世纪欧洲的街道上,人们总能看到女士挽着绅士的臂弯走在马路上,绅士走在靠近马路里边的一侧,防止马车溅起来的水花弄湿了女士的衣裳。

当汽车在马路上越跑越快,开车的人和行走的人都没有做好准备,甚至撞死过路上的情人,打断了爱情。随着汽车越来越多,开始跟马车和人争夺路权,德国、英国、法国等欧洲诸国开始了立法,制定交通规则。社会开始了新的变革,在马路上画出了线,不准许汽车打扰行人。

后来,专门设置了人行道,人退出了马路,给汽车让路。马路越建越宽,再后来马车不见了,被汽车取代。人类文明的进步,汽车工业是发展标志之一,传统被改变,汽车制造开始代表着一个国家的工业水平。

1885年,一个名叫卡尔·本茨的人,造出了第一辆汽油机三轮汽车。次年,戈特利布·戴姆勒造出了第一辆有模有样的四轮汽车。1886年可算是汽车工业的肇始。1887年,本茨将他制造的第一辆汽车,卖给了法国人埃米尔·罗杰斯。在西方,汽车的噪声打扰了教堂里唱诗班的歌声和风琴声,欧洲的清净被彻底打破了。

1903年,美国的莱特兄弟发明了飞机,天空也发生了变化。1996年,汽车诞生约百年之后,这个世界变化得越来越快,一个叫李书福的中国人也开始造汽车了。1998年,李书福造出了吉利豪情。

造车伊始,吉利想要做到原创几乎是不可能的。这时的吉利汽车是模仿出来的,这种做法使得汽车行业越来越嘈杂,但绝不会引起世界的喧嚣，因为在这个时候，汽车世界里的"中国制造"还很微小，对于中国汽车产业来说，李书福和他的吉利纯粹属于骚扰。

太多的人认为吉利汽车是不可能成功的，首先在政策上不允许，以国企为核心的中国汽车工业从一开始没有准备好让民营企业进来，并非针对吉利汽车。

造摩托车让李书福赚到了足够多的钱，他已经是一个成功的企业家了。但李书福没有给自己买飞机、游艇，或者到美国或欧洲弄绿卡什么的。他还是要动一动，走出路桥到临海造汽车，打着的却是造摩托车的旗号。不这样不行，临海市政府如果知道李书福是想要来造汽车，一定会拒绝的，因为当时的国家政策不允许民营企业造汽车。

在一个阳光明媚的早晨，李书福骑着摩托车离开路桥。他要赴临海发展吉利，李书福回望了一眼路桥，他知道自己是真正走出故乡了。

通往故乡的路可能回到过去，也可能通向未来。过去总是令人难忘，未来充满了迷惑。未来什么样没有人会知道，也许没有想象的好，也未必比想象的差。未来属于未知，却总有人把未来给规划得清晰而美好。李书福相信自己，吉利的未来一定在制造业。

临海市位于东海之滨，仙居县之东，黄岩县之北，天台县之南，属于台州的一个县级市，是台州的副中心城市。在春秋时期，台州属越国，战国时期归楚国，秦始皇统一六国后，属闽中郡。台州地处浙江沿海中部，长三角经济圈以南。台州市统辖三个区、三个县和三个县级市。李书福在这里规划了摩托车生产基地。

吉利在临海是以扩大摩托车生产基地的名义进入的。李书福亲自规划了850亩土地的布局，一共分为三块：生产区、教育区、生活区。李书福在布局造汽车的同时，一定要与教育并行，在临海基地创建了吉利第一所院校，培养有知识和动手能力强的人。李书福有自己的教育理念，1999年又在北京创建了北京吉利大学，设置了"311"的教育模式。"3"即"学校质量标准、教师专业标准、学生能力标准"，两个"1"分别代表一个"专业课程体系"和一个"素质训练体系"，培养企业需要的人，打破教育体系中的一些痼疾。

走出路桥之前，李书福在湖北长江职业学院设立了吉利奖学金，安聪慧拿到了这笔奖学金。安聪慧是从新疆考到武汉的，拿到奖学金的他连夜在地图上寻找路桥，只查到了台州，知道李书福是台州路桥人，不知道吉利将改变他的一生。

安聪慧是学会计专业的，理想是成为一个注册会计师。1996年毕业就来到临海，一起来的同学还有十几个人。十几个同学很快全都走了，只有安聪慧坚定地留了下来，他看着一大片坑坑洼洼的地，问："董事长，我做什么？"

李书福让安聪慧担任建设的指挥人员。李书福慧眼识才，发现、爱惜、栽培、信任，对人才培养不遗余力。安聪慧有福气，遇上了恩师李书福，换上吉利工装在工地上搭起的棚子里，吃住都在里面，风雨无阻地建工厂。

老天爷像是在考验第一代吉利人。1997年8月18日，台州遇上了气象史上赫赫有名的11号台风，工地一夜之间变成了沼泽地，就像是一片汪洋大海。安聪慧来自新疆，没见过海，这下见到了，还看到了一条船。第二天早晨，被困在三层楼顶上的人，都看见了从远处划过来一条船。

台风过后居然有人能马上找到船，还真把这里当成了海，怪不得叫临海呢，台风过后这里就是海。小船划了过来，越来越近，都能看见船上装满了食物，大家定睛一看，居然是董事长给大家送早餐来了！

"董事长！"安聪慧大声喊，"我们在这儿呢！"

李书福就是这样一个领导者，台风过去之后，他没有一起收拾烂摊子，而是在翻看员工档案，寻找有造车经验的人。在摩托车部门的员工中找到了两个接触过汽车的人，成立了技术部，自任总工程师，人们马上都开始叫他"李总"。

当时，这是一个神秘的部门，内部也没几个人知道。三个臭皮匠组成了汽车研发技术部，李书福对另外两个"工程师"小声说："你俩跟着我造汽车，不要对外讲啊！连老婆都不许知道，必须保密！"

台州基地，厂房、学校、宿舍都盖起来了。有一个车间的窗户被挡了起来，几个保安日夜巡逻，未经许可，内部人也不得进入这个车间。李书福害怕走漏了造汽车的风声。人们都以为，这时候的李书福先是拆了一辆奔驰车，其实不是的，他先研究的是《人民日报》和中央电视台的《新闻联播》。

李书福果然是一个干大事的人。想干大事、能干大事、干成大事的人，掌握国家动向是必需的。那些日子，他泡在车间里拆解汽车，把买来的奔驰、宝马、丰田、红旗轿车全拆了。夏利汽车他看都不看，吉利要造就造世界上最好的汽车。奔驰不用说，宝马是偶像，丰田尽人皆知，那时候李书福还没听说过沃尔沃。

沃尔沃是他后来去北京的发现。为了造汽车，在相当长的一段时间里，李书福常去北京，后来在北京成立了联络处，又组建了铭泰集团，运营吉利汽车以外的产业。现在的铭泰集团只专注于赛车，掌门人是翁晓冬，一个从不多言多语的职场精英。

在一个阳光明媚的早晨，李书福开着吉利1号驶出了神秘车间。这是一个了不起的幸福时刻，其实后来很多人都知道老板在那个神秘车间里做什么，但真的看见跟奔驰一模一样的吉利汽车时，有的人甚至激动得流下了眼泪。

李书福打算办一场庆祝大会，为造汽车蓄势，开着百分之百仿造的奔驰320，一点都看不出来车壳是玻璃钢做的，他要开回路桥去接化学老师来临海参加宴会。化学老师说得对，人生就是一场化学，任何事物都会起反应的。

驶向公路，如果没有前头顶着的半轮正在升起的红日车标，没有人会说这不是奔驰。李书福开着吉利1号当然不是出来吓人的，而是想要给人惊喜。李书福摇下车窗，从倒视镜看见一个人骑着摩托车追上来，大声问："李总，这是你造的大奔？厉害！你准备卖多少钱？"

"你猜！"李书福把车开得很慢，就是想让人看。他认识骑摩托车的人，给吉利食堂供应蔬菜的。"60万？50万？不会30万吧？"那人的目光露出惊喜，大声说，"李总要是敢卖到20万一辆，我现在就交钱预订！"

"20万可以买3辆！"李书福豪迈地说，笑眯眯地问，"怎么样？惊不惊喜？"

"你就吹吧！"骑摩托车的人一下给气坏了，不信，大声说，"我准备买的下一辆摩托车还5万呢！"

李书福加了一脚油，豪情万丈地把吉利1号开进了临海市政府大院，暴露了吉利到临海来根本不是拓展摩托车生产，而是想要造汽车！

市长秘书正从大楼里出来，他认识李书福，见过这位董事长豪迈喝酒的样子。李书福酒量好，配得上他的胆量。秘书看着李书福开着的"大奔"，车前挂着正在升起的半轮红日车标，惊讶地说："李总，你造汽车？这可是要机械工业部批准的！这么干可是违法的！"

"我去北京批不就行了？"李书福把头探出窗外说，"你帮我开封介绍信！我认识机械工业部摩托办的人，你不知道吧？我李书福在北京有关系的！"

秘书转身又回到楼里去了，想了想又停下，转过身来说："李总，临海的庙小，可装不下你这尊佛，千万别给领导找麻烦！吉利只能生产摩托车，没有人批准你造汽车！机械工业部不可能批准吉利造汽车，你就别做梦了！"

没有梦怎么行，人生就该有梦！李书福把吉利1号开进政府大院，就是想让领导看看吉利先造出来的样车，没想到先把市长秘书给吓成这样。他很知趣，在政府大院里转上一圈开了出来，奔向路桥去接化学老师，一定要请化学老师参加庆功宴会。

吉利是路桥的繁花一朵，要在临海盛开。李书福本来想在路桥造汽车，结果连扩大摩托车生产的地都得不到批准。开着吉利1号回路桥，多少也想故意炫耀一下，李书福是有性格的人，谁也不能逼他做什么，谁也别想拦住他做什么。

庆祝宴会规模非常盛大。3年前，把国营的鹿城摩托车厂收到旗下后，在当年民企近乎疯狂地收购国企的时代，李书福像个冤大头，花了大钱几乎买下了整个临海经济开发区。不是因为他有钱，而是急于实现自己造汽车的梦想。这一天，李书福还邀请了路桥区、椒江区、黄岩区、天台县、玉环市和仙居县等地有钱的老板，大家一起做事业，有钱一起挣。李书福还准备在宴会上宣布他的"老板工程"，特意备了好酒，后勤的人一大早开车去椒江买回来刚捕捞的鱼。

贵宾们全来了，宴会厅里第一次出现了"为老百姓造买得起的好车"的横幅。李书福把他的梦想悬挂了出来，大红布，金黄字，很是亮眼。台州大大小小有钱的老板们个个喜笑颜开，尽管后来的日子里，有好几个人把李书福和吉利告上了法庭。当时，大家对李书福造汽车可是充满了兴奋，宾客们迫不及待地等着开席，不是为了喝酒，而是想听听李老板怎么说。

几十桌前坐满了宾客。想加入"老板工程"的客人都坐在一个专门的区域，这些人里面有做沙发的、做皮鞋的、做模具的、做塑料的，也有卖油漆的、开五金店的，还有卖吉利装潢材料发了大财的，更有卖吉利摩托车成为千万富翁的。此外，一些先前没有跟上李书福挣钱的各路亲戚和朋友也来了，都12点半了，还没看见李书福的影子，有人喊："咋回事儿？李书福呢？他请客跑哪儿去了？顾伟明在哪儿？把老顾叫来！"

顾伟明不在，去交警大队了。李书福从路桥接上化学老师，刚进临海就被交警连人带车扣在了交警大队。化学老师红着脸产生了严重的化学反应，一个劲儿地龇牙花子。原来李书福没带驾照，身份证也没带，身上没有任何可以证明身份的东西，唯一能证明他是李书福的，就是他开着的那辆自己造的汽车，这辆汽车也等着移交给公安局。

公安局的警车偏偏在路上抛锚了,给顾伟明留出了时间,他又一次来"营救"老板了。顾伟明在交警大队,拿起大哥大给市长打电话,市长秘书接了电话,顾伟明大声说:"我是老顾,顾伟明!对,吉利的!什么?对,我们老板又被你们给抓住了!你们干吗呀?吉利可是纳税大户,你们老抓李书福干什么?对,他忘带驾照了,身份证也没带,对对对,就是开着那辆吉利1号!"

李书福的"壮举"让人瞠目结舌,顾伟明都见证了。多年以后,浙江省公安系统配备了许多吉利制造的警车。在备受瞩目的杭州G20峰会上,开道的警车全是吉利汽车。

依法合规,从这时候起成了李书福坚定的信念。他来到了北京,到机械工业部要先登记,门口的值班大爷坐在屋里问:"找谁?到哪个局?"

"我想造汽车,该找哪个局?"李书福故意谦虚了一下,娃娃脸上露出微笑。

"造汽车?"北京大爷重复了一句,他从来没遇见过这种事儿,皱着眉头问,"造什么汽车?"

"小轿车,那个,就是你们大院里停的那种小轿车!"李书福指了指大院里面的停车场,果然是机械工业部,里面停着各式各样的汽车,像是汽车博览会。

"您说秦始皇还活着吗?"北京大爷问,开始了老北京人经典的调侃。

"什么?"这回是李书福一头雾水了,不知道北京大爷在说什么。

"有人说秦始皇还在地宫里活着呢,"北京大爷调侃道,"是那个老爷子派您来的？"

"什么？"李书福听不懂，不知道北京大爷说什么呢，把名片从窗口递进去，烫金的名片，谦诚地说，"没人派我来，我是吉利集团的，这是我的名片。"

"您哪儿的？"大爷这回带了个您字，说，"今儿个风够大的呀，没闪着您？"

"我是台州的，"李书福耐心地说，估计北京大爷不知道台州，赶紧细点介绍，"浙江，在浙江最南边的台州。"

"台州？我还以为是台湾呢！"北京大爷舒了口气，"您说，台湾是中国的一部分。"

李书福有点摸不着头脑，不知道这是什么把戏，赶紧说："台湾自古以来就是中国的，就在我们台州对面。我是台州的民营企业，吉利，造摩托车的。"

"吉利？您还挺会祝福自己的！不就是个体户吗？您可别吓唬我，您要造汽车？您没想造颗导弹放着玩儿玩儿？"北京大爷说，"您离台湾近，离造汽车远了点儿！您别闹了，请回，回去站在海边向台湾同胞问声好！您厉害！造汽车？"

看门的北京大爷就把李书福给拦下了，连机械工业部的门都没进去。郁闷，李书福好郁闷，坐飞机回来，坐在靠窗口的座位。身旁坐着眉毛上有一道疤的人，想跟他换座，靠着窗户睡一会儿，李书福立即起身跟他换了座位。

那人挺感动的，问他来北京干吗，李书福就说了，想要造汽车，结果连机械工业部的门都没进去。眉毛上有道疤的断眉人见过世面，说四川德阳监狱原先造过汽车，现在停产了，可以去试试。

"你怎么知道？"李书福别提多高兴了，信息不对称，居然有这事？他赶紧问，"我听你的口音是四川人，在德阳？"

"在德阳待过一段时间，我知道的。"那人笑笑，说，"德阳监狱的造车牌照一直闲着，不骗你！快起飞了，我睡一会儿！"

断眉人不想说话了，头靠着窗户闭上了眼睛，飞机刚滑向跑道就睡着了，打起了鼾声。李书福感觉这人怪怪的，不会是一个便衣警察吧？气质上有点像，说不上来。李书福的脑子飞快转着，大脑里储存进了这个重要信息。

从北京回来后，李书福变得郁郁寡欢，投巨资到临海就是想要造汽车，造汽车跟开汽车一样要有执照。看来国家不可能批给他执照，必须选择有执照的国营企业合作，四川德阳监狱会有执照吗？飞机上的断眉人说的可是真的？

不确定。这天晚上有一个饭局，李书福带着惆怅参加这个必要的饭局。在中国饭局上，无论过去、现在还是未来，"酒过三巡"通常会有事发生，要么口若悬河，要么重整山河。他意外听到朋友说起德阳监狱下属真的有一个汽车厂，持有生产经营牌照，原来断眉人说的是真的！这个世界就是这样，有时候路人说话办事比亲朋好友更可靠。

李书福走神了，端起酒杯忘了喝，看着举起来悬在半空的酒，悄悄抑制住兴奋。大家举起来的酒全都干了，他没喝，按规矩要被罚酒三杯。李书福认罚，而且给自己加码，兴奋地说："我喝六杯！六六顺！"

李书福出现在四川德阳监狱。他爱四川，有谁不爱四川呢？火辣辣的热情，火辣辣的人。做电冰箱的时候，他就认识了好多四川朋友，知道了抗日战争中川军抗击日本侵略者的英勇表现，由衷敬佩他们。

李书福在四川有些人脉，在一个朋友的引见下来到了德阳监狱。他是有求而来，因为德阳监狱有汽车生产资质，他是来找牌子挂靠的，借鸡下蛋，吉利需要造汽车的许可证。

在监狱长的办公室，李书福看出来监狱长是一个重原则的人，他喜欢这样的人。在监狱工作坚守原则是必需的，别关进来100个犯人跑了98个，再把自己给关进去。那位朋友跟监狱长介绍过李书福了，说李书福是一个有为青年。监狱长知道李书福是为何而来，他是一个干脆利落的人，单刀直入表示用牌照可以，有条件。

李书福做冰箱就是从四川开始的，这里是他的福地。四川的辣他见识过，但都没有监狱长的目光辣。分利是必然的，没想到监狱长开出的条件是五五分成，这怎么可能？！

"五五分成不行吧？"李书福小心地说。

"要得，必须行！"监狱长肯定地说，这架势就是不容讨论，对半分成是必需的，"行就干，一家一半股份。政策允许我们跟社会上合作，同意就走合同！不行就不干，我这儿忙着呢！"

李书福笑了笑，这辈子最难看的笑容，呈现在了德阳监狱。

李书福不怕跟人分钱，他习惯了跟别人分享，不懂得分享的人是不会成功的。一路走来李书福见得多了，没遇见过监狱长这样油盐不进的人，而且态度十分强硬。李书福知道这回的一脚踢铁板上了，遇到了攻不下来的堡垒，没有一丁点的谈判空间。

多少年来，李书福本是最善于沟通的人，知道自己有什么、要什么、能放弃什么。这是他的成功秘籍，屡试不爽，因为任何人都有需要。有的需要是高尚的，有的需要是卑劣的，有的需要简直莫名其妙。创业一路走来，李书福见得多了，就是没遇见过这样的合作对象，又不好抱怨。合作嘛，哪有不谈判的。李书福突然觉得喘不上气来，像是有一块石头生生堵在了他的胸口。

德阳监狱持有的汽车制造牌照就是一束光，可以照亮李书福的造车梦，他从来没有这样痛苦过。

"李总，你是姓李吧？"监狱长像是没记住他姓什么，起身送客，说，"有一个重要犯人要押送去医院，我很忙，你回去想想吧！"

服刑的犯人还有重要的或不重要的？这个李书福可不懂，不懂就要学。带着压抑的惆怅，李书福离开了德阳监狱。

过了两周，他又来了，这回做足了功课，对德阳监狱的造车历史有了更多的了解。人生中有时候，就是要学习原本根本不想学的事。德阳监狱始建于1956年，起初叫四川省第21劳动改造管教队。1958年，监狱开始涉足经营活动，德阳监狱管理的国营德阳机制砖瓦厂建成投产，砖瓦厂后来改名为德阳九五厂。1975年转产汽车，1985年德阳九五厂更名德阳汽车厂，曾先后推出都江、蜀风等品牌。

李书福心生敬畏，满怀真诚和期待。监狱长看到李书福又来了，一点也不觉得奇怪。快到中午了，监狱长一个人在打篮球，像是向李书福表明他吃过饭了，绝不会被李书福拉走去请吃饭，这点空间也不会留给他。

李书福是一个非常细腻的人，一下子就明白了。这可挡不住李书福，他脱下外衣，跟监狱长一起玩起了双人篮球。李书福故意落下风，让监狱长每次都顺利投篮。人生有些时候输比赢好，小事必须输，这不是智慧，是道理，不是所有人都懂得这个道理的，结果赢在小层面，输了大格局。

"领导，"李书福说，"我从浙江到四川来造汽车，成本很高的，而且在管理上……"

"我就不怕管理！管理是我们的强项！"监狱长打断他的话，说，"成本高？成本高你可以不来呀！"

监狱长拿准了李书福的需求。李书福决定露一下了，以小打大，有速度，善于错位，机敏灵巧，他连连得分。

"你行啊！"监狱长见识了他的功夫，还是摇着头，"没用！股份不能变，五五分是班子会定下的，我改变不了！我知道五五分成你赚不到钱，可能巨亏，你可以从别的地方赚钱呀！这里是你合法制造汽车的唯一机会，国企真的没人会跟你玩！"

李书福拍着篮球，一下，两下，三下，眼泪在眼眶里打转。吉利汽车，德阳监狱，他别无选择，这是唯一的可能机会，他必须翻过面前竖起的高墙。

墙，像一把高悬的剑悬在他的头顶，随时随刻斩断他的梦想。他的梦想分明已被打断，监狱长是要李书福醒醒，若想要借德阳监狱的壳造汽车，吉利只能这样。

他没让眼泪掉下来，咽了回去。想起了一首歌——《阿根廷别为我哭泣》，李书福不会哭泣的，让风哭，他听到了风的哭泣声，刮过了威严的德阳监狱高墙上冰冷的铁丝网。

融化的雪

　　监狱长这块顽石怎么也撬不动,李书福却像着了魔,非要把他攻下来不可。他非常理解监狱长,心里头反倒敬佩起这个坚定的人。可他就是有股子执拗劲,过了几天,李书福又来了。

　　为了造车梦,李书福愿意在监狱里头造车,虽然这听起来怪怪的。他愿意冒这个险,哪怕是忍辱负重,想再跟监狱长好好谈谈,可不可以用别的方式,一定有办法让德阳监狱多获得一些利益。造汽车五五分成真的不行,没有这么干的。

　　李书福再次来到了监狱,在大门外看见一个犯人戴着手铐和脚镣,正从一辆厢式警车后面下来,换上了另一辆警车,他看见押送犯人的厢式警车下面,漏了一地的机油。走下车的犯人也看见了他,抬起来戴着手铐的手,向他伸出了大拇指。

　　李书福有点吃惊,认出是断眉人,就是这个人在飞机上告诉他的重要信息。他还不太信,断眉人被押上了另一辆警车,开走了。监狱长过来说:"你认识这个家伙?"

　　他摇摇头,又点点头。

　　"这个混蛋是四川能人,诈骗,肝癌晚期,这回可出不去了!"

监狱长说,"怎么样?你想明白了?我随时可以跟你签合同!"

李书福抬起头,看着监狱长,淡淡地笑了一下,转身上了朋友开的车。

监狱长看出来了,这个叫李书福的人脚步很沉重,领略了他的执着和倔强。两个针锋相对的人算是杠上了,监狱长对李书福并不走心,他的职业是管理犯人,在这里见到了太多,人到头来都是因为钱,"理想"在监狱长这里都是传说,扒掉面具,赤裸裸的都是人性的真相。他拿准了李书福,一直处于俯视的高位。

多少次奔赴德阳,没有一次脚步不是沉重的。李书福又一次失望地离开了,这回真的走了,离开德阳,不知道还会不会再回来。

造汽车,临海市政府想支持,却无能为力。台州市政府也想支持吉利,造汽车是一条产业链,不仅能带来巨大的税收,还能提供大量就业岗位,拉动地方经济,可是有国家政策在前,谁也没有办法。

李书福回到路桥,像是远方归来的猎人,一次次出发,一次次一无所获地归来。故乡的风是暖的,树在轻轻呻吟,像是在嘲笑他。人人都有梦,有的能够实现,有的到后来不见了踪影。梦想是杯苦涩的酒,诗人都有悲悯情怀。李书福喝了一遍遍苦涩的酒,具有诗人的悲悯情怀,却不知道该悲悯自己,还是他人?

做企业谋利益,天经地义。耗尽心血的李书福,已经筋疲力尽,忘记了四川除了辣椒,还有花朵,在理想的田园种下让他造车的花朵,将会开出多么美丽的花。没有人在意,梦想属于自己,只有绽放的时候才能够向世界呈现美丽。人生哪怕不需要成功,也要有属于自己的美丽。

就在李书福看不到希望的时候，忽然传来一个令人惊诧的消息：监狱长在一次交通事故中遭遇不幸，人没了。他听到消息后惊愕得说不出话来，命运真的是捉弄人。

怀着沉重的哀思，李书福平生第一次发出唁电，别的什么也做不了。人生不是戏剧，有时候竟比戏剧里的人的命运更让人匪夷所思。他想起去北京，一位影视圈的大腕朋友约他一起看话剧《等待戈多》。他看不懂，强忍着不让自己睡着。此时一下明白了《等待戈多》的真谛："什么也没有发生，谁也没有来，谁也没有去。"

李书福好像对任何事物都有自己的解读方式，心中莫名地产生了一种悲哀。理想从一开始就是一幅画，真实中的虚幻，而现实是要有勇气去触摸，去等待，等待他的"戈多"。

梦想很美好，也很美丽。美丽也许什么都不是，丑陋才具有冲击力。人生的乐章没有人能够预设在哪里变调，生活中的每一个步调都是音符，谁又能拿捏得那样准确，把理想之歌的第一个音符弹对就好了吗？也不见得，还是要看发展。命运的神曲会不断地演变，最终构成和谐的乐章。

要做无愧于这个时代的人，企业家也有企业家的命运。此时的李书福别无选择，只有在渴望中等待理想之神的光顾。终于等来了消息，正是他期待的，新上任的监狱长邀请他再访德阳！李书福又来了，德阳监狱同意控股30%，合作成功！

四川吉利波音汽车制造有限公司宣告成立，终于拿到了"准生证"，李书福可以造汽车了！

李书福为什么要给吉利冠以"波音"二字？因为他看过一本书《波音传奇》，他喜欢这本书。威廉·爱德华·波音是德国移民到底特律的后裔，自幼在瑞士读完小学，回到美国读中学和大学。从耶鲁大学工学院毕业后，波音到华盛顿州做木材生意发了财，在西雅图的大学酒吧里结识了康拉德·韦斯特维尔特。

洛杉矶举行飞行比赛的时候，波音和韦斯特维尔特跑去和飞行员商量想坐上飞机体验一下飞行，被盛气凌人的飞行员叫喊着拒绝。而后，波音和韦斯特维尔特终于找到机会，坐上了一架柯蒂斯飞机飞上了天。第一次坐飞机的波音，仔细观察了这架简陋粗糙的飞机，忽然萌生了制造飞机的想法，跟韦斯特维尔特不谋而合。波音出资，韦斯特维尔特做设计，两个人开始制造飞机，波音公司也由此诞生。

李书福被这本书激励着，倒腾木材的美国人能造飞机，生产摩托车行销世界的吉利为什么不能造汽车？波音是他的榜样，便将"波音"放到了公司名称中。领营业执照的时候，李书福还拿着《波音传奇》拍了照片，放在相框里。

四川吉利波音汽车制造有限公司成立后，尽管公司名字里有"汽车"二字，却没有人予以太多在意，上面也没领导说话，仿佛无事发生。当时的中国，民营企业造汽车还是一件难以想象的事。

从传统来说，吉利汽车跟中国制造就不是一个物种。中国制造是从解放牌汽车开始的，集国家力量而成。李书福是自我解放，凭蛮力而生，像一只无脚的麻雀，从诞生飞起的那一刻就没准备再落地，大有一种至死不归的悲壮。

吉利通过合作方式拿到了"准生证"，生产没有屁股的两厢轿车，因为德阳监狱只能生产"6"字头的汽车，"7"字头的才是三厢小轿车。不管怎样，李书福可以大干一番了，从两厢或者两厢半汽车做起，慢慢发展，一定能有机会生产三厢的吉利汽车。

他不知道的是，为公司取的这个名字竟然惊动了美国波音公司。

美国西雅图，艾伦·穆拉利正在听取波音公司总部迁往芝加哥的汇报。这位毕业于美国堪萨斯大学的工科高才生，1969年加入波音公司，对波音多款机型的研发做出了贡献，1998年被任命为波音民用飞机集团总裁。穆拉利怎么也没有想到，自己的职业生涯会跟大洋彼岸一个叫李书福的中国人发生了交集。

穆拉利在会议休息时，秘书过来向他汇报，声音很低，而且很沉重。穆拉利听到后脸色骤变，问道："什么？吉利波音？四川？德阳？那是什么地方？"

不知道从哪里冒出个吉利，怎么会有一个四川吉利波音汽车制造有限公司冒出来？那个叫李书福的人安排了"波音"跟"吉利"一起造汽车？笑话，太夸张了吧！穆拉利很生气，立即安排律师飞往中国，去找吉利，律师要当面向李书福发出警告，必须更换公司名称，吉利造汽车绝不可以扯上波音！

福特公司也听到了风声，难道波音公司要同中国合作造汽车？密歇根州的黎明，太阳还没升起，福特公司的人便飞往北京，到机械工业部打探波音公司在中国的奇怪动作。波音是不是要到中国造飞行汽车？波音跟福特，本来一个在天上，一个在地上，未来不好说，一切都有可能。

大企业对信息必须灵通且敏感，四川吉利波音汽车制造有限公司同时也触动了福特的神经。福特对"吉利波音"的出现，绝不会无动于衷的。收集信息，研判信息，做出决策，决定一家公司的成败。说白了，信息就是情报，企业公关部也有搜集情报的作用。

20世纪90年代，中国媒体曾出现过"信息高速公路"的报道，美国将引领所谓的信息高速公路。当时没几个人明白什么是信息高速公路，后来才恍然大悟原来是互联网。也是那个时候，一个外国知名品牌手机做的事也让人看不清门道，组建了一个机构只研究一件事：手机都能做什么？直到乔布斯让世界恍然大悟，原来手机并非只用于打电话。所以李书福非常重视信息对称，不喜欢信息不对称。吉利需要掌握信息，抓住现在，赢得未来。

李书福对波音和福特的行动毫不知情。他总在自己的世界里，没想到多年以后，穆拉利出任福特汽车的首席执行官，而李书福想要抱走福特怀里的沃尔沃，两人又发生了交集。天下太多事，又有谁能说得清楚，于是人们便用"命运"一词来解释或者掩盖所有。

吉利像根刺扎进了中国汽车制造业，没想到造车伊始先扎了波音，又扎了福特。冥冥中有些事情是说不清的，波音关注李书福，福特在意吉利，本质上是在小心提防李书福踏进以汽车为载体的资本帝国。

福特汽车在中国的历史可追溯到1913年，第一批福特T型车曾销售到中国。1924年孙中山致信亨利·福特，请他帮忙建立中国的汽车工业。1978年，福特汽车董事长亨利·福特二世来北京受到邓小平的会见，福特二世表达了福特与中国汽车工业合作的愿望。1995年10月25日，福特汽车（中国）有限公司成立。

福特公司的人飞到北京，走进机械工业部，像是一次礼节性拜访。坐下来喝喝茶，聊聊天，带着使命的来人说一说福特在中国的发展，表达一番对中国政府的谢意。随后，福特的人才谨慎地说出三个名词：吉利，波音，汽车。

这三个词把机械工业部的人弄得有点蒙：波音想在中国搞大动作？造汽车？负责外事接待的人神经一直绷得很紧，听到这个消息有点不知所措，竟不知道该向哪位领导汇报，要说汇报也不知汇报什么：吉利联合波音在四川造上汽车了？波音疯了，要造汽车？他们披着造汽车的外衣想干吗？

事情很快就弄清楚了。原来吉利跟波音没关系，李书福是因为《波音传奇》这本书而崇拜波音，又觉得这个名字朗朗上口，就叫了"吉利波音"，跟后来的"吉利美日"是一个套路。福特的人虚惊一场，回去复命。波音是波音，吉利是吉利，李书福只是给吉利起了个带"波音"二字的名字，飞不起来。他们哪知道，李书福真的有一天要造飞行汽车，布局自动驾驶，甚至造出了卫星。尽管第一次发射不利，火箭从天上掉了下来，当时李书福淡淡一笑，火箭又不是吉利造的，果断地说："再发射！要多发几颗！"

有了李书福，天空也将热闹起来。

福特公司的人像一阵风飘过。这件事在穆拉利那里可是散不去的，波音公司的律师找到了吉利进行交涉。

临海基地总经理顾伟明在热情奔放、口若悬河地向波音公司的律师讲述李书福的故事，讲李书福对航空事业的憧憬，讲他造汽车的一路不易。波音公司的律师才不关心李书福的成长，在临海基地转了一圈，发现组装车间里空荡荡的。李书福没在，他在长春拜访一汽。

波音公司的律师把律师函交给了顾伟明，郑重告知：吉利不能使用"波音"二字，否则会遭起诉。波音在中国曾起诉过一家使用"波音"名称的企业，波音胜诉了。吉利要是在美国，李书福很有可能被罚到倾家荡产。

"你放心，李书福哪儿都不去！董事长不会去美国的！"顾伟明说，"他爱自己的国家，平时居无定所，在哪儿都待不了两天，现在他在长春呢！"

李书福真的没在，他正在长春一汽拜访。造汽车不是生产电冰箱，也不是造摩托车，光靠拆是造不出来汽车的，不能一味地照猫画虎，造汽车要有图纸，装修房子还得有图纸呢，别说汽车了。李书福希望能请一汽设计汽车。

接待李书福的人知道了他的来意，敬佩和赞赏李书福的胆识和大无畏的精神，感慨民企就像金丝猴，给根杆子就能灵活地上蹿下跳。国企不行，国企是巨轮，掉头费劲，而且不会轻言掉头的。

李书福一下就知道了人家要什么，要想解决自己的问题，先要解决别人的需求。利益总是互换的，尽管吉利没有任何东西可以跟一汽互换，但是李书福善于发现路，没有路也能造条路出来给自己走。

"有什么需要我帮忙的吗？"李书福诚恳又热情地说，"国企制约多，不像我们民企灵活，有什么好的项目吗？我可以赞助的！"

没人不喜欢爽快的人，对方红光满面地问："李董事长，设计图纸是吧？你找对人了！"那当然，李书福总能找到对的人。吉利拿出来一笔赞助，同时签了设计图纸的协议，李书福长舒了一口气。

然后，接待他的人请他吃了东北乱炖，之后又开车带他参观一汽。李书福一下子清醒了，第一次看到什么叫作汽车制造。造汽车造出了一座城，一汽的宏伟气势震撼了他，别人看到这番场景可能会被吓退，他反倒更加斗志昂扬了。

李书福仿佛看到了吉利的未来，是时候向目标出发了。出生于科西嘉岛的小个子拿破仑出发的时候，没人相信他会成为法兰西帝国的皇帝。历史上留下了拿破仑一句著名的话，在拉着2000门大炮的远征队伍中，带上了175个有学识的人，还装着上百箱的书籍，拿破仑颁布了一道指令："让拖行李的驴和学者走在队伍的中间！"

保护知识先要保护好有知识的人。在造汽车的远征路上，李书福格外在意人才，吉利发展到今天，没有大量的人才就不会有今天的吉利，当然各式各样的合作同样不可或缺。李书福如愿拿到了汽车的设计图纸，一汽的工程师还赠送了一张吉利豪情效果图。

李书福看着吉利豪情效果图，没有人知道他在想什么，也没人知道他在心中构造了一个怎样的吉利帝国。李书福希望吉利能走得更远，他想造的是奔驰那样的车，那才是他心目中的吉利汽车。

李书福坐在餐厅的小包间里，打开了一瓶茅台，桌上放着两个酒杯。临海基地有一幢美食楼，为造汽车的人和后来更名为浙江汽车职业技术学院的学校师生们提供美食。李书福在饭食上是一个简单的人，若有偏爱之食，就是青菜不可少，江南独有的青菜，多以水煮淋上蚝油即可，芬芳清香，是一种自然之味。

临海基地美食多，小肠卷、梅花糕、泡虾这类美食别具风味。"做人之道"亦要看"养人之味"，烟火气留人，也留心。若讲"做人之道"，岂能忽略"育人之胃"？吉利从造车伊始的群狼战术到一步步明确分工，直到走向精细化管理，这个过程比很多大企业走的时间都短，而且阶段性目标非常明确。吉利人的团队力量的贡献不仅不可磨灭，而且不可替代。

李书福在等安聪慧共进午餐。此时的安聪慧是吉利汽车配件公司的总经理，总裁杨健在天津，正在跟天津丰田汽车发动机有限公司进行艰苦谈判。天津丰田汽车发动机有限公司是1996年经国务院批准，由天津汽车集团和日本丰田汽车共同出资兴建的。吉利豪情将使用丰田8A发动机，变速箱则是菲亚特的。吉利豪情的下线日期已经确定，就在1998年8月8日。

李书福看着吉利豪情的效果图，的确堪称"豪"，前脸像大奔，中间似宝马，屁股是夏利。奔驰的车标是一个圆圈，好似方向盘的图案，人们将看见吉利豪情也有一个圈，李书福把半轮红日拿掉了，改成六个齿轮，寓意咬住时代的步伐，也有"六六大顺"的意思。后来，人们用尊重和善意将之解释为一种淳朴的设计。即便专业设计师设计出来的东西，太多都是靠解释才能让人明白的，听者还要做出恍然大悟的样子。

靠解释才能让人明白的东西，一定是可疑的。六个向上的齿轮将作为吉利豪情的车标，李书福不准备向任何人解释。他准备让安聪慧去天津接替杨健，一定要拿下丰田8A发动机。

"董事长，您找我？"安聪慧来了，摘下手套，他正在带人打扫组装车间。有半个足球场大的车间，地面透亮到可以照人。他看见桌子上有酒，说："有客人？您要我陪一下？"

"陪好自己，"李书福说，"陪好自己才叫陪。"

李书福经常会冒出来一些精彩话语，他开个头，接下来自己都不知道会往哪儿跑，听的人要能追得上。他拿起吉利豪情的效果图递给安聪慧，安聪慧第一次看到喷绘出来的吉利汽车，心情格外激动，连声说："真好！真好！真好！"

看到图纸上的吉利豪情，怎么看怎么欢喜，缺点都变成了特点。李书福听到了三声好，没有往下问，千万不要轻易对李书福说什么什么"真好"，会被他一直追问，直问到你怀疑人生。安聪慧说："不丢失自我才是最好的陪自己，是负责，无论对自己还是对他人。"

李书福喜欢能做到有效沟通的人。沟通是什么？人和人之间有一道"沟"，把它通顺了即为"通"。沟通是有载体的，发出的信息要通过载体才能够解码。环境、心情、背景和当下的问题就是载体。曹操和刘备"煮酒论英雄"，也不是平白论起天下英雄的，载体不是酒，是时局，是时局里的人。

都知道李书福造车伊始并没有实力，有的只是勇气。李书福和吉利汽车，连在汽车产业里列队的资格都没有，现在有了，可以造两厢半的汽车。

"你去天津，无论如何要把丰田发动机拿下！"李书福斟上酒，端起酒杯说，"发动机！吉利未来一定要研发出自己的发动机！"

安聪慧就知道，每一次跟董事长喝酒都没那么简单，看似偶然，实则别有深意。他愿意接受挑战，吉利的高管精英团队，个个看上去都是温文尔雅、彬彬有礼，行动起来全是猎豹，而且每一个人都是坚毅非凡。

"这个车标，要开创吉利汽车的历史吧！"李书福轻描淡写地说，"8月8日下线，要搞一个隆重的仪式！"

安聪慧端起酒杯，站起身来说："董事长放心吧，我一定把丰田发动机拿下！8月8日，像您在动员大会上说的，不仅开创吉利汽车的历史,也开创中国制造的历史!"

李书福想为老百姓造买得起的好车,老百姓没有谁不想拥有自己的车,吉利汽车刚刚起步,不得不游荡在低端车的赛道上。

中国历史博物馆和中国革命博物馆合组为中国国家博物馆后不久,奇迹般地收藏了吉利汽车。2003年9月28日,吉利推出的"中国都市第一跑·吉利美人豹"被抬进了中国国家博物馆,这成为鼓舞吉利人精神的华彩乐章,"吉利记忆"从此融入了"国家记忆"。

造汽车,李书福的想法其实很简单,哪有后来那么多专家和各路人物总结的那样复杂,他实际上是一个简单的人。

真实的李书福,有时候就是一个大男孩,像《铁皮鼓》里那个不想长大的奥斯卡。奥斯卡不想长大,是因为看到了这个世界的丑恶,李书福不想长大,是因为看到了这个世界的美好。他时不时振臂一呼,说出惊人的话语,让大众神经跳跃。在这个碎片化时代,人们更喜欢简单明了,把复杂化为简单一直是李书福的强项,把简单的事做复杂则是一些职业经理人的把戏。

没人想到,吉利会跟夏利杠上,而且是死磕到底。李书福从价格上把汽车市场搅得天昏地暗,卖到12万的夏利,被吉利豪情逼得降到了3.18万,而吉利又降到了2.99万。

安聪慧赶去天津,接替杨健。李书福一个人来到教室,这天是星期日,浙江经济管理专修学院没有课。他坐在教室里,想一个人待一会儿,静静地检视着吉利豪情的效果图。他想造"7"字头的三厢轿车,但没有资质仍是大问题。

莫以为李书福每天都想着造车,更耗费他心血的是塑人。造车先塑人，正是出于这一认识，才有了与吉利汽车同时起步的这所学校。一句话，发现和培养对的人，做对的事，天都助你；做对的事，但没找到对的人，天也毁你。"亲贤臣，远小人，此先汉所以兴隆也；亲小人，远贤臣，此后汉所以倾颓也。"诸葛亮的《出师表》委婉中含着恳切，叙述里掺着抒情，陆游为此写下了"出师一表真名世，千载谁堪伯仲间"的诗句。

造汽车的李书福，此时正身处低洼，四面沼泽。在这个行业里，一抬头都是值得他仰望的榜样。他望向临海基地的方向，不禁浮想联翩。辍学，复读，再辍学，再复读。他能记住所有的老师，能记住的课堂却不多。有趣的是，后来他在燕山大学硕士论文答辩时，教授们面对这个口若悬河、语不惊人死不休的"汽车疯子"，都拿出了十二分的严谨态度，想要对其探个究竟，包括他的论据支撑、理论基础。

李书福胸有成竹，作为全国政协委员，他每年都有提案，哪一份提案拓展开来不是一篇论文呢？答辩结束后，一个奇妙的情景出现了：李书福笑容可掬地开始给教授们上课，谈企业需要什么样的人。李书福讲得认真，没有口若悬河，教授们也听得仔细。企业需要什么样的人才，李书福是最有发言权的，他对教育事业也是认真的。

可以造车了，李书福不自觉地又想到了教育。"造汽车"和"办教育"就像是吉利的一对双胞胎。李书福是一个爱起急的人，很多人都跟不上他飘忽不定的思路。李书福也十分任性，面对欣赏的人，他会发脾气，语速快，情绪激烈。能被训斥未必是坏事，吉利的高层都知道，董事长要是忽然对谁客气起来，那就危险了。

跟李书福越久的人越知道这一点，吉利也曾有过大举给李书福"造神"时刻，公关部有一份长长的媒体人名单。李书福很快清醒过来，"造梦"可以，"造神"不行，那将是企业的黑洞，会把未来吞噬得无影无踪。

李书福走上讲台，拿起粉笔，开始在黑板上画汽车。画了擦，擦了画，他把心目中的吉利汽车越画越大，越画越美。

阳光照进教室，风很轻，云也淡，好安静，就连飞过的鸟儿都轻轻抖动翅膀，生怕吵到了李书福。打搅有梦想的人是一种罪过，李书福不仅有梦，而且是一个能把梦想画出来的人。

他画了满满一黑板的汽车。

一缕阳光照射到黑板的一角，黑板底下中间的地方，李书福还画了一台汽车发动机。在发动机旁边，李书福写下了四个英文字母：CVVT。这是"Continue Variable Valve Timing"的缩写，即"连续可变气门正时技术"，这种技术加强了气门调节的持续性，提高了发动机的动力和经济性。

吉利汽车需要这种发动机，而且要自主研发。李书福知道，这比跟德阳监狱的合作谈判要难上百倍千倍。李书福花了2400万购得德阳汽车厂股份的70%，不久后，他又把剩下的30%股份买了下来。但研发CVVT发动机不知道要投入多少钱，这是一个几何数量级的投入。

没有自己的发动机，吉利汽车的命脉就卡在别人手里，这是不行的。李书福没想到，天津丰田的发动机随后给他上了一课，一场飓风险些把襁褓中的吉利汽车给卷上天！

该来的总会来的，躲也躲不过。

吉利时辰

1998年8月8日，吉利临海基地升起一个巨大的气球，上面挂着一条长长的红幅，红幅上写着"为老百姓造买得起的好车"。

顾伟明看过日历了，这一天刚好是立秋。早上7点至9点宜祈福、祭祀，中午11点至下午1点适合开市、交易。按照台州习俗，立秋这一天要吃茄子，寓意从何而来无从考证，老祖宗留下来的东西没有错，且大部分是好的。

准备了西瓜，这是自古以来就有的"啃秋"习俗。秋桃也必不可少，桃子在中国传统文化中有很强的存在感，立秋食桃，收藏桃核，除夕的时候将桃核烧成灰烬，免除一年的不吉利。此外还要备上饺饼筒，这是台州人的"立秋之魂"，将肉片、猪肝、蛋皮、鱼肉、豆腐片、木耳、粉丝、竹笋等裹在面皮里，相传是济公所创，后人从中吃出了敬仰。

正菜是八凉八热加乌龙汤。乌龙汤是台州特色，千里飘香的味道又带些臭，比臭豆腐臭，比臭豆腐香，又臭又香，臭香臭香的，跟当时的吉利汽车倒是很贴切。

李书福穿上新买的西装，换上定做的新皮鞋，系着鲜艳的红色领带，率领第一代吉利人站在大门口，喜盈盈地等待嘉宾的到来，守望八方来贺。一共发出去了700多张请柬，摆好了80张桌子。

眼看日头当午了，还没人来。吉利汽车，无人喝彩。

李书福总是在一路狂飙中张扬他的话语。有人帮他剖析这些话，结果给剖析得面目全非。越是这样，李书福越是"愤"发图强。不是奋斗的"奋"，是愤怒的"愤"。造车伊始，李书福总是处于愤怒中，像是开着一条愤怒的船，驶向愤怒的海，冲向愤怒的波涛，击起愤怒的浪花，不知道是他惹了这个世界，还是这个世界惹了他。他愤怒前行，驶向更深的海，再也回不来了。

李书福就没想回头，别听李书福总是说他愿意回家放牛，李书福再放牛，非把牛给弄疯了。此刻，李书福在践行神奇，守望八方来贺，却只能孤独地等待。

8月8日，临海市的领导一整天都不休息，没有一个人待在家中，全都临时有会，贯彻台州市委做出的经济工作部署。无论多么想支持李书福造汽车，大家都不敢或者不能出席宴会，没有谁可以前来为李书福和他的吉利汽车站台。

"怎么还没有人来？"顾伟明被太阳晒得满头大汗，大声说。

没有人回答。

因为吉利汽车的诞生，跟当时的国家政策并不契合。1983年，国务院就在讨论要不要发展轿车工业。1984年，在中央财经领导小组会议上，再次讨论了中国汽车工业的发展。

发展是硬道理，国务院做出部署，第二年的1985年，上海大众汽车公司成立，南京汽车引入了意大利菲亚特的依维柯汽车，广州汽车与法国标致的合资项目获得批准。随后，一汽大众汽车有限公司、神龙汽车有限公司、天津夏利汽车股份有限公司、广州本田汽车有限公司相继成立。国家组建了陕西秦川、江南机器、江北机械三个军工企业的"民品"生产厂，列为奥拓微型轿车组装生产厂。

国家的发展战略中，哪有吉利什么事儿？李书福满腔热忱，遭到了冷水泼脸。他想起课文鲁迅的《立论》，一家人生了个男孩抱出来给客人看，有的人说这孩子将来要发财的，于是得到一番感谢。有的人说这孩子将来要做官的，于是收到几句恭维。有人说这孩子将来是要死的，于是遭到大家合力的一通暴打。

真话要看场合，好事也有分寸。李书福不甘心，站在那里一动不动。他多么盼望有人来，哪怕不是为了祝福而来，哪怕说吉利汽车将来要死的。他稳住情绪，却是思绪飞扬。一个念头无比清晰：他不仅要造汽车，而且还要造好车，发展壮大。

"发展"是他埋在心底里的词。

后来，李书福在很多场合讲，吉利汽车是个"汽车婴儿"，要给她一点时间长大。李书福看上去执拗，实际上是跟自己和解了。1999年，时任国家计划委员会主任的曾培炎到吉利视察时，李书福动情地说："请国家允许民营企业尝试，允许民营企业家做梦，请给我一次失败的机会！"

跟李书福打拼的人听到这句话的时候，无不热泪盈眶。不了解李书福的人，仅仅将之当作是一句广为流传的话。李书福跟着国家的步伐，大步朝前走。有人以为李书福背后有多大的靠山，他的靠山是信仰，还有时运，这才有了应运而生的李书福和吉利汽车。

这时，一辆桑塔纳轿车疾驶而来，停在了大家面前，从车上走下来的是时任浙江省副省长的叶荣宝。李书福心头一热，强忍着不让眼泪流下来。叶副省长很高兴，她对产业价值大的汽车工业情有独钟。对叶副省长的到场，李书福一直心存感激。

吉利从这一天起，开始轰轰烈烈地造汽车，一辆辆吉利豪情驶出大门。

台州的这个秋天很短，短到让人来不及赏秋。秋天最美的是变成橘红色的水杉，北京有香山红叶，路桥有水杉橘红，绿色已经完全褪去，一抹橘红倒映水央。粉红色的花海荡漾在蛇蟠岛，大陈岛的玻璃台染出云天的蔚蓝。

龙溪乡的银杏大道上，驶过一对恋人驾乘的吉利豪情。吉利豪情让人沮丧，一场秋雨打湿了情侣的衣衫，原来是雨水漏到了车里。价格远低于夏利的汽车又不是敞篷车，情侣给台州报社打电话，诉说沮丧遭遇。

李书福听说后羞愧得无地自容。一查，竟然不止一辆吉利豪情漏水。从市场上退回来的吉利豪情，加上尚未出厂且未通过自查的，一共凑齐了一百辆排列在临海基地。李书福要亲自驾驶铲车，从这百辆吉利豪情上碾过去，不是情绪表达，而是强硬主张！

杨健、安聪慧、刘金良，还有顾伟明等一干大将只能干着急，眼睁睁看着董事长开车"铲决豪情"。司马光砸缸是救别人，李书福铲车是救自己。第一批吉利豪情就这样谢幕了。

记者们也来到现场见证这一刻，报道的标题是《李书福开铲车"铲决豪情"》。吉利对产品质量是认真的，有的报纸标题是《李书福豪情砸豪情，新吉利走向新吉利》，这一断言下得有些早，或许是地方媒体对本地企业的一种保护。

1998年，乔布斯推出了 iMac，终止了多条产品线；福特野马SVT眼镜蛇双门跑车已经上路，震撼全球；丰田霸道驰骋世界，即将在中国市场大展拳脚。首批百辆吉利豪情的诞生，赶上最好时候。

当时，中国正争取加入世界贸易组织，国家在研究制定汽车产业发展战略，吉利汽车的出现赶上了时代的潮流。但在汽车产业大军中，吉利还是过于渺小，小到可以忽略不计。

刘金良的心情难以言表，他负责销售。李书福到机械工业部申请造汽车的时候，跟刘金良相识。刘金良从首都经济贸易大学工业企业管理专业毕业后，一直在酒店工作，做门童，每天脸上挂着矜持的微笑迎接客人，巧遇李书福，还为他按过电梯按钮，表现出良好的职业素养。

李书福渴望人才，从北京把他招来。刘金良毫不犹豫地辞职告别北京，1995年加入吉利，先卖摩托车，后来卖汽车。多年后，李书福布局新能源汽车，刘金良出任吉利科技集团总裁。2015年，"曹操出行"平台创立，拿下了新能源汽车共享出行平台的全国首张牌照。"曹操出行"在杭州、南京、青岛、厦门、成都等地遍地开花，就是攻不下北京。

李书福亲自出马，应邀来到了北京北汽出租汽车集团，带着刘金良一起来的。北汽出租集团年轻的总经理吴名，笑容可掬地领着班子成员，热情迎接吉利控股集团的董事长，相谈甚欢。双方当场确定建立合作，"曹操出行"一下子打开了密不透风的北京出租车市场，挺进北京。

造汽车激发出来李书福的智慧，为解决巨大的资金问题，吉利一开始就制定出了"老板工程"：合作伙伴需要带资金进入吉利汽车的配套体系。全国销售吉利汽车的经销商都要先交押金，支付第一批车款，再压一个季度甚至半年的账款，用上游配件供应商和下游经销商的资金解决现金流问题。

这没有什么新奇的，也绝非李书福的创举，这么干的企业比比皆是，造汽车需要的现金流是常人难以想象的。李书福对在浙江临海发展不满足，开始筹建宁波北仑基地，从破产的一家日本企业接过来土地，重新规划，大兴土木。老弟李书通还分管着摩托车，把预售的踏板式摩托车一下子降到2900元一辆，整个宁波都随之沸腾，全国各地的经销商竟然有包飞机来到宁波的，生怕晚了订不上合同。吉利豪情再次降价，价格降到了29800元，不仅仅天津夏利，一下子招惹了所有造汽车和不卖吉利汽车的经销商。

风起云涌的价格大战开始上演，三缸夏利卖到10万元一辆的日子一去不返，一再降价，争夺被吉利这条鲇鱼冲得乱七八糟的市场。李书福扬言"为老百姓造买得起的好车"原来是真的，有人欢笑有人愁。

"铲车事件"平息，"老板工程"也随风飘散。对有些人来说，看别人倒霉是一件很愉悦的事儿，谁把自己的不幸向别人倾诉，会被听成笑话。人心不可测，倾诉需谨慎。现实就是这样的，乞丐是不会恨百万富翁的，但一定嫉妒比他要钱要得多的同路人。

安聪慧出任了吉利汽车配件有限公司的总经理，他大学毕业一脚踏进吉利，就没想过离开。偶尔见到老同学，包括当年没来吉利和来到吉利又跑了的人，他听到的全都是对老板的抱怨。老板制定一个目标，有人一定要让老板明确如何完成这一目标，直到把老板逼疯，把自己整死，可悲的是都不知道自己是怎么死的。

安聪慧又到清华大学读书，偶然听过一次讲座，是关于人才的，教授在黑板上写下"人材"二字。同学们一头雾水，这是哪门子教授，居然把"人才"给写成了"人材"。安聪慧一下子就知道了，这里面有玄机。

原来，人才的奥秘是"人材"。就是说，你得有"材"，有料，说白了就是你能贡献什么。你没有什么可以贡献给企业，"人才"就不成立。

这个"材"就是对企业的价值。光有价值还不行，还必须在一个框架里，"才"在一个框架里，就是"团"字。接受框架，服从约束，才是团队。总是自以为是的人，"人"在框里就成了"囚"字。久而久之，囚徒感自然而生，所以才会有自视清高的人总是跳槽，跳来跳去地换单位，到哪都摆脱不了囚徒感。

一言以蔽之，吉利时辰是"人才时辰"。

总喜欢说"发展"的李书福，带着吉利人以考古似的缜密，绣花般的小心，用一年时间找到了吉利豪情的所有问题和需要改进之处，一共找出168个病灶，投入大量资金和人力进行改造。可是，吉利汽车想要在市场上建立口碑，还有待时日。

李书福在那些日子里，急切地盼望着国家能批准吉利造三厢轿车，连车型的名字都起好了，叫"美日"。1999年3月3日，吉利新注册了宁波美日汽车制造有限公司，寓意"美好的日子，从美日开始"。听上去有些强词夺理，李书福造汽车从一开始就是强词夺理的。

1999年8月8日，吉利挺进宁波，在北仑区打下了第一根桩基，吉利美日基地诞生。

吉利美日，美好的日子从吉利开始，是广泛传播的品牌解释。实际上，"学美国福特，超日本丰田"才是鼓舞吉利人的初衷。可是，迟迟等不到北京的消息，拿不到批文，上不了国家允许的三厢轿车目录，十几亿投资就会打水漂，最终梦断北仑。人最痛苦的是等待，最焦虑的是期望。

李书福不是在冒险，他是在搏命。

第四章

为老百姓造买得起的好车

李书福喊出"为老百姓造买得起的好车"让一些人不舒服了。在大众意识中，这个"汽车疯子"就是想要成为巨大财富的拥有者。有人以为自己看到了真相，进而沾沾自喜，蓦然发现李书福要捍卫的是理想。这是李书福和吉利集团在企业道德上寻求的制高点，升华到一个新的境界，催生出的一种文化上的自觉。

旗帜与命名

历史终将回答"是李书福成就了吉利,还是吉利成就了李书福"这个问题。

李书福喊出"为老百姓造买得起的好车"让一些人不舒服了。在大众意识中,这个"汽车疯子"就是想要成为巨大财富的拥有者。有人以为自己看到了真相,进而沾沾自喜,蓦然发现李书福要捍卫的是理想。这是李书福和吉利集团在企业道德上寻求的制高点,升华到一个新的境界,催生出的一种文化上的自觉。

没有这种自觉,就不可能从"造老百姓买得起的好车"更换为"让吉利汽车跑遍世界"。起初,没人相信吉利能造出来像模像样的汽车,何况李书福好像忘了他自己就是个老百姓,竟敢这样喊出来,汽车人表示不服。李书福对此的回应是高昂起头,摆出一副"不服来战"的架势,他几乎已经成了吉利汽车"形象代言人"。

只是一个表情,李书福式表情。生于20世纪60年代的李书福所说的那句"为老百姓造买得起的好车"中的"老百姓",其实说的是"工农兵"。不能忽略的是,"工农兵"背后是一个时代的语境,对于李书福来说这只是一个方便的表达,不能承受理想之重。李书福不知道，也不曾在意别人如何解读他的话语，满怀真诚，才知道真诚好狼狈。匆匆行走的人只在意眼前的路和脚上的鞋，何曾关注过路的命名。

"工农兵"不仅是一种命名方式，也是李书福和吉利造汽车的历史起点。庆幸的是"让吉利汽车跑遍世界"这面旗帜，当时没在临海基地同时升起来，不然一定会招来更多的质疑。时代在变，李书福像是一个傻傻的追梦人，每一步都踩疼了自己的影子。

李书福想造所谓的豪车，可只卖两万多元的吉利汽车怎能跟百万豪车相比？专业语境和大众话语总是对立的，谁也无法阻止人们对豪车的向往。吉利汽车被贴上了"烂车"标签，这是一些所谓高贵的人赋予吉利汽车的评价尺度。李书福近乎搏命般地想要"缴获"沃尔沃，就是为了突破这一困境，使吉利登上高峰，用沃尔沃品牌建构"中国智造"崭新的起点，为中国的汽车产业添砖加瓦，是李书福和吉利集团的企业逻辑。

亦为灵魂。

爱上沃尔沃只是一瞬，忘掉沃尔沃却要一生。

1998年3月，国家为适应改革开放和经济发展的需要，撤销了机械工业部。这一天，李书福从杭州萧山机场坐早班飞机来到北京，拜访国家经济贸易委员会下面的国家机械工业局，打探政策走向。

如往常一样，李书福走出航站楼，排队等出租车。他看见好多辆不曾引起特别关注的汽车，这天早上像是在集中表达，呈现在他的面前。排队等候，他有时间观察，李书福的强项就是特别善于观察，善于发现。

长长一排同样的出租车，中间夹杂着几辆面包车，那时候的北京流行所谓的"面的"，一种微型面包车，这种车就像是在首都街头跳舞，蹦蹦跳跳，还有不入他眼的夏利。李书福的目光掠过夏利，被二三十辆不曾特别留意的出租车吸引了。

这长长一排出租车款式相同，车前顶着一个圆圈，中间是蓝底白色的"VOLVO"，还有一道长长的对角线。李书福当时并不知道，圆圈代表的是古罗马战神玛尔斯，也不知道这个标志长期以来被视为钢铁工业的象征，这些元素结合在一起，就是沃尔沃要表达的"滚滚向前"。

排在队伍中的李书福一下子想起来了，对，沃尔沃，在哪儿见过，但远没有满街的夏利和桑塔纳让人印象深刻。一辆沃尔沃停下，排在他前面的人拉开车门，他瞥见了戴着白手套的司机。司机精神抖擞，眉宇间有股英气，二十六七岁的样子。

沃尔沃开走了，轮到他了，来的是一辆夏利，司机气色土灰，定是昨天晚上送完客人后，把车停在机场，直接睡在了车里。李书福假装落下了什么东西，没有上车，转身离开后又排到了队尾。这个早晨，他鬼使神差地就想坐上沃尔沃。

不是沃尔沃，是开沃尔沃出租车的人引起了他的兴趣。他有些好奇，这些司机净是些二十五六岁的小伙子，戴着白手套，穿着白衬衫，留着近乎一样的短发，清一色地散发着十足的英气，这也太夸张了。这些司机不是长得一样，而是精神头一样，精神抖擞，对，就是精神抖擞。

运气真好，他赶上了一辆沃尔沃，拉开车门上车。他没有如往常一样坐到后面，而是来到前排的副驾驶座。

"您好！"又是一个器宇轩昂的司机，比前面两个看上去年龄大一点，30岁的样子，"很高兴为您服务，请问您去哪儿？"

"去……去亚运村吧！"李书福本来想去国家机械工业局，时间有些早，就临时改了主意。要在北京建立联络处，不如先去亚运村看看房，还可以在这辆车上多待一会儿。他看着司机，问："我第一次看见这么多沃尔沃，你们是一起的吗？哪家出租公司的？"

"请您系好安全带。"司机礼貌地说，抬起戴着白手套的手，指了指挂在车门边上的安全带，"我们是东方饭店出租车队，送一批来北京开会住我们酒店的客人。"

"噢！"李书福系上安全带。那时，系安全带并不是强制要求。他忽然想起来，这种三点式安全带就是沃尔沃的发明，沃尔沃把这项专利无偿贡献给了全世界的汽车制造企业。"你们公司好，开出租车的都这么精神，司机都是专门挑选出来的？"

"您不知道吧？"出租司机语带骄傲地说，"我们车队跟别的公司都不一样，司机都是一水儿的复员军人，而且全都是党员！"

李书福惊到了。他先注意到的是人，然后才是车。沃尔沃，平时见到的不是很多，一次机缘巧合，让李书福和沃尔沃在这个清晨相遇了。候车时候的等待，就像是在守望一个未知的机会。

每一次驻足守望，都是为了更好地行走。

这个司机的精神气活像一个小领导，车开得也好。当然，出租车司机哪有开车不好的，每天跑在公路上，公路好像就是他们的一样。北京的哥把车开得再快，也野不过杭州和重庆的哥，杭州和重庆的哥比北京的哥疯狂多了，这是李书福的体会。

体会过，不是所有人都能总结出来。李书福是一个细腻又敏感的人，总能发现别人不曾留意的。之前，他"发现"了汽车行业，这个早晨，他"发现"了沃尔沃。

"您知道沃尔沃有多好吗？"司机显露出北京的哥的健谈。

"怎么个好法？"李书福一下来了更大的兴趣。

"接受培训的时候，我才知道沃尔沃发明了那么多高科技，数也数不过来！"司机兴致勃勃地说，"欧洲，还有美国，您知道都是哪些人开沃尔沃吗？"

"哪些人？"李书福问，"都是什么人喜欢开沃尔沃？"

"有品位的人！培训的时候说的。国外开沃尔沃的，大多是大学教授，还有医生、律师、艺术家什么的，一句话，都是有地位又有品位的人！"司机很是兴奋，看了他一眼，又继续说道，"还有国王呢！瑞典国王坐的也是沃尔沃！"

有可能。李书福自言自语地说："低调，低调的奢华。"

"对对对！低调的奢华，培训的时候老外就是这么说的！沃尔沃从来都不张扬，非常低调，不像电影明星和黑人歌手喜欢加长的凯迪拉克！"司机语气干脆利落，有着军人的气质，"我跟您说，最了不起的是安全！沃尔沃是世界上最安全的车，打个滚，车顶都不会给压扁了，更不可能散架，人没事儿！"

李书福笑笑，北京的哥懂得的还不真少。他没说话，沃尔沃的安全性引起了他的注意，是要好好研究一下。他是一个不太爱说话的人，造汽车以后给人的印象成了一个喋喋不休的人，多半是给气的。

再后来，不管是谁，只要话题正好与李书福共振，不管对方的身份，都只能听他口若悬河了。跟北京的哥的一次交集，沃尔沃像是一颗种子种进了他的心田。这颗种子什么时候发芽,也许是经历了一些事情以后。只有天知道,所有的秘密都有它的道理、逻辑和必要。

与北京的哥相遇,给李书福留下了深刻印象,从一个侧面让他看到了沃尔沃的口碑。沃尔沃乍一看,没有奔驰那般震撼悦目,没有宝马那般张扬不羁,没有丰田霸道,没有宾利豪横,没有福特狂野。狂野,福特历史上有一款名车就叫野马,深受山姆大叔的喜爱。

他苦笑了一下,思绪又飘移了。想起考进路桥中学高中精英班的那天,一个本来信心满满的男生被刷了下来,老师见他不服气,说:"音乐就7个音符,为什么做出的曲子不一样?常用的汉字也就五千个,为什么写出的文章不一样呢?你动动脑子,老师给你3个关键词:变化、适应、发展。"

"你知道猴子从树上下来变成人,进化到现在胳膊为什么变短了吗?"男生大声问。老师没明白,说:"胳膊变短了?为什么?"男生大声说:"因为不长不短,刚刚好擦屁股!精英班就是屎,请我我都不去!"

男生摔门出去了。没有机会,可以有脾气。

李书福没脾气,建设北仑基地的时候,据说惊死了十八里外鱼塘里的鱼,人家不干,打上门来了,是老弟李书通用钱把事儿给平息了。原来,凡是钱能解决的事儿就都不叫个事儿,李书福经常会苦笑一下,他没钱,没有造汽车足够的钱。

造汽车需要的现金流是常人难以想象的,胆小的在梦里都能把自己给吓死。李书福不管这些,渴望国家能发给吉利三厢轿车的"准生证"。国家在新世纪即将到来的时候，没想好要不要允许倔强地坚持梦想的李书福造汽车。

命运让他发现了沃尔沃，一个萌动在心里头产生。梦，只是一个梦，有梦想的人才有未来。未来的路不知道有多长，路上一定有风景，沃尔沃就是风景。他再来北京的时候，已经不坐出租车了，北京联络处建起来了，有专人开车来接他。

李书福总是想起那个初遇沃尔沃的早晨，沃尔沃就像是一个放不下的执念。2000年12月李书福再次来北京，国家机械工业局被撤销，新组建了中国机械工业联合会。

民营企业造车的势头越来越猛，德隆、美的、奥克斯、波导，还有同样做摩托车起家的力帆、做电池起家的比亚迪等都下场了。仅浙江就有接近四十家民营企业造汽车，都渴望从汽车行业这块大蛋糕上分一口，有拿筷子的，有拿刀叉的，有像印度人用手抓的，也有拿着匕首的，还有举着大砍刀、抡着大铁锤的，潮涌般地纷纷进入汽车产业链。

有一位名叫施耐尔拉的生物学家，在研究蚂蚁时，偶然发现一个有趣的现象：几百只行军蚁在地上旋转前进，即使一场大雨也不能阻止它们。到了第二天，它们中的大多数已经筋疲力尽而亡，这种现象被称为"蚂蚁的死亡旋涡"。有记录的最大的死亡旋涡超过360米宽，外围的蚂蚁要花两个多小时才能跑完一圈。大部分蚂蚁的眼睛都是摆设，它们通过触觉和嗅觉来交流，所有行军蚁会按着前面的蚂蚁留下的信息素移动，陷入一个无穷无尽的循环，最终走向灭亡。

但是，也许千军万马造汽车是好事，这将承托起21世纪中国的汽车工业体系。改革开放以来，依靠新中国成立后打下的工业基础，作为综合国力体现的汽车工业即将迎来一个井喷时代。李书福在等待，等待中国机械工业联合会批准吉利登上国家经贸委新一期的《车辆生产企业及产品公告》。

他越来越焦虑，消息灵通的记者朋友告诉他没问题，等着好消息吧！2001年7月，先是一个好消息从莫斯科传来，萨马兰奇宣布第29届夏季奥林匹克运动会的举办地是北京，宁波基地放起了鞭炮，李书福笑得像个孩子。

李书福祈祷吉利能登上目录，带着杨健、安聪慧、刘金良，四个人一起来到天童寺祈福，希望国家能准许吉利造汽车，四人被媒体称为"吉利四君子"。天童寺位于宁波太白山麓，是日本曹洞宗的祖庭寺院。相传西晋僧人义兴和尚来到现今的太白山麓，开山搭庐，静心苦修，感动了太白金星化作童子，每天给他送斋送水，后人便以太白或天童命名此山。

李书福身着正装，步行上山。下起毛毛雨来，他不打伞，把伞拿在手里，迈着虔诚的步伐，怀着虔诚的心情来到天童寺，天童寺这天居然关门了！显然，并不是每道门都会为李书福敞开，甚至可以说每道门、每扇窗都是关着的，李书福就自己奋力推开窗，心心念念地做成想做的事。

在天童寺外郑重地点燃香后，李书福叩山立志，"四君子"向山祈福，以梦为马，莫负韶华，让吉利造车吧！吉利一定能造出更好的汽车来！

国家经济贸易委员会的公告下来了，没有吉利。

李书福变得沉默寡言，转眼到了秋天，冷风在濒海的北仑呼啸，仿佛海的哭声。这天晚上，他换上一身运动衣，穿上球鞋，在行政大楼前的篮球场打篮球。风很轻，云也淡，这是他的思考时间。李书福早就习惯了在运动中思考，想着各种各样的事儿。他心里的事儿总是变化多端，天上地下，忽忽悠悠，只要抓住一个想法，一定绘出一幅绚丽的蓝图。李书福好像不必寻找罗马，他就在罗马，他在哪里战斗，哪里就是他的罗马。

篮球架上的网筐早就掉了，只剩下光秃秃的铁环，一直没装上新网。跟吉利打过交道的人，全知道吉利"花小钱办大事，不花钱也办事"的信条。后半句的"不花钱也办事"是别人给补上的，语气里分明带着嘲讽，李书福听到了并不在意。这种作风也成了吉利企业文化的一部分，某种意义上成了行为准则。

只要有一点机会，李书福就要进攻。球场总能听到他大声要球的叫喊，队友有时候会错过机会，没把球传给他，他会像个孩子似的生气，嚷嚷着："你要抓住机会！不能错过！快发球！"

打篮球的都是车间里的工人，一个个高高大大，身体强壮。还有一个看车间的保安，每次李书福走进车间时，他从来不向李书福敬礼。因为他刚来不久，自上岗后还没见过老板，不知道那个总穿着工作服走进车间的人就是李书福，还以为是个工程师。还别说，李书福还真成了一个工程师，关于汽车的事情，已经没人再能唬得住他。

这时候，安聪慧跑了过来，李书福接球刚想投篮，看见安聪慧站在场边，摘下眼镜，擦了一下禁不住流下的热泪。李书福一下就明白了，兴奋地把篮球掷向天空。

"董事长！上目录了！吉利汽车上国家目录了！"安聪慧拿着刚刚接到的传真，激动的泪花在他的眼睛里闪亮，还是忍不住地流了下来。

晚上，宁波基地燃放起烟花，朵朵烟花在空中绽放，吉利从此跟宁波结下的缘分更深了。这一天是2001年11月9日，国家批准吉利作为中国第一家民营企业获得生产轿车的资格。11月10日，在卡塔尔首都多哈召开的第4届世界贸易组织部长级会议，审议并通过了中国加入世界贸易组织的决定。12月11日,《中国加入世贸组织议定书》正式生效。

入世前两天，吉利正式拥有了制造三厢轿车的资格。7年以后的2008年，美国爆发了次贷危机。吉利在2007年以《宁波宣言》为标志，开启转型升级之路，"冬泳"成功，度过了汽车行业的寒冬。吉利旗下的豪情、美日等汽车品牌落幕，远景、金刚、自由舰等新车型面世。

李书福再一次来到天童寺，本是高高兴兴来还愿的，结果李书福和杨健、安聪慧、刘金良四个人抱在一起大哭。

汽车世界就像一个大的交响乐团，吉利汽车在舞台的角落，拿着在旁人看来可有可无的乐器，敲一下、拨一下，却也是交响乐不可或缺的组成部分。这个或许不准确的形容，体现了很多记者对吉利发自内心的尊重。

李书福做对了，就是中国制造的一股力量，李书福做错了，就属于对行业的骚扰。行走在成功与失败的边缘，吉利万万错不得。身处局外的那些敲鼓的、摇旗的、狂欢的和说三道四的，怎会想到这些，所以李书福常常郁闷。汽车世界本就该是万马奔腾、百家争鸣，吉利当然想要在中国汽车工业的崛起进程中列队。

李书福开始一个人悄悄地研究起沃尔沃，这件事不能让人知道，否则会坐实了"汽车疯子"的名号。李书福越是研究，越感到别有洞天，原来沃尔沃标志里的战神玛尔斯与爱神维纳斯相恋，生下了丘比特。在罗马神话中，维纳斯嫁给了丑陋的火神伏尔甘，却爱上了玛尔斯。战神玛尔斯跟维纳斯是偷偷相恋的，暗中苟且，不甚光彩，却被后人津津乐道。

这个神话故事有点叫人出乎意料，不重要。神话就是神话，李书福要造的不是汽车，更像一个传说，他要绘制出来一幅可触摸的梦想图景。

他清醒地意识到，在造汽车的航路上，吉利汽车需要一座灯塔，这座灯塔就是沃尔沃。

在他独自构想的时候，还不知道更惨烈的风暴将要来袭。李书福准备与否都已经没有意义，反正躲也躲不过。与日本丰田的官司、足球扫黑风云，还有兄弟分家，一个个难关接踵而至。

若不是有一颗强大的内心，李书福早就被干趴下了。他倔强地挺立，像拿着长矛战风车的堂吉诃德，遍体鳞伤地走过了。吉利摩托没宣传，爆火。吉利汽车宣传了，爆笑。这个世界很难彻底解构的李书福，很多时候他也不能完全把控住自己，更别说天津丰田汽车发动机有限公司已经开始了行动。

李书福喜欢仰望星空，总是想起奶奶给他的月牙糖。

丰田之战

　　李书福像是从梦中被惊醒了一般，是日本丰田打断了他的梦。进入21世纪，时代真的不一样了，一切都在悄悄改变。中国传统文化讲究的是润物细无声，于无声处听惊雷。车坛传讯，好消息是有人说吉利是一帮傻瓜造汽车；坏消息是李书福也是这样评价说这话的人的。就在吉利刚开始步入正轨的时候，日本丰田受不了了，对吉利汽车的发动机下手了。

　　李书福觉得奇怪，不是对日本丰田，而是对中国媒体，当时好些媒体在讨论21世纪到底该从哪年算起，是2000年还是2001年，今天看起来可能让人难以理解。就如全国刚刚推广邮政编码的时候，有媒体展开讨论，不明白搞邮政编码是做什么用的，把收信人的地址好好写就是了，为什么还要写一串让人记不住的数字。一些专家在报纸上撰文说："幸福你一个，辛苦千万家。"

　　人们听到了掌声，争论得不亦乐乎、面红耳赤。这就是历史，不必惊诧，2001年才是21世纪的第一年。李书福当时也被记者问到了这个问题，他迷惑了，不知道自己算不算走入了21世纪，感到有些莫名其妙。公元纪年是以耶稣诞生为起点的，耶稣出生之前为公元前，出生之后为公元后。又有远见卓识的专家说，中国应该有自己的纪年，不能跟着西方跑。

李书福不关心这些，现代世界是以西方为中心的，从文艺复兴到工业革命，想一想世界博览会上的蒸汽机和大清皇帝送去的一双精美绣花鞋，一声叹息，一地鸡毛。

汽车也是如此，汽车诞生百年，中国制造仍步履蹒跚。

再次来北京的时候，吉利已经正式进入汽车产业了。可是李书福感觉自己像个旁听者，出席全国汽车研讨会，主办方只是让他坐在多出来的一把椅子上，听那些既没有进过组装车间，也不曾卖出过一辆汽车的专家大话汽车，他总觉得是在浪费时间。

令人欣慰的是，不必再过分讨好和结交媒体，更多的记者会主动来采访他。曾任《中国汽车报》副总编的吴迎秋是李书福的好朋友，一直在支持吉利的发展。21世纪初，几乎所有的专业报纸只能算是行业内刊，哪有后来的如日中天。

"书福，都在争论21世纪该从哪年算起，"吴迎秋问，"你说呢？"

李书福怔了一下，没想到会有这样奇怪的问题，他笑笑说："心在哪个世纪，你就在哪个世纪。"

妙，有点哲学，泛着诗意。李书福有时候一针见血，透着一股狠劲儿；有时候又答非所问，让人莫名其妙。

"书福，你算是熬过来了！一定要做好新车型，吉利需要抓紧升级换代，赢得口碑，不是让人舒服，而是让人信服。"

不用说，这是必需的。

"刚才那几个汽车界大佬，不肯跟你握手，别介意。"吴迎秋说，

"老百姓有句话说得好,听拉拉蛄叫就别种地了!"

李书福又笑笑,吴迎秋不仅总能给他带来一些鲜为人知的信息,而且始终不遗余力地支持吉利。这时,越来越多的记者开始关注吉利,主动去采访李书福,生怕慢了一步,让别的媒体抢了头条。

再后来,李书福来北京参加两会的时候,面对记者的提问,经常把对方的问题发散开来,让记者自己归纳、深挖。记者往往要仔细回味他的回答,才能写出来稿件。有的记者会问他不着边际的问题,这让李书福感到恼火,不过多年以后,李书福逐渐可以熟练地控制住自己的情绪。

他总是遇到奇怪的问题,或许他本身就是个奇怪的问题。为了和谐,他经常会反问记者,让记者尴尬一笑,这是李书福式的机警。有人问他为什么要把吉利总部放在杭州,其实当时叫吉利运营总部,这说明李书福并没有完全想好把吉利集团设在哪里。

回头看,把总部放在杭州体现了李书福的睿智。很多人回头看的时候,总是后悔不迭,李书福却总是庆幸不已,就凭这一点,就不由得让人感慨万千。他不是合拍,而是那么合拍,每一步都合上了时代的节拍,跟上了国家的节奏,李书福是幸运的,他如此幸运。

"何不北上,去北京?把吉利搬到北京去!"北京的一个朋友跟他说道。那天李书福带朋友从宁波去杭州看地,他准备在滨江大道建一栋吉利大厦,而且做成地标性建筑。

"这是一个好问题。"李书福笑了笑,忽然又问,"你说赚多少钱才算成功?"朋友怔了一下,说:"1个亿? 10个亿?"李书福淡淡地说:"100亿。"这个回答把朋友给吓到了,说:"董事长,您别吓着我!"

李书福又笑了笑，没办法说。造汽车靠的是金融和科技，还需要广泛的资源和人脉。吉利总部不可能在宁波，李书福更心仪的地点是北京，或者上海。

北京有北汽集团，正与奔驰汽车合作，还引进了韩国现代汽车。北京不是容不下，而是看不上吉利汽车。造车伊始，李书福一没财力，二没资源，除了梦想什么都没有，更没有多少人能理解他。

"您一定要进北京，董事长！"朋友说。

"有一天。"他说。

这一天真就来了，吉利去北京，因为收到了北京市第二中级人民法院的传票，丰田起诉吉利侵犯知识产权：吉利美日的商标酷似丰田的"牛头标"，而且吉利在销售过程中使用过"丰田"的字眼宣传推广。吉利汽车的商标已经用了5年，在吉利逐步壮大的时候，丰田公司出手了。

日本丰田要干的事并不出乎李书福的意料，他本来想先去一趟日本，起诉一家日本媒体。那家媒体造谣李书福，不知道是不是故意把"李书福"和"李书通"给搞混了——是李书通在中国注册了一些引起日本不满的商标——在李书福办理去日本的签证时，日本驻华大使馆拒签，不准许李书福踏入日本。

这天晚上，李书福换上了一身运动衣，跟工程师组队，和保安打篮球。天黑了，宁波基地的篮球场灯光亮起。他接住球，身子一晃，一个三步上篮，撞飞了人高马大的保安。保安起身后说："你走步了！"

"我走步了吗？那好吧，这两分不算！"

重新开球，李书福接球，在三分区一个跳投，球进篮筐，一个漂亮的三分球。"要动脑子，规则是给守规则的人制定的！"李书福说，"你以为占便宜了？反而吃亏！"这个年轻的保安有福了，跟董事长打篮球还能受教，他后来辞职到北京吉利大学上学，李书福知道后不仅给他免了学费，还发了奖学金。

秘书李晓云来了，手里拿着一份传真站在球场边。李书福知道是吉利法律顾问楼韬发来的，他要面对诉讼，有好多问题要问董事长。李书福打完这一局，把汗出个痛快。10分钟后，他接过传真，一个人回到了宿舍。

他的宿舍跟大家在一起，一室一厅的房间，塑料地板好多地方都卷边了。李书福要先洗个澡，再看厚厚一沓的传真。脱掉湿透了的运动衣，走进简陋的浴室，打开水龙头，他打了个喷嚏，水有点凉，才想起来热水器没开。为了省电，他不允许热水器总是开着，洗澡时候才会提前打开。借用古人的一句话"山不在高，有仙则名。水不在深，有龙则灵"，李书福是"水温不高，热乎就行。事不怕大，有法则行"。

洗完澡，李书福没有马上看律师发来的传真，而是打开了电视机，把一盘录像带放进录像机，是《还珠格格》。不同于电视台播放的，里面包括皇上和小燕子，剧中所有人说的都是台州话，这是他为母亲特制的台州话配音版。

母亲喜欢看《还珠格格》，电视台播放的普通话版本听着别扭，不顺畅。李书福找人把《还珠格格》用台州话配音重录了一遍。台州话的《还珠格格》有点意思，别人听着一头雾水，母亲乐在其中。

丰田诉吉利，醉翁之意不在酒。当年吉利汽车采购天津丰田的8A发动机，其实对日本丰田是有好处的，可是道理没用，道理在分歧面前是苍白的。

李书福走神了,想起英文的"revolution"这个词,是指"巨大变革",或者说"革命"。英语词根"re",有回到起点或者循环之意。可是,革命怎么会是回到起点呢?革命是新的开始,不可能回到起点。

李书福在燕山大学读硕士的时候,听到教授讲思想史。在现代社会之前,革命就是回到原点,有重建、重新开始的含义,但社会结构和生产力并未出现质的变化。到如今,这显然是不对的,"revolution"代表的应该是全新的起点。

政治哲学从目的变成了手段。从政府层面说,汽车制造不仅涉及工业,也涉及国家安全。原来做一个真正的企业家并非那么简单,社会责任、使命担当是一个真正企业家需要思考的问题。那些靠权力支配资源、靠地产成为巨鳄的人不是不在乎,是根本不懂这个道理,又或者懂了也不在乎。把追寻目的变成了追寻手段,从人类文明进步的意义上说,岂不悲哀。

把坏事变成好事也是一个哲学问题,实用主义哲学是李书福最擅长的。他要召集吉利高管开会,与丰田无关,而是统一思想:吉利汽车要从"价格竞争"转变到"价值竞争",不管有多难,这都是吉利的必经之路。

这场官司不能输,如果输了,那不是吉利汽车一家的事,还会伤及中国制造的筋骨,中国所有的合资企业都拿不到外国汽车的核心技术。吉利有自己的发展路径,岂能被打断!

吉利提出购买丰田8A发动机的时候,对方对吉利根本不屑一顾。总裁杨健先去的天津，跟他对接的丰田公司员工是一个天津人。相声有三大发源，除了北京天桥和南京夫子庙，还有一个就是天津劝业场，茶馆相声鼻祖就在天津。

杨健听到丰田的人干脆利落地说："不卖！"天津话音调上扬的那个"卖"字，飘乎乎的，跟哪儿的口音都不一样，让杨健印象深刻。当时，杨健知道天津夏利根本消化不了丰田8A发动机的产量，便热忱地跑来天津，希望能采购丰田8A发动机。对方并不把吉利当回事，一向儒雅含蓄的杨健厚着脸皮留在了天津，久攻不下后，安聪慧来天津接手。

挖过临海基地的泥，铲过吉利大学的土，管理过吉利汽车零部件公司的安聪慧出生在新疆，性格豪爽，他是一个粗中有细、能屈能伸、顽强善斗的人。有杨健用心良苦的前期铺垫，加上安聪慧的真诚坦率，终于拿下了丰田发动机的合同。

天津丰田汽车发动机有限公司有了吉利这个大客户，不仅减轻了销售压力，而且赚得盆满钵满。搭载丰田8A发动机的吉利汽车卖得比夏利还要便宜，在市场上掀起了价格战的波澜。在一切稳步推进的时候，李书福组建起发动机的研发团队。科研团队从十几人到上百人，最后达到一千多人。李书福坚定地要把吉利自主研发的CVVT发动机搞出来。

发动机是汽车的心脏，日本丰田发动机世界领先。李书福让桂生悦从香港买来一台丰田发动机，组织攻关小组研究。吉利像蚂蚁啃食骨头一样，用最笨拙的办法，把发动机拆了，同时全程拍照录像，分析其构造。一开始，大家信心满满，分解了发动机后，按照先前的步骤再组装回去，到了一个很小的环节，有个零件怎么也装不回去了！

　　吉利人不信邪，一再对照录像核查，在组装先进发动机的时候，程序同样是至关重要的。组装不上去，就得冷静地分析，一遍遍地看照片和录像，仔细核对步骤，检查差错。但这个零件偏偏就是装不进去，一个专家气坏了，赌气似的用锤子往里砸，砸得多狠也装不上。"见鬼了！"专家说，"日本人真邪性！怪不得不怕技术被偷呢！"

　　最后，这台发动机被寄回香港，攻关小组还故意弄坏一个零件。李书福告诉桂生悦，要从香港找一个懂发动机的人一起去日本，搞清楚丰田是怎么把这个零件装上的。李书福还画了一张图，做出了特别标记。

　　一个月后，桂生悦打来电话，说："书福董事长，搞清楚了，丰田发动机的那个部件，是在低温的专门车间里组装的！"原来如此，谁也没有往温度上想，而且或许还有其他尚未弄清的因素。还是那句话说得对：科学技术是第一生产力！

　　科技，科技，李书福造车伊始就非常明确，吉利汽车必须有自己的科技！这条路如此漫长，并不是有钱就能解决的，当然也要有巨额的资金投入，依靠的是人才。所以吉利为 CVVT 发动机组建了上千人的科研团队，吸引全世界的优秀人才，汽车发展永无止境！

　　在这个基础上，李书福一直想的是这两个字：安全！

　　安全是吉利汽车发展的重中之重，绝非一日之功。想一想他那场闭口不谈、鲜为人知的车祸，如果没有那棵树挡住，他准会驾车冲下山坡，掉进沟里，以那辆中华轿车的身骨，后果不堪设想。这也是刺激李书福搏命般想要拿下沃尔沃汽车的原因之一，安全是他绝不动摇的信念，哪像很多人想的那样，收购沃尔沃只是为了一个招摇的品牌，吉利要的是沃尔沃汽车的核心技术，其中安全排在第一。

就在吉利汽车卖得风生水起的时候，丰田忽然断供8A发动机，因为天津夏利、丰田威驰用的是同款发动机，不允许吉利抢占自己的市场。断供对于吉利而言简直如釜底抽薪，很有可能葬送吉利汽车。也有一些媒体跟着起哄，点名或者不点名地嘲笑吉利汽车，那时候的吉利还是太嫩了，李书福总强调吉利汽车还是一个婴儿，而成长是有代价的。

李书福和他的吉利还是一个仰望者，被不知名的小报记者欺负是常有的事儿，那时候还没有微博，更别说微信了，纸媒还大行其道。吉利的公关部报给了总裁办公室一份长长的媒体记者名单。

仰望永远得不到尊敬，俯视你的未必是神，也可能是被旋风刮上树的蛤蟆，瞪着两只鼓溜溜的眼睛盯着你。吉利接到天津丰田汽车发动机有限公司的告知函：不断供可以，发动机涨价。天津丰田把发动机售价从17500元一下涨价到了23000元，一下子增加了5500元成本。全国人民一致认为吉利汽车就是便宜，不可能涨价5000块，要涨价，经销商先不干了！

工厂停产，几千名工人待在车间里，眼巴巴地等待，安静得可怕。李书福一直说"发现问题是好事，解决问题是大事，回避问题是蠢事，没有问题是坏事"，这下好，要命的事儿一下子就来了！

吉利造三厢汽车刚上目录，一下子造出来了个寂寞。吉利造车从一开始就没有锣鼓喧天，而是炮声隆隆。安聪慧又急赴天津，说什么也不能被断供这件事掐死，一定要让摇篮里的汽车婴儿活下去!

天津,当年说相声的都被从北京给赶了出来。光绪三十二年,清朝铁帽子王之一,同时也是间谍川岛芳子的父亲——肃亲王爱新觉罗·善耆跑到天桥(也有说是护国寺)听相声。结果有人认出了身着便装的善耆,亲王的脸居然还挂不住了,把说相声的给驱离出了京城,一些相声艺人便来到了天津。天津这地方历史上是码头文化,可敬可佩的天津人从来就对官方有一种调侃心态,嘛官不官的,逗你玩。

注重仪式感的天津人,见到安聪慧来了,不顾风雅,把他晒在那儿。安聪慧整整磨了7天,日方总经理端出两条准则:一、原先的17500元肯定不行,可以降到21000元一台,一次一结,绝不拖款;二、没有售后服务,吉利车主的发动机坏了,只能以不低于21000元的价格再买一台新的,丰田不负责维修。

芝麻开门了,出来了个强盗,真是活见鬼!更可气的是,天津丰田汽车发动机有限公司承认违约了,吉利可以到法院起诉,通过法律途径解决,司法流程估计会花上两三年。丰田不怕输,因为知道吉利等不起。

弱者追求公平,强者追逐利益,这是不变的丛林法则。安聪慧回来了,带着每台发动机比原合同涨价3500元的结果来见李书福。"我们一定要搞出自己的发动机来!"李书福下定决心。

科研不是埋头挖沟,路子不对,就是日夜不眠,也不一定能有所收获。李书福想起高中时学过的《逍遥游》,把一只鸟刻画得气势磅礴,"怒而飞,其翼若垂天之云"。借势之前要蓄势,不以蛮力论英雄，自强不息是不变的道理。

李书福自己投钱研发，2006年8月8日，吉利CVVT发动机点火仪式隆重举行，在各方来宾和中外媒体的见证下，一次点火成功，创下中国汽车工业发展史上的辉煌一刻。李书福没说什么应景的话，他坦诚地说："吉利自己搞发动机，完全是被逼出来的！"

手机响了，是律师打来的，楼韬想跟李书福询问吉利美日车标的细节，以及吉利用"丰田8A发动机"做宣传的事。李书福一听就来火，厉声说："它就叫丰田8A发动机！吉利不能自己给发动机胡乱编个名字吧？"

光生气没用，造汽车不仅考验了一个国家的工业水平，其背后的科技已经涉及国家安全。这时候，民营企业造车已经不是纯粹的江湖了，每个从业者都要有更加严峻的考量，呼应国家的需要，依法合规，用法律维护自身的企业权益。

吉利必须凛然面对，哪怕其中带着几分决绝。中国加入世界贸易组织以后，这场官司已经惹来了中国汽车界以外的人的瞩目。这个世界从来不问你信不信，就问你服不服。李书福又忽然想起来铁人王进喜说的话："井没压力不出油，人无压力轻飘飘。"这才是几代中国人奋斗的楷模！大庆人，是光彩夺目、绚丽无比的奋斗者图腾。

李书福看着窗外皎洁的月光、浮动的云朵，想起李白的诗："今人不见古时月，今月曾经照古人。"现代与历史撞击出了火花，律师说得很清楚，吉利的法务顾问不能保证打赢官司，律师的职责是把企业的损失降到最低。

李书福不信丰田能赢，也没把握吉利会赢，全国的媒体都非常关注这场官司。夜晚，他把堆了一桌子的台州话版的《还珠格格》推到一边，挥笔写下"力量在风中回荡，奇迹在蓝天下闪光"的诗句，这便是后来被谱成曲、传唱吉利的《力量》。

真实的情况是，丰田汽车实际上是李书福心中的一个偶像。这个偶像不是用来崇拜的，而是用来打破的。造汽车的李书福显得另类，宁波基地的第一款三厢轿车就叫"美日"，足以证明丰田在李书福心中的分量。

强大的对手激发了李书福的斗志，一纸诉状反而让他心潮澎湃。李书福就是这样一个人，这个世界把所有的桥都搭好了，他未必走，他总是要走自己的路、过自己的桥，把不可能变成可能。如果按部就班，一切都按规矩办，这个世界就出不了李书福。

中国的汽车人都清楚，日本根本没有把发动机的核心技术交给合资的天津丰田汽车发动机有限公司。这起官司的焦点在于吉利汽车的商标是否对日本丰田构成了侵权。

2003年8月6日，是中国汽车行业知识产权历史上的一个重要时刻。在北京市第二中级人民法院，丰田列出了吉利的大量罪状，指出吉利生产的美日汽车使用了酷似丰田汽车的车标，且在销售时使用了"丰田"字样做宣传。在庭审中，吉利的律师向法官陈述，没有证据证明消费者会因吉利汽车的商标跟丰田的商标相似而买错汽车。

打个比方说，买汽车又不是买辣椒，卖辣椒的不知道买的人想买辣的还是不辣的，就说大的辣椒辣，小的辣椒不辣。其实不对，大辣椒不辣，小辣椒才辣得邪乎！

丰田商标于1990年在中国注册，吉利的商标于1996年经批准注册，在将近6年时间后丰田才起诉吉利，其动机不免让人产生怀疑。许多人认为丰田想借机提高在中国的知名度，同时打压新兴的吉利汽车。道理显而易见，但法庭光讲道理是不够的，道德可以论高尚，法律只依据证据判决。原定的开庭时间是一上午，没想到开到了下午5点。

最终，法官宣布判决结果：吉利胜诉！

日本人提出的1400万索赔请求被驳回，反而搭进了8万元诉讼费。大家都以为吉利会趁机把自己的商标借势做成驰名商标，李书福却不按常理出牌，一声令下，放弃使用美日原有的标志！

何等快意！"快乐人生，吉利相伴"，没打过恶仗的人是体会不到这句话的含义的。吉利打过恶战、扛过硬活的高手如云，整个团队都习惯了痛不欲生、险象环生、死里逃生，经历过一次又一次的危机，见过一个又一个的绝境，看透了竞争中的人性。

2007年，吉利斥巨资面向全球开展了一场轰轰烈烈的新车标征集活动，最终由一名在校大学生设计的寓意"鹊起东方，雄视寰宇"的作品脱颖而出。李书福亲自为该学生送上高达200万元的奖金，这位同学还被邀请到北京吉利大学做了演讲，分享其创作理念。

赢了官司，李书福并没有感到轻松，他身上的担子好像更重了。环保、安全，一定关乎着汽车的未来，这就是李书福考虑发展甲醇汽车的背景，他还要让汽车变得更加聪明。他在电脑中记下笔记：

纵观世界现状，因为政治、种族、宗教、文化、经济利益和军事等各方面的原因，世界各地冲突不断，人类离大同社会遥不可期。但是在经济领域，全球经济一体化、世界贸易自由化已经成为不可阻挡的潮流。大量外国企业进入中国市场的同时，中国的一些企业也要走出去。

全球化，是一直萦绕在他脑海中的想法。只有拿下沃尔沃，吉利才能融入全球化浪潮，单靠如此年轻和弱小的吉利肯定不行。吉利在2012年三亚全球型企业文化研究中心的成立，也是基于李书福对全球化的上述认识。李书福关于全球化的浪漫表达是：各美其美，美人之美，美美与共，天下大同。

丰田诉吉利，就像是在关键的时候给李书福加油，吉利开始进入全国主流轿车制造行列，同时跟韩国、意大利等车企合作，联合开发新车型。这条路不简单，危机总是裹挟着泥沙直冲而下，这时的李书福和吉利还非常脆弱。而在丰田对吉利提起诉讼之前，李书福在中国足坛也掀起了一场风暴。

心碎无痕

　　李书福不懂足球，连足球场上有多少人踢球都搞不清楚，更不懂足球规则，不知什么叫越位。不过，全国媒体和亿万球迷，很快就兴奋地知道了李书福的"越位"。李书福在足球界闹得轰轰烈烈，像一颗炸弹，把中国男足炸得人仰马翻，掀起了一场"中国足坛反黑风暴"。对足球一无所知的李书福，迷迷瞪瞪地打响了"中国足球反黑第一枪"。

　　那天，李书福看完中央电视台的《新闻联播》，接着看了《焦点访谈》节目。他喜欢《焦点访谈》开头的宣传语"用事实说话"，李书福觉得，自己正是一直"用事实说话"的。他也喜欢思考节目聚焦的问题，在他眼里，问题后面从来不是问号或感叹号，而是一个逗号。就是一个逗号，做什么样的事，就会遇上什么样的问题。李书福习惯了让别人吃惊，他自己从不吃惊，见哪个行业揭露出了阴暗的一面，他都当作是对自己的警钟。

　　节目中间有广告，他离开了客厅。姐姐李艺正在教弟弟李星星学习。她看见爸爸不在，赶快从屋里出来，拿起遥控器想换台，见爸爸忽然又回到客厅，她赶紧回到屋里继续学习。李书福从未大声呵斥过姐弟俩，他不怒自威，对孩子们要求严格，孩子们也的确怕他，就跟他小时候怕父亲一样，这好像也有遗传。

李书福换了台。电视里传来狂躁的声音，这是他第一次看中国甲B联赛的现场直播，当时是浙江绿城对阵广州太阳神。他并不喜欢足球，电视机里传来解说员的喊声："绿城抢断！把球塞进了禁区！太阳神把绿城队员拉倒了！点球！裁判员的哨响了！点球！浙江绿城获得了点球！广州太阳神不服，裁判向主教练出示了红牌，把广州太阳神主教练罚上了看台！"

这是浙江绿城的主场，李书福不明白观众和主持人为何这么激动？他注视着画面里欢呼雀跃的球迷，拿起遥控器，本想把声音调小一点，手又不禁停了一下，反而调大了音量，客厅里回荡起"绿城！绿城！绿城！"的巨大声浪。

李艺和星星姐弟俩悄悄拉开门，看看发生了什么。李书福忽然产生了一个想法：要是全场响起"吉利，吉利"的声音该有多好，通过电视转播出去，那将是多好的广告！借势宣传，叫响吉利，他有些兴奋了，拿起手机打了一个电话。

李书福打给正在海南跑地的桂生悦，吉利要买下三亚市落笔洞的一大片土地，不是为了什么房地产开发，而是要在当地布局养老和健康产业。李书福还买下了北方的一个药厂，准备研发制药。李书福的想法太超前了，他要布局健康、医疗、养老三大产业，想好了，要把北京联络处的顾勇派过去，让李晓云去接替北京联络处。

李晓云是英语专业出身，思维敏捷，机灵鬼一个，跟随董事长多年，是李书福的秘书也是生活助理。李晓云曾有开火锅店的想法，李书福也想照顾一下身边的人，便投钱让李晓云实现愿望。后来李晓云真就开了火锅店，直到把火锅店做到倒闭，赴北京联络处上任。

顾勇来到了陕西秦岭的大山里，帮李书福开发药品，没有取得什么成果。说不好，未来李书福或许有一天，真会做出什么造福人类的药物。埃隆·马斯克在研究脑机接口技术，帮助人类永久保存生命信息，实现永生，这个世界上优秀的人总有一些相似之处。

桂生悦之前是华润集团海口公司的总经理，之前从未考虑加入当时还名不见经传的吉利，是李书福上门找到了他。一天，桂生悦看见一个满头大汗的人急急忙忙走进办公室，品质不怎么样的T恤衫因汗水粘在了身上。办公室里的空调太凉，那人进来先打了几个喷嚏，大声问："你们登报卖酒店股权？我买！"

"欢迎！"桂生悦没感到惊讶，在《浙江日报》上登了广告，温州有钱人多，这不又来了一个，一听口音就是那边的人，他笑容可掬地说，"您请坐！请问贵姓？从哪儿来？"

"我叫李书福，从台州来，响应国家号召建设海南！"李书福说，"您贵姓？"

"免贵，我还就姓桂，桂花树的桂。"桂生悦笑笑说，他是个儒雅的人，脸上总带着和蔼的微笑，"台州？挨着温州吧？喝口水，酒店的股权挺贵的，20万一股。"

"是够贵的！"李书福说，"阿桂，我从你这儿开始吧，先买10股试试水！明天我给你送钱来！"

李书福说罢，还未坐下来，扭头就走了，一切快得桂生悦来不及反应。

有点意思，桂生悦瞧这人风风火火的，又一只扑向海南房地产的飞蛾，估计也就是说说而已吧！自登报出售酒店股份以来，每天都有人从天南海北登门而来，但真有实力拿出钱来的人不多，有不少人都在空手套白狼。

桂生悦没当真，没想到第二天李书福真的来了。只见他夹着皮包，从里面掏出一张200万现金汇票，进军海南房地产。不出所料，李书福的钱全都打了水漂。桂生悦拦不住李书福，后来就辞职跟着他干了。再后来，李书福买下了三亚市落笔洞的一大片土地，直到现在，他在海南的所有巨额投资没赚回一分钱。

2004年，李书福亲自跟海南大学谈合作，拿出在三亚买下的一块地，筹建海南大学三亚学院。后来，三亚学院脱离海南大学，独立办学。李书福做教育是认真的，跟北京吉利大学一样，三亚学院也办得风生水起，这是吉利人才教育的两朵金花。

李书福知道桂生悦人脉广，便给他打去电话。桂生悦接到李书福打来的电话，惊讶于董事长要做足球。时机为李书福准备好了，广州太阳神退出足坛，腾出名额，李书福以为是天赐良机，广州吉利足球俱乐部应运而生。吉利投资1400万买下了广州太阳神90%的股份，冲进甲Ａ联赛还将有3000万效益。

2001年9月29日，李书福迈着六亲不认的步伐走进体育场，一下子被全场球迷的热情震撼了。这个充满激情的江南硬汉，激动的火焰一下子也被点燃，这是足球带给吉利的狂欢。

桂生悦先放下海南的工作，出任广州吉利足球俱乐部总经理，李书福任俱乐部董事长。这天，桂生悦一定要让李书福到现场观看广州吉利对阵上海中远的"天王山之战"，这场比赛将决定吉利队能否冲进下一赛季的甲Ａ联赛。

"甲A联赛就要更名为中超！"桂生悦欢喜地说，"吉利今天赢了，冲A成功，吉利以后就是中超俱乐部了！"

"太好了！"李书福很高兴，"要是输了呢？"

"不吉利！不能输！"桂生悦大声说，"我们绝对不能输，从主教练到队员都信心满满，我们赢了就冲进甲A！上海中远如果输了也不怕，下一场赢了一样冲A成功，我们可就凉凉了！"

"这是我们绝佳的机会？"李书福问，"我怎么老听到说留给中国足球的机会不多了？吉利可要小心盘外招！"

"你说的是国家队，中国男足！"桂生悦说，"董事长亲自来现场督战，队员们血脉偾张！一定拿下上海中远！"

李书福顿了顿，说："足球是圆的，什么事都有可能发生！"

桂生悦发现老板对足球的理解还挺深刻，他告诉李书福，中国足球功夫在球场外。当时，吉利预订的酒店突然不让入住，球队到了上海不得不重新找酒店，这对在上海有些人脉的桂生悦来说不算难题。总算找到一家宾馆后，一些球迷知道了吉利队的住处，居然在宾馆门口架起仿造的大炮，还放了一夜鞭炮，不让队员睡觉。

"我就是被炮轰大的！"李书福笑了，说，"吉利在烈火中成长，必将在烈火中永生！"

桂生悦咽了口唾沫，习惯了李书福的豪言壮语，没告诉李书福之后还会有更多的坎坷。比赛门票的经营权在主队俱乐部手里，按照规矩，上海中远作为主队，应该为客队准备门票，对方表示没办法卖给吉利3000张门票。

上海中远还故意将门票上的"上海中远对广州吉利"印成了"上

海中远对广州太阳神"，并修改了售票规则，把每人每次可购买的门票数上限调整为24张，以防吉利派人购买太多门票，阻止吉利球迷入场，从而巩固自己的主场优势。上海蓝魔啦啦队不容小觑，给比赛带来了更多看点和惊喜。

桂生悦也不是吃素的，尽管刚接触足球，他已经知晓足球的水有多深。那时，上海中远的门票大部分在便利店出售，他立即组织人马，派出几百号人到上海的大街小巷购买门票，买到了3000张门票，这是当时吉利员工可以出动的极限数字。

吉利用大巴从台州、宁波把3000吉利人拉进了球场。因为是从便利店买来的散票，只能分散在主队的观众台上。上海足协不想惹出是非，赶紧出面协调，才把吉利人集中到客队看台区，好在一切还算顺利。一场鏖战，一触即发。

比赛伊始，上海中远气势逼人，向广州吉利发起了猛烈进攻！李书福现场督战，吉利队员一个个像打了鸡血一样，好一番厮杀！足球，作为世界第一运动，总让人血脉偾张。李书福被感染了，现场看球，还真就是不一样，比电视转播震撼百倍，甚至千倍！

蓝魔啦啦队果然名不虚传，上千名吉利人的加油助威也毫不逊色。全场吼声震天，没有屋顶的体育场仿佛也要被掀翻了！怪不得全世界足球场都是露天的，而不能建成带屋顶的足球馆，不管什么样的屋顶，也一定会被球迷的声浪给掀翻了！

比赛进行到第13分钟，广州吉利的外援图穆一脚劲射，破门得分。两分钟之后，中远队的安德雷斯破门成功，场上比分1∶1。比赛临近结束时，场上比分踢成了2∶2。

如果这时裁判员吹响比赛结束的终场哨，上海中远还要血拼下一场的最后一轮。到手的鸭子绝不能飞了,吉利输了就没有机会,只能来年再战了!李书福跟大家一样紧张地等待着,他似乎感到有些不对劲,场上的主裁判明显偏袒主队,上海中远好像对此早已心中有数。

可是,足球场上瞬息万变,球是圆的,谁也说不好。广州吉利的球员看时间已到,等待主裁判吹响终场哨,倒着脚下的球,忽然间,上海中远的加西亚杀了出来,断下球,一脚传给外援马克,马克的位置明显越位。在足球规则中,若进攻方接球的队员处于防守方的队员前面,就属于越位,裁判员会吹哨停止,在进攻方越位的位置上,由防守方重新发球。

广州吉利的队员看到马克明显越位,放弃了防守,等待边裁举旗示意。但边裁并没有举旗,主裁判没吹响犯规的哨音,等吉利队员反应过来时再阻击马克,已经来不及了,无人防守的马克轻松地把球一脚射进了球门!

上海蓝魔啦啦队疯狂起来!"马克!进球的是马克!场上比分3∶2!上海中远领先!"现场广播解说员激动地大声喊。这时候只见广州吉利的队员围住了主裁判,为什么这般明显的越位不吹停比赛,竟然判进球有效?主裁判对抗议置之不理,反而出示黄牌警告。盛怒之下,队员们集体退场。主裁判还没有吹响终场的哨声,比赛并未正式结束,退出比赛会被判为0∶3告负,接下来还有一连串的处罚。

下起雨来。桂生悦的脸上说不清是雨还是眼泪,湿漉漉的头发趴在头上,在"快乐人生,吉利相伴"的道路上,他还从来没有这样狼狈过。哪怕不久后,吉利在香港借壳上市,在股票惊心动魄地跌到1毛多的时候,他也没有感受过这样的羞辱。他喊着队员们赶紧回到球场完成比赛,吉利一定要申诉!

正当广州吉利的队员们准备回到场上继续比赛的时候,主裁判的终场哨声忽然响起了。吉利的外援图穆面对镜头,愤怒地用手比画,示意是金钱主导了比赛的结果。吉利球迷们在雨中爆发出怒吼,然后听到哭声一片,李书福也被触动了,脑瓜子嗡嗡的,愤怒有加。

中央电视台、上海电视台、广州电视台同时直播了现场画面。足球是江湖,江湖有江湖的规矩,中国足球这个江湖的规矩有些另类,形成了自己的逻辑,不是谁想玩就能玩的。有人借足球之名操作各种经营模式,上市的编故事,上不了市的玩故事,看不见的白手套、黑魔爪都伸向足球,把中国足球搅得浑浊不堪。

李书福后来想起这事儿,脊梁骨还嗖嗖冒凉气。情断足球,并非梦断足球。李书福对足球本来就没有梦,更没有想去打响"中国足球反黑第一枪",他的世界里本没有足球。

2001年12月11日,中央电视台的《足球之夜》开始了,屏幕上忽然切入"吉利足球俱乐部告别足坛"的新闻发布会现场。投入几千万、干了不到7个月的李书福宣告退出中国足坛!时任浙江省体育局局长的陈培德大吃一惊,认为事态非常严重。

浙江绿城足球俱乐部的老板宋卫平也看不惯足球界的黑暗。宋卫平致电陈培德,说他邀请了李书福,浙江绿城和广州吉利两家俱乐部将联合召开新闻发布会,一起揭露足球"黑哨"。

12月14日,召开以"吉利退出足坛——浙江媒体见面会"为题的新闻发布会。足球圈子宋卫平的人脉比李书福广,他给上百家媒体发出了邀请函,召开新闻发布会。都说枪打出头鸟,李书福就是那只傻鸟。

李书福问桂生悦宋卫平是否参会，桂生悦说这是宋老板组织的，他当然会来。

"他坐在哪儿？李晓云去现场看了，主席台上就放着两把椅子，说一把是我的，一把是你的。"李书福郁闷地说。

桂生悦听闻，立即给宋卫平打电话，告诉他新闻发布会是绿城发起的，不能只让吉利坐在主席台上。宋卫平热爱足球，吉利也在浙江，两家本应该成为伙伴的，其实早已经在甲B赛场上成为对手。

对手归对手，在"足球反黑"上立场是一致的，宋卫平马上把现场"吉利退出足坛新闻发布会"的横幅，改成了"2001年浙江足球媒体见面会"。

这样，宋卫平也要坐上主席台。台上一共3把椅子，李书福坐中间，一边是宋卫平，一边是桂生悦。李书福就该坐在正中间，因为吉利决定退出足坛，而绿城还要继续玩下去，毕竟宋卫平太热爱足球了。

在新闻发布会现场，李书福第一次看到有这么多关注足球的媒体记者，把愤怒都挂在脸上。要冷静，不可冲动，李书福一再提醒着自己，他对足球界太陌生了。经过反复斟酌的讲话稿就在他面前，等待宣读。

足球，这是李书福最不想做的事。他一方面充满热情地投资足球，另一方面又对足球充满恐惧，因为知道了这个圈子的黑暗和混乱，此刻，他只想好好地造汽车了。桂生悦又恢复了绅士模样，保持着他一贯的儒雅，拿起写好的稿子念道："我们只是无助的风中之烛，注定要熄灭在这黑暗之中。我们发自内心的抗争和努力显得那么苍白和渺小，我们原本认为那么崇高的足球事业竟是如此这般……吉利只有将精力放在企业发展上，放在振兴民族工业上。御外必先强内，我们先从自身做起。"

李书福陷入茫然，比赛现场的情景又浮现在眼前，吉利人的愤怒和悲伤，还有外援图穆在现场对着直播摄像机镜头前比画数钱的手，一腔热血油然而起。桂生悦发言结束后，轮到他拿起稿子念了起来。

李书福念着办公室提前准备好的稿子，不温不火的语句，怎么像是在做检查似的？还未轮到记者提问，他已经受不了了，啪的一下把稿子摔到桌上，愤愤地说："很简单，吉利集团是带着迷惘和希望进入中国足球的！我原来以为足球只不过是个踢来踢去的球，但不久就让我大吃一惊，球场上要行贿，可是从来没有一个搞足球的官员和裁判员给抓起来！"

这番话如平地惊雷，现场一下子热腾起来！足球界之阴暗，媒体记者远比李书福清楚，终于有个当事人勇猛地站出来了，指明这一切。

李书福一下揭开了大家心照不宣的秘密，没等记者们发问，吉利控股集团董事长竟然主动将心中的怒火和苦水宣泄了出来，大家都盼着这一刻。失控，失控的不是李书福，是中国足球的黑！

宋卫平看到李书福爆发了，怒火也被点燃，他表示有话要说。

广州吉利和浙江绿城本是冤家，在足球场上斗得腥风血雨，双方也是经常斗智斗勇。现在两个老板坐在了一起，互相呼应，连抛猛料。宋卫平坦言，很多场比赛的结局都是事先设定好的，包括绿城主场赢的几场球，看到现场几万名球迷欢呼雀跃，他有一种犯罪感,这是在欺骗球迷!

浙江绿城曾以0∶6的大比分输给长春亚泰,现场球迷高喊"假球!假球!"那是一场关键比赛,长春亚泰必须赢6个球才能确保不会降级。这怎么可能,当时浙江绿城的能力远在长春亚泰之上,胜负固然难料,如此悬殊的比分让人难以信服。

就在那场比赛前,陈培德不放心,专门给宋卫平打电话,提醒道:"卫平啊,绿城是浙江唯一的足球代表,你可要注意啊!"宋卫平当然知道陈培德主任在说什么,他信誓旦旦地表态不会丢浙江的脸,绝不会在比赛中放水。比赛结束后,陈培德在电话中怒斥宋卫平,宋卫平也是满腔委屈,他怎么也想不到会被队员出卖,竟然在电话里哇哇大哭!

李书福点火,宋卫平助燃,足球反黑的这把火越烧越旺。陈培德看到发布会的现场直播,心情沉重,接受中央电视台《新闻调查》采访时,指着镜头怒斥:"拿着黑钱的裁判们现在正躲在阴暗的角落里发抖!"

一场"足球反黑"风暴有了结局,足球裁判龚建平是唯一主动自首的,第一个站出来反省自己,痛心疾首地写了自白。后经查实龚建平受贿37万元,被判处10年有期徒刑,他病死在监狱,年仅44岁。遗体火化的那天,好多球迷自发地赶到现场送别,很多人伤心痛哭。这一幕跟一年前龚建平被抓的时候,人们拍手称快的场面形成了鲜明对照,可谓大相径庭。

那段日子里,李书福几乎天天上头条,不是因为汽车,全是足球,被戴上了"反黑斗士"的花冠。他放了一把火,没想到吉利真的着火了！

路桥的夜，吉利摩托车生产基地格外宁静，忽然响起的救火车警笛声把潘巨林惊醒。他是吉利集团副总裁、摩托车公司总经理，一个激灵从床上爬起来，推开窗一看，摩托车的一个车间着火了，大火熊熊，从窗户里冒出的黑烟飘向月光辉映的天空。

潘巨林被吓得不轻，穿上衣服就直奔着火的车间。摩托车的油漆不仅着得快，而且有毒，他带着值班人员灭火，晕倒在车间里。消防车到来，消防员把已经昏迷的潘巨林抬出车间，120救护车也来了，把他火速送往医院。

路桥的大火被扑灭了。躺在抢救室的潘巨林睁开眼睛，天刚蒙蒙亮。他感到头依然是昏昏沉沉的，呼吸困难，听到枕边的手机响了，费劲地伸手拿起手机，手机滑落在了地上。

护士过来，帮他捡起手机，说："你要保持安静，不要接电话了！"

不接不行，是顾伟明打来的。潘巨林还是接起了电话，顾伟明又打来了，大声喊："老潘，你那边要报案！这是有人纵火！我这边也着火了，把备件车间的顶子都给烧塌了！"

潘巨林想张嘴说话，却发不出声音，反而剧烈地咳嗽起来，手一哆嗦，又把手机掉到了地上。

两场大火，路桥的摩托车厂和临海的汽车厂先后着火，绝非偶然，一定是有人纵火。考虑到对企业经营的负面影响，吉利没有要求立案，甚至没有上报巨额的财产损失。没有证据表明两场大火跟足球有关。足球，中国球迷的痛，痛到深处，却依然爱得不能自拔。李书福分明退却了，投降了，此后吉利要好好造汽车，"足球反黑"

到此为止。

远观足球，李书福反而对足球有了一种无法言表的爱，体会到了足球是一项需要紧密配合的运动，团队和团结如此重要。有一天，如果社会对李书福有足够的呼唤，吉利重返中国足坛也不是不可能，要看发展。

李书福受教了。吉利要发展，他更加关心起教育问题来。他找海南省政府座谈，让三亚学院脱离海南大学，变更成独立学院。他又马不停蹄地飞往北京，找教育部，想把北京吉利大学升格为本科院校。

李书福得到了答复，北京吉利大学是北京市人民政府批准设立的，想要从专科院校升格为本科院校，先要经北京市教委批准同意，第一关是北京市民办教育协会。

汽车、教育，李书福两手抓，走向科技发展之路是吉利心心念念的选择。他心里惦记着沃尔沃，就是瞄向科技和安全。不知不觉中，李书福已然成为吉利汽车的形象代言人，吉利请过不少明星代言人，在影响力上都不如李书福，可是他不想这个样子。

李书福一动，好些人跟着动，李书福的每一次大动作，跟吉利汽车关系不太近乎的媒体记者和一些汽车人，都会紧盯吉利，不知道李书福又会玩出什么新花样，搞出大动作。

这时候的李书福，辨识度越来越高，总有人能认出他来，兴致勃勃地跟他讨论汽车。李书福不得不戴上帽子和墨镜，以这样的姿态跟世界见面，与其说李书福是"汽车疯子"，不如说他更像"汽车情人"。

李书福说出汽车就是"四个轮子、两排沙发"这样的话，逗笑了全国人民。有人倒觉得李书福厉害，深不可测。不管怎样，吉利公关部花了好大力气请媒体不要再说李书福是"汽车疯子",都统一到"汽车狂人"的语境上来。

迄今为止,在对李书福的各种报道和叙述中,时而可见"汽车狂人"的表述,时而可见"汽车疯子"的描绘,无法统一。李书福像是海洋馆里的鲸鱼,供好奇的人观看,北京动物园的海洋馆里,巨大的鲸鱼很少在玻璃箱里游弋,而是竖在水里,头部朝上,发出婴儿般的哀叫,让人感到忧伤。鲸鱼不该被关在海洋馆里展览,应当回归大海。

造汽车如涉汪洋大海,别说小船,巨轮也可能随时被掀翻,沉入海底。吉利经不起风浪,李书福怎么也没想到,自己差点被足球给拍在沙滩上。

李书福没有保镖,刚有钱时买的劳力士早不知道去哪儿了。他穿简单的衣服和简单的鞋,吃简单的饭,跟不简单的人简单地打交道,时而说出简单的话,让不简单的人瞪大眼睛。

为了省钱,并在吉利高管中起到表率作用,李书福带头不坐头等舱。一段时间里,他坐经济舱,总有人跟他讨论足球,希望他的"炮火"再猛烈一些。风波渐渐平息下来以后,有人跟李书福讨论汽车,在经济舱里跟他聊起汽车的人中,有跟政府对接的智者,有搞房地产开发的,有做暴利眼镜的,有卖医疗器械的,也有给儿童卖未来、给老人卖健康、给女性卖时尚的。各色人等都愿意兴致勃勃地跟李书福讨论照相馆、蒸发器、电冰箱,还有李家大队的那头牛,李书福好似在为大众提供娱乐的资源。

没办法,李书福又回到了头等舱。

上海虹桥机场，李书福坐在贵宾室里，准备启程飞北京。他在看吉利公关部门报上来的策划，贵宾室的电视里正放映电影《金色池塘》。公关部门交给他的每项方案，看起来都对吉利的发展至关重要，上升到利国利民的高度，各种晚会、电视节目冠名，五花八门的赛事，更有影视剧的投资，包括助老扶幼、妇女儿童爱心工程以及环保、流浪狗救助什么的，听上去都很美好。对一切美好的事物，李书福都非常支持，他在报告上批下一句话："凡是美好的都可以做，按规矩办，不要再报给我批！"

放下手里的材料，他坐在沙发上看电视里播放的《金色池塘》，这是一部非常感人的好莱坞电影，是他第二次在机场看了。上一次没看完就赶去登机了，这次看到了结尾，父亲和女儿之间动人的亲情故事看得他心潮澎湃，同时也思绪万千。

贵宾室忽然进来几位上海市金山区的领导，热情地为他饯行。李书福有点蒙，幸好头等舱的客人要登机了，他匆匆告别，上了飞机越想越不对劲儿，吉利跟金山区没有交集，领导为何要来送他？

飞机在首都国际机场降落，他急忙打开手机，打给桂生悦，问："阿桂，是不是有人乱讲我要在上海投资？要不金山区的领导干吗来看我？"桂生悦犹豫了一下，说："董事长，你哪天回来？你回来我跟你细说！"

李书福出站买了张机票，又急匆匆地返回上海。

原来，老弟李书通也要造汽车。1999年，书通就在上海金山区创立了上海杰士达汽车有限公司，并没有得到国家经济贸易委员会的批准，李书福对这事居然一无所知。李家兄弟的事，很快就被一些媒体给盯上了。

吉利汽车刚刚拿到"准生证",传言闹起了兄弟对抗。所有人都有追逐梦想的权利,何况是亲兄弟,这事李书福是拦不住的。第二天,吉利的好几位高管来到了上海,在喜来登酒店碰面,个个都相当紧张。

李书福和李书通坐下来恳谈,客房的灯从日落亮到天明。没有人知道会发生什么,大家都守在外面,彻夜未眠。中国传统文化中,最难过的是亲情关,处理不好,保不准李书福和吉利汽车这一天就真的分崩离析倒下了。

每个人的心里都笼罩着一层阴霾。依稀可以听到雷鸣声,击打着每个人紧绷的神经。每个人心里都有话,但没有人可以插上嘴,不能说,不敢说,不必说,毕竟是人家兄弟的事儿。

说来奇怪,李书福坐下来面对李书通,也是迟迟没有开口,想起刚看完的电影《金色池塘》。这不是那种"一个人整救世界"的好莱坞超级英雄电影,是由凯瑟琳·赫本、亨利·方达、简·方达联袂出演的经典影片,说的是人性。电影中那细腻又真实的伦理情感,深深触动了他。

李书福脑海中浮现出了兄弟们的暮年情景。等李书福老了,小弟李书通老了,二哥李胥兵也老了,三兄弟拄着拐杖上了一座山。三兄弟都戴着助听器,春天来了,到天台寺踏青,相聚在翠溪环绕的故土。李书通好像说了句什么,李书福没听清,问:"书通,你说什么?"李书通说:"三哥,我什么也没说。"李胥兵插话道:"你说了,你三哥没听清。"李书福说:"我听清了,书通说我们年轻的时候都想配副眼镜,那种金丝眼镜,戴上去看着都文质彬彬,像是有学问的样子。可咱们兄弟眼睛都好,人生路都看得清透,太多的事儿回头想想,何必呢?"李胥兵说:"人人都爱这么说,何必。"李书通说:"我说何必了吗?"李书福笑笑道:"何必说。"

这时,三架吉利太力飞行汽车落在了山顶,儿孙们来接爷爷各回各家。李书通跟李书福说:"三哥,如果我还造汽车,我肯定比你造得好,飞得高。"二哥李胥兵说:"飞那么高干吗?"李书福说:"二哥说得是,我好想在李家大队放牛,那该有多好!"

这是属于李家兄弟的"金色池塘"。不是每座池塘都是金色的,要有光,有光才能够把池塘照耀成金色。这束光就是亲情,是人心的光。也许后人会总结说"吉利之光"就是"中国之光",耀眼的金色辉煌。当然是这样,没有国家,哪有吉利。

人与人可以共苦,却很难同甘。比如一个馒头4个人分,剩下了半个馒头,人人都说自己吃饱了;如果是一根金条4个人分,人人又都说自己拿少了。所以"同甘共苦"很难成立。坊间有个段子,一个人问:"你面前有一个大坑,里面没有水,你该怎么出来?"一个人回答:"把脑子里的水放出来我就漂起来了。"对方又问道:"你脑子里有那么多水吗,居然能漂起来?"回答的人说:"我脑子里没那么多水,干吗要跳下去呢?"问得古怪,答得离奇。

人生会遇到多少离奇的事,不经历怎会知道?不奋斗岂不辜负了青春?人人都有权奋斗,也有权不奋斗,这不是哲学问题,是选择,人人都有权选择。

亲情是最难割舍的。有这样一种很残酷的游戏:在一张纸上写下你5个最爱的人的名字,然后去掉一个,再去掉一个,最后只剩下一个人的名字,这会让人崩溃,做这个游戏的人划到最后一个名字的时候,无不是泪流满面。李书福必须放下情感,李书通要造汽车,二哥李胥兵也要造汽车。现在，是时候坐下来把兄弟共同打拼来的财产重新分配了。

临走时，书通小声问李书福："三哥，我那辆奔驰忘了算进来，我可以开走吗？"

"当然，是你的，开走吧！"李书福笑笑说。

书通走了。杨健、安聪慧、刘金良来到客房门口，听到李书福在客房里一个人号啕大哭。

家族企业，就此瓦解。

强硬与柔软，构成了李书福独特性格的两面。他倔强之中有柔软，柔软有时比强硬更能触动人。习惯李书福，必须首先改变自己，或者重塑一个自己，别无选择。李书福敢想敢说敢干，从不迟疑。就在正式对外公布兄弟分家后，李书福召集高管开会，坚定地宣布："我要收购沃尔沃，从现在起开始准备！把吉利总部搬到杭州，在滨江建起地标性建筑吉利大厦！"

所有人都瞪大了眼睛。人可以做梦，也有权说梦话，大家本以为经历了兄弟分家的李书福可以轻装上阵了，没想到他穿上了一身更重的盔甲。大家面面相觑，新请来的两个空降兵徐刚和柏杨默不作声，作为第一批被李书福请到吉利的职业经理人，徐刚和柏杨都有自己的责任。

2002年，徐刚辞去浙江省税务局总会计师的职务，来到吉利集团担任总裁，跟李书福坐在一间办公室，办公室里横排并列摆着两个大班台。柏杨曾参与主持金杯客车和中华轿车项目，来到吉利出任吉利汽车有限公司首席执行官后，主抓生产工作。"一些部件从台州运到宁波，成本太高，也影响生产周期。"柏杨在新成立的经管会上说。这不是李书福关心的，他离开了，去杭州，到滨江区确定吉利大厦的位置。

这时候的李书福说出收购沃尔沃不切实际，更不科学。科学不意味着真理，科学是等待实证的猜想，有阶段性，不是终极的揭示。西方向中国输出科学，我们却常常将之当作了真理，从这个意义上说，李书福是一个怀疑者，更是行动者。他总是振臂高呼，经常让人来不及惊讶，就晃了很多人的眼。后来，人们弄懂了李书福爱说的口头禅——"发展"，其实是对"政府有为，市场有效"的验证。收购沃尔沃，就是要为"中国制造"闯出发展新天地。

李书福无时无刻不在寻找人才，发现人才，锻炼人才，为吉利培养造车的力量。比如，李书福对安聪慧似乎有种偏心，他放手让安聪慧做"远景"这个汽车品牌。远景汽车是李书福起的一个寓意深刻的名字，但市场反响并不是特别理想。之后，李书福又打算让安聪慧去做吉利帝豪，当时董事会上有人坚持要解聘安聪慧。

李书福不答应，安聪慧也不放弃，才有了后来极氪的奇迹。2023年，意气风发的安聪慧在极氪的发布会上用铿锵有力的声音，激情澎湃地说："今晚我们不聊虚的，只谈干货，我们将为大家带来极氪智能科技五大进化成果！第一，全球加速最快的量产纯电汽车；第二，四电机分布式电驱，全球首次量产发布；第三，四轮扭矩矢量控制，行业量产首发；第四，卫星通信技术全球首次量产上车；第五，单枪输出功率最高的充电桩。极氪进化，始于浩瀚！"

李书福在吉利发展的历史阶段中，总能找到对的人，让他们做对的事。正是因为有一个了不起的吉利精英团队，才构建起了今日的"吉利帝国"。格局,决定未来。李书福在谋局,他曾想把吉利总部设到北京,敬畏的心理让他望而却步;想进上海,国际大品牌已经在那里龙盘虎踞,吉利没有优势。

鞋脏了,或许不是路不干净,而是有人往路上泼脏水。之前的"老板工程"就是如此,李书福通过资本运作,为想成为亿万富翁的人搭建了平台,大家各取所需,但取着取着就变味儿了。做人要讲德,企业也要有德。人格本位,企业道德,相辅相成,缺一不可。说到底,李书福的"老板工程"有点像阿米巴经营模式,那时候李书福还不知道这个词,也没见过稻盛和夫。

后来他见到了。2014年7月2日,李书福邀请稻盛和夫访问杭州滨江的吉利总部,进行了一次深远的谈话。李书福在接受记者采访时,不无感慨地说:"我觉得稻盛和夫真是一个楷模,他的制高点就是道德,这是很重要的,离开了道德什么都干不成。但是你原来企业规模小的时候,这方面还不是很强烈,企业到一定程度,就是靠道德来制约。"

稻盛和夫创建了阿米巴经营模式。在拉丁语中,"阿米巴"有单个原生体的意思,指一种虫子,这种虫子属原生动物变形虫科,身体柔软,形体变化不定,所以还被称为"变形虫",可以根据外界环境的不同而做出改变,不断地调整自我,从而适应各种各样的环境。

企业是有企业道德的,企业之道就是做人之道,重在一个"德"字。种菜的有德,卖菜的有德,炒菜的有德,生活就有德之美好。有一句话说"历史是胜利者的清单",李书福给自己布置的作业却全是账单,他总喜欢给自己加码。

李书福住的宿舍极为简单，生活对于李书福来说，就是一道最简单的题，梦想才是他永远做不完的题。每次奋进向前，李书福都是在给自己出难题。人生这出戏，李书福怎么演都注定了是一部大片，他赶上了好时代，有足够的理由去大显身手，也更需要一份前进的攻略。把《延禧攻略》里的人都换上西装，不过是职场游戏；《甄嬛传》不披上后宫的外衣，就是巨富的豪横，依旧是围绕权力展开的故事。往隐秘的财富圈瞥一眼，像和珅一样富可敌国的真的是大有人在。

李书福对财富的理解早已经不是初始的模样。路程等于速度乘时间，测不出人心的距离，可以丈量梦想。吉利汽车像一道光，照亮了老百姓拥有的汽车梦。现实是，在体量巨大、底蕴深厚的国有汽车企业面前，吉利的分量还是太小了，况且吉利汽车的出现搅乱了原有的秩序。

李书福深知，吉利需要一道光，吉利自身也需要脱胎换骨，从而成为一道光。车有车性，人有人性，只有人性才会使这个世界光芒万丈。

李书福在造车上已然转向，要让吉利汽车跑遍世界，实现这一目标的关键一步就是拿下沃尔沃。造车需要技术，需要人才，需要资金，除此以外，"家国情怀"已经成为他做强吉利的魂魄。

在那些日子里，李书福睡觉时经常会从梦中惊醒。他飞到了香港，因为气流，飞机在空中盘旋久久，像吉利股票一样忽上忽下。

香港股票市场上，吉利的股票起起伏伏，从1块多跌到1毛5。又是年底，李书福给吉利的核心团队发的年终奖是吉利的股票，500万股起步。听着挺震撼，其实每股只有1毛5，没有人不满意。后来，没想到很多人因此成了百万富翁和千万富翁，甚至还有亿万富翁。

　　桂生悦在香港半岛酒店等待李书福。桂生悦的心也一直悬着，吉利股票在香港股市一直下跌，就要跌到1毛钱了，简直成了一个笑话。李书福要在半岛酒店住一晚，看看窗外美丽的夜景可能会让他心里好受一些。

　　桂生悦提前预订了酒店的下午茶，半岛酒店的下午茶举世闻名，吸引着世界各地来香港的客人。总能见到从内地来的女子，安静地坐在酒店的大堂品茗。桌子上有一盏精致的灯，亮起幽然的光，桌台上摆着经典的三层点心架。女子装扮华贵，表现得举止高雅，像是为了半岛酒店的下午茶而受过专门培训，可还是一眼就能看出是内地来的大陆客，也不知道哪儿不对，就像香港股市上的吉利。

　　半岛酒店的下午茶，这里曾经有一代又一代的资深美女，一代又一代地老去。她们之中的有些人可能想写回忆录，却无从落笔，回忆起自己曾经的日子，或许更多的是不堪回首的往事吧，个中滋味只有经历过的人自己知道，刀刀疤痕刻在心里。桂生悦的心比那些女人还要五味杂陈，他想要阻止吉利股票下跌的曲线。曾经的高位就像美女记忆中的美好时光，他要跟李书福好好地谈一谈，如何振兴吉利的股市表现。

　　李书福来了，风尘仆仆，能看出来一脸的疲倦。桂生悦单刀直入，直奔主题：要想办法引入高盛资本，撬动高盛必能振兴吉利股票在香港股市上扬，在股市K线扬起一条向上的美丽弧线。一句话，桂生悦觉得需要事件，需要讲好吉利故事。

　　李书福求之不得的，就是要讲好吉利故事。吉利必须走出国门，不能单将目光局限在国内，耗子扛枪窝里横，况且吉利一点都横不起来，洞口外全是张牙舞爪的猫，舔着锋利的爪子，只要一露头，一爪子就会断送吉利前行的路。

桂生悦见提议得到了李书福的响应，满心欢喜地说："书福，我们太老实了，是不是也太讲实际了？我每天跟一些香港大佬打交道，他们都是股市高手，知道没有一只股票可以一直涨，跌宕起伏是正常的，上市公司一定要会讲故事！"

"讲故事？"李书福问，"讲什么故事？"

"阶段性的，要么包装老板，讲一些无伤大雅的新闻，要么借船出海，搭正能量的热点事件。冠名、赞助、搞活动，都是要花钱的，形成热点，从别的地方补回来！"桂生悦说，"老老实实做市场是不行的，当然品质和口碑是核心，要往有口皆碑的事儿上做，可不能做成有口皆呸。一句话，不惜代价讲故事，故事讲得好，股市上就能反映出来。"

"讲好吉利的故事，让股民有信心，汽车安全是核心。没有安全品质做保障，所有故事都是骗人的！"李书福坚定地说，"热热闹闹一阵子，吉利不做那些！"

这样说桂生悦同意，车主同意，市场同意，行业同意，政府也同意。汽车不讲安全，搞得再花哨都没有意义。吉利将安全视为核心，原来这才是李书福非要拿下沃尔沃汽车的底层逻辑。

"该花的钱自然要花，上市公司不能花小钱办大事，不花钱也办事，吉利初期的创业路已经过去了！"李书福说，停了一下，看着似乎苍老了的桂生悦，他动情地说，"阿桂，吉利能在香港上市，多亏了你！你好好休息，注意身体，我给你带来一种保健药！"

没人知道是什么神奇的保健药,那是李书福的妻子为他准备的,他拿来送给了桂生悦。李书福的妻子王俪俪从不插手吉利的事,有时李书福弄出来什么大动静,她竟然是从媒体上才知道的。俪俪知道李书福重情重义,从不会轻易表现出来,而是体现在行动上。也因为李书福对该讲义气的人讲义气,吉利团队的人才一个比一个卖命。

李书福心里比谁都清楚,造汽车靠讲故事是不行的,靠的是科技实力,品牌也绝非一日之功。

吉利汽车的品牌轮廓越来越清晰了,方向明确,目标要一个一个地拿下,急不得,也缓不得。说来说去,全世界成功的企业,核心问题永远是人才。李书福此时的格局已经发生了变化,他早已超越了所谓的挣钱阶段。他急迫地需要吉利汽车走向世界。

很快,机会来了,吉利收到了法兰克福车展的邀请。

李书福为此专门定做了一身唐装,带着吉利汽车第一次走出国门。出乎意料的是,吉利汽车去了法兰克福,李书福差点没能踏进德国。

第五章

重新定义"我是谁"

李书福心里清楚,吉利曾经是个"汽车婴儿",她已经开始长大,远未到可以出嫁的年龄,只在含苞欲放的花季。不知道是美人豹跑车,还是穿着戏服的中国姑娘惊艳了西方,也许都有。他忽然觉得,在现代工业起源的欧洲,吉利汽车可以在市场上惊艳,却无法在受众中表达。

收购沃尔沃,只为重新定义"我是谁"。

海明威

　　2005年9月，讲好吉利故事的机会来了，吉利作为中国汽车制造企业，受邀参加法兰克福车展。吉利汽车走向了国际，这对吉利在股市的表现有提振作用，企业发展的内动力也更强了，这将是一次变形，吉利将化身腾飞的中国龙。

　　李书福亲自审定参展方案，把第二代美人豹跑车重新定名为"中国龙"。

　　法兰克福车展创办于1897年，是世界上历史最为悠久的国际车展之一，备受全球瞩目。法兰克福车展有一个不成文的规定，就是所有的参展汽车一不能模仿，二不能合资，三不能有知识产权争议。

　　公关部门为李书福定制了一身唐装，请来技艺精湛的上海裁缝为他量体裁衣，每针每线都是国粹，图案更是美轮美奂。这是吉利汽车第一次亮相世界舞台，代表的是中国形象，因此不能有半点马虎。

　　参展的吉利车型除了中国龙，还包括自由舰、豪情、海域和FC-1等。这些车从海上运往法兰克福，将在2005年9月13日亮相。为了向世界讲好"中国故事"，李书福让公关部门从浙江京剧团请来十二名京剧演员，表演《大闹天宫》《天女散花》京剧彩头戏，用中国的鼓点和曲牌发出"中国声音"。在寓意表达上李书福是认真的，这就是他的细腻之处。

窗外明月高悬，杭州湾的夜空像是海，浮云是游动的船。他坐下来轻抚古琴，忽然想起了卡夫卡。在《变形记》里，卡夫卡把人变成了虫子，格里高尔一觉醒来，发现自己不再是原来的样子。全世界都不认为《变形记》是一部童话，西方文学总是让人性变得刻骨铭心。

比起《变形记》，李书福更喜欢的书是《羊皮卷》，弗洛伦丝·希恩的《羊皮卷》曾是他的枕边书。知道李书福喜欢看什么书的人不多，听过他弹古琴的人更是少之又少。

国家即将释放出"中国制造"的潜力，他要精进古琴技艺，弹出自己的味道。会听琴的人，听的是弦外之音，像卡夫卡那样把人藏在甲壳虫里，好文定是都深藏在了字里行间，好曲无不是弦外之音。

俪俪给李书福端上茶，静静地听他弹琴。李书福弹琴好像只给一人听，这是难得的温馨时刻。李书福的妻子非常儒雅，性格温婉，举止端庄，她很少抛头露面，脸上总是带着含蓄的笑容。李书福回家，总是有打不完的电话，着不完的急，生不完的气。闲下来的时候，除了弹琴，他也会旁若无人地写写诗，练练书法。妻子从不打扰李书福写诗作词，在李书福练毛笔字的时候，她偶尔会出现在他身旁。

这天晚上，俪俪给他端来熬了一整天的老鸭汤。李书福反复写，把不满意的字扔了一地，见妻子过来，他指着书案上的字说："这个怎么样？"

妻子看见了"浙江汽车职业技术学院"几个字，原来李书福是要给临海的学校题写牌匾，她点点头，说："还好吧，有点书法的样子了。"李书福笑了笑，说："你是说我才有点书法的样子？好吧，那就是它了！"

妻子说话很直，她对书法有自己的解读，也看惯了太多企业家的字画，又补上一句，说："这幅字写得好，就是没有落款，你还是不落款署名吗？"

"不署了，自己知道就行了。"

"早点睡吧，明天还要早起呢。"她说，"法兰克福邀请你参加车展，你怎么还要去面签呀？"

"邀请的是吉利汽车，德国人严谨，规矩多。"李书福笑笑，"要我去我就去，守规矩。"

"守规矩"，李书福在家也这样说，俪俪已经习惯了。她知道，创业头些年里，李书福经历了太多事情。她喜欢听别人讲李书福的故事：骑车载人、照相起家、废品大王、冰箱王子、装潢巨富、临海造车、德阳监狱、豪情下线、羞怒砸车、走进宁波、兄弟风云、落地杭州、丰田之战、国家博物馆收藏吉利汽车……一步一个脚印，回想起来波澜起伏，如梦如歌。

现在，吉利汽车正式走入汽车的发源地欧洲，要到德国亮一亮身板，有望受到全球的瞩目。时间乘以速度，算不出梦想的距离。她知道，没有一个老板可以凭一己之力成功，每个阶段书福都能找到并且用对人，吉利有一个无坚不摧的精英团队。

看到书福拿起电话，她便离开了书房。

李书福打了好几个电话，小心翼翼地向几个朋友透露他想收购沃尔沃的想法。一个老朋友，记者，一直跟着吉利汽车成长，听到他居然惦记起沃尔沃来了，大声说："书福，你喝了多少酒？说胡话！沃尔沃是人家美国福特的，你真敢想，你以为你是海明威呢！"

海明威？他知道，这个世界上有谁不知道海明威呢，一个美国人，在古巴写了《老人与海》，扬名世界。他苦笑了一下，知道朋友不是夸他，因为他不是古巴渔夫，他是渔夫从大海拖上岸的那条鱼，只剩下了骨架。

天还没亮，李书福出发了，司机接上他，驾驶着美人豹跑车去上海，到德国驻上海总领事馆面试签证。德国领事馆坐落在徐汇区的永福路，地址中带着一个"福"字。知名会所雍福会同样坐落在这附近，雍福会曾是英国领事馆的驻地，名字里也带一个"福"字。

按照董事会的规定，李书福不能自己开车，他沉浸在思绪里。想起吉利能在香港上市，靠的还是人才，没有桂生悦，吉利就不会跟国润控股产生交集，后者有吉利可以在香港上市的"壳"，双方能够合作共赢。2004年，国润控股有限公司更名为吉利汽车控股有限公司，吉利就这样完成了资本运作。

李书福忘不了在香港第一次召开董事会，监事非常郑重地递给他一份"行为规范"，要他一字一句地大声念出来，董事会是要他承诺，不许再"口出狂言"。李书福认真宣读了，而且认真做了。第二天，香港好多报纸都登着他的大照片，依照上市公司的规定，也第一次出现了妻子的名字：Li Wang。

为了股民利益，李书福讲每句话都变得格外谨慎。所以后来的记者们在采访李书福的时候，似乎得不到一些想要的答案，采访后还需要归纳采访内容，绞尽脑汁思考报道的写法。他正从"高调做事，低调做人"转向"低调做事，低调做人"。

进入徐汇区，李书福终于忍不住了，他想亲自驾驶一下跑车，看看路人看到这辆"中国第一跑"的反应。司机只好靠边停车，换上董事长开。

李书福开着美人豹，速度不快，他放下两边的车窗，把音响的声音放得很大，关注着街头上路人的反应。

有人停下了脚步，两个上海姑娘露出惊艳的表情，望向这辆靓丽的美人豹跑车，她们当然还不知道这辆跑车的名字。

"哇，这是什么车子呀？"其中一个姑娘开口说道，"没见过，这辆车子要100万钞票的啦？"

同行的姑娘扬起化得精致的眉毛说："100万钞票买不到啦！这么漂亮的车子，两百万钞票也是有的啦！你去要个电话好不好啦？"

李书福听到，使劲儿踩下油门远去。他怎么会随便给人电话号码？即便是知道了他的手机号，怕也是打不通的。若是手机号不在他的通讯录里，给他打过去听到的永远是占线，或者"不在服务区"。

疾驶出百米才收了油门，李书福对上海的感情一言难尽。想起初来上海时，在饭馆遇到的一对恋人；想起弟弟李书通在上海创建杰士达汽车有限公司（此时已被吉利收购，改名为上海华普汽车，刘金良出任总经理，后由徐刚接替，刘金良担任吉利汽车销售公司总经理，安聪慧任吉利控股集团总裁）。听到两个女人的对话，他忽然觉得，美人豹的价格是不是定低了？哎，汽车的市场定价一点不比汽车研发省心。

关于汽车，李书福说得太多了，他厌倦了在汽车核心技术上总是被卡脖子，可放眼全国所有的合资公司，哪个外企把核心技术交给我们了？不是卡脖子，我们就没有脖子。公平，是弱者的奢望。不过在上海街头亲身经历了路人对美人豹的反应，李书福的心情格外好。

上海是时尚之都，他忽然有种异样的感觉，这个情景仿佛出现过，就是这样的情景啊——开着心仪的车，行驶在别具风情的街道，听着喜欢的音乐，任由风轻轻吹着他的脸，怎么会这么熟悉呢？时过境迁，现在的他已经成长，也成熟了许多，就要带领吉利走向更大的国际舞台，向世界展现中国制造的进步。

李书福的思绪越飘越远，好像置身这样的情境：他坐在自动驾驶的吉利汽车上，由卫星导航，看着车内显示屏上滚动的新闻，喝着猫屎咖啡，呼吸着大海边的空气，吉利汽车内设氧吧，充足的氧气不仅让人头脑清醒，心情更是愉悦。车内的健康系统，可以随时记录下来血压、心律、血氧等等身体健康数据，系统会随时监测车主是否处于疲劳或亢奋状态。不需要车主通知，健康监测系统可以自动联络到医生，在0.1秒内整理出过去5年的健康数据，再用0.1秒生成健康方案，系统会把数据自动发送到医院，甚至在你某个早晨醒来上车后，自动驾驶系统会把你自动带到医生跟前。

时代的进步，科技的发展，改变的不仅是生活，还有思维方式。车载系统会自动配置各项生活事务，物联网系统会把生活需要的东西用无人机送到家，再发展下去人会不会都不用自己吃饭了，机器人会给你喂饭。不会有人在睡梦中死去，吉利汽车的大脑主机承载着一切，社区医生会在第一时间赶到，生命会被一次次唤醒。吉利未来出行星座，自动驾驶系统不用人泊车，你只要离开就好，吉利汽车会自动寻找车位停车。科技再发展下去，是为人服务呢还是人类被彻底绑架？说不好。对了，将来一定要研发出来机器人随吉利汽车配置，还要有无人机。教育也将彻底改变，不是灌输知识，而是唤醒，唤醒人的一切潜能。

李书福心猿意马地思绪飘扬，忽然听到司机大叫一声："慢点！"美人豹的前胎差点蹭到马路牙子上，"董事长，还是我开吧！"

他笑笑，真的是走神了，停下车，换回司机开车。李书福又想到了德国。在国家叙述中，德国严谨刚强，哪怕曾经伤痕累累。法兰克福车展又有"汽车奥运会"的美誉，德国汽车工业关注到了吉利，才会发出邀请。

到了，他下了车，走进德国驻上海总领事馆。

李书福怎么进去，就怎么出来的，他被拒签了。

真是奇闻，吉利受邀赴德国参加法兰克福车展，吉利集团的董事长竟然被拒签了。总领事馆的德国工作人员一丝不苟的表情，板板正正的衣衫，很是认真地把李书福给拒签了。或许德国人还不相信，不相信吉利汽车会受邀去法兰克福参加车展吧！德国人做事一向严谨。严谨，从某种意义上说对发展是不利的，会束缚住前进的脚步。

德国驻上海总领事馆打断了李书福的浪漫，李书福骨子里是一个浪漫的人，还有侠义情结，敬重豪迈的人。还记得2002年的时候，李书福邀请柯受良驾驶吉利汽车，在布达拉宫前来了一次举世瞩目的飞跃。那次受人瞩目的飞跃之后，李书福在北京西藏大厦宴请柯受良，柯受良敬佩李书福，他的酒量很大，李书福舍命相陪，喝掉了两瓶茅台。

"你这一飞飞得好!"李书福的娃娃脸上泛着红晕,说,"吉利汽车,布达拉宫,你再接受采访的时候就不要提我了,不要提李书福!"

柯受良豪爽地说:"要提!分不开呀!李书福就是吉利,吉利就是李书福!"

李书福此时想起了仓央嘉措的诗:"住进布达拉宫,我是雪域最大的王;流浪在拉萨街头,我是世间最美的情郎。"不知道思绪因何漂移的,他多次诚恳地对采访他的记者说:"放牛的我能有今天的日子,已经感激不尽。"他总说如果失败了,愿意回到乡下放牛。或许仓央嘉措的诗印证了李书福的内心:"笑那浮华落尽,月色如洗。笑那悄然而逝,飞花万盏。"

运载中国龙跑车的船,已停靠在美因河畔的法兰克福港,静静等待与它的主人牵手亮相。总领事馆拒签李书福,打断了他浪漫的憧憬。

过了好多天,德国总领事馆经过了解、确认,才知道李书福的情况。李书福再度坐在了签证官面前时,签证官说:"德国欢迎你,李书福先生。"可是,他已经错过了原定飞往法兰克福的航班,不得不从泰国转机。

吉利邀请的很多记者也有几位被拒签的,同是中国记者,奔驰和大众邀请的记者都没经过面签,如数赴德。这说明了什么?说明你不够强大。你若足够强大,牛粪也会被人说成牵牛花。

当身穿唐装的李书福站在中国龙跑车前,他像是吉利汽车的首席车模。有一瞬间他又走神了,忽然想起在中国国家博物馆的收藏仪式上,一块大红绸罩着美人豹,仪式开始前,跑车一旁的模特一副心不在焉的样子。有一个记者朋友看着不舒服，问李书福这些女孩是不是吉利大学的学生？李书福说不是，都是公关公司安排的。那位朋友建议，应该让吉利自己学校的学生来，情感是不一样的。于是，吉利大学后来创建了中国高等教育史上首个"汽车模特"专业，李书福亲自冠名为"吉利天使"。

或许李书福自己才是吉利汽车的"天使"，带着侠骨柔情出现在了法兰克福车展。吉利要展示中华文化的精华，公关部门发给媒体的通稿，将这次亮相定调为"古典与现代之美的碰撞"。

这说的是历史悠久的中华传统文化，与现代的汽车工业碰撞出火花，表达的是一种"学习与挑战"的精神。法兰克福车展汇聚着世界各大汽车品牌最先进的技术，国际车展就是一次擂台比拼。吉利汽车虽然年轻，但有着足够的自信，去与拥有百年历史的西方汽车工业同行在一个层次上切磋交流。对于这些榜样，吉利要做的就是追赶，李书福内心里头想着的是如何超越。

穿着古装戏服的东方姑娘吸引了外国人的眼球，把吉利展区包围得水泄不通。记者们拍下照片，发布在网络、电视台、报刊上面，好不热闹。

可是，李书福心里很清楚，我们国家的汽车工业还没有那么厉害，科学技术离发达国家还有很大距离。需要鼓舞人心，不管多大的差距，吉利的斗志不能灭，这才是吉利人的底气。显而易见，想要被世界认可，吉利汽车还有很长的路要走。

这时，李书福又惦念起了沃尔沃。吉利唯一的"捷径"，是与沃尔沃这样的世界知名品牌联手，不单单是为了做大自己，也是为了做大做强"中国制造"。

这个出发点很高，甚至有些夸张，关键是能否成功。成功了，谁都会说吉利行。气宇轩昂地站在中国龙跑车前，李书福心里清楚，吉利曾经是个"汽车婴儿"，她已经开始长大，远未到可以出嫁的年龄，只在含苞欲放的花季。不知道是美人豹跑车，还是穿着戏服的中国姑娘惊艳了西方，也许都有。他忽然觉得，在现代工业起源的欧洲，吉利汽车可以在市场上惊艳，却无法在受众中表达。

收购沃尔沃，只为重新定义"我是谁"。

站在国际舞台，吉利汽车一定还欠缺什么。要追赶的不仅是西方科技，还有品牌。沃尔沃就是可以被吉利引以为榜样的那个品牌，沃尔沃汽车是安全的代名词，品牌实力雄厚。吉利汽车要做的，还有太多太多。能参加法兰克福车展，李书福并不像媒体报道得那样有多开心，有多欢欣鼓舞，恰恰相反，他发现了与强者的距离。

有一些随行记者也对此心知肚明，在世界舞台上，忽然发现李书福是跟自己和解了。吉利还需要进步的时间，花了两千多万，拿出五款车来到这场汽车行业的盛会，300平方米的吉利汽车展台，LED大屏幕上滚动着"I AM GEELY"的字样，向世界宣告"我是吉利"。浙江京剧团的12名京剧演员上演的京剧经典剧目，尽显来自中国的文化气质。

欧洲人熟知莎士比亚，但却无法搞懂来自中国的京剧。他们可能会琢磨，为什么要拖着腔调那样唱？马鞭一挥，在舞台上转两圈就表示策马扬鞭行百里了。中国腔调伴随着中国锣鼓，等西方人真能理解这一切的时候，这个世界可能才会真的不一样。

李书福想到了在致辞的时候场面应该会很热烈，没想到会有这么多外国记者把吉利展台给围得水泄不通。正所谓画龙点睛，亮相在法兰克福的中国龙，李书福就是那个夺人眼目的龙眼。致辞的时候，李书福没想到会被外国记者包围，不由得有些拘谨，谨记他每句话代表的都是"中国"。

李书福说："吉利来到法兰克福，全世界搞汽车的都知道了，汽车工业在中国的发展将势不可当，一定是继家电、纺织品工业之后成长最好的工业。"到哪儿的山唱哪儿的歌，李书福在这种场合如鱼得水，何况他习惯了直白开场，再由浅入深。李书福发表了动情的演讲，当天，大量德国媒体报道："中国来了！"

德国汽车工业协会主席高茨修克来到吉利展台，直言中国汽车会成为未来的竞争者。2005年，年产570万辆汽车的中国已经成为世界第三大汽车制造国。中国人正在努力成为在国际汽车舞台上的重要角色，眼下只有少数中国汽车开进了欧洲，像是小股部队渗透，与其说是试水，倒不如说是侦察。高茨修克还是看到了紧迫，看到了来自中国的李书福，一个一针见血、从不磨磨唧唧的人。

没有人知道，在法兰克福车展的热闹中，李书福已经放下了法兰克福，把目光对准底特律，一个汇聚了通用、福特、克莱斯勒美国三大汽车帝国总部的城市。要想拿下沃尔沃，必须让世界更了解吉利。他拨通了一个人的手机，那个人就是在上海的赵杰。

赵杰负责吉利汽车的出口。2003年，吉利汽车只出口了450辆，这个数字在2004年翻了10倍，达到4800多辆，创造中国轿车出口第一名。李书福鞭打快牛，将2005年新目标定为7000辆，还要进入北美市场，攻下美国。

上海已是午夜，手机铃声响起，赵杰看了一眼来电显示，赶紧接起电话，张口就说："董事长，法兰克福还好吧？"

"好！人家怎么会不好呢？奔驰好，宝马好，大众好，欧宝好，奥迪好，保时捷好，劳斯莱斯好，迈巴赫好！"李书福将心中的目标和偶像一口气都说了出来，最后说，"吉利一定会更好！"

这是李书福的风格，哪个父母不爱自己的孩子，又有哪个企业家不爱自己的企业呢？赵杰听李书福的口气，不知道李书福在德国受了什么刺激，只是静静地听着，让董事长说完。

"我们不努力不行啊，不努力就没有吉利了！要想把吉利汽车做好，吉利汽车必须跑遍全世界！"李书福又激动起来，大声道，"我们要布局好全球市场，吉利汽车就是要敢往德国卖！往美国卖！哪里发达往哪里卖！明年一定要参加底特律车展，你要赶紧进入美国市场！我相信底特律车展会邀请吉利的！"

李书福判断准确，吉利汽车果然受邀参加2006年1月的底特律车展。在短短半年的时间里，吉利汽车受邀参加世界两大顶级车展，吉利是首家受邀参加北美车展的中国汽车企业。

这次是美国，一个被称为汽车轮子上的国家。李书福很快知道，底特律给不了吉利汽车想要的大展台，只给了90平方米的展位，还是在展馆外的过道上，跟美国的汽车配件商在一起。刘姥姥进大观园还是座上宾呢，李书福不是刘姥姥，美国也不是大观园。最终，吉利只带来了一辆参展汽车——自由舰。

汽车的国际竞技场上，不拿出点真功夫，酒宴上就没有你的酒杯。战场上得不到的东西，在谈判桌上也拿不到。美国人知道李小龙，不知道李书福，吉利只带来了一辆参展汽车自由舰，还真是够匹配的，自由舰来到了"崇尚自由"的美国，不是来搞笑的，而是来敲钟的。

不，是来敲门的。李书福想好了，趁底特律参展的机会，一定要敲一下福特汽车的门。

"底特律"这个名字来自法语，这里曾经是法国的殖民地。19世纪末期，数百万移民从欧洲来到了美国，在底特律安居，一步步奠定了这里的工业基础。先是航运业、造船业，还有机械制造业，然后终于催生出了近代工业的璀璨明珠：汽车工业。

历史上曾在底特律深耕汽车行业的，除了大名鼎鼎的亨利·福特以外，还有创立了道奇汽车的道奇兄弟，克莱斯勒汽车公司的创始人沃尔特·克莱斯勒。正是因为一代代汽车从业者的打拼，底特律成了美国乃至世界的汽车工业之都。

李书福带着吉利自由舰来到底特律参展，别有一番滋味在心头。看着面积十分有限的展位，李书福也该知足了。中国众多的汽车品牌中，只有吉利得到了邀请。从某种层面上说，吉利能够代表中国汽车来到美国，其中的意义好比是一场诺曼底登陆。

李书福昂首挺胸，站在吉利自由舰前。他心里想，哪有什么弯道超车，必须奋起直追！吉利自由舰要想真的自由发展，还是要靠汽车工业的未来科技。一大堆记者挤到他面前，美国的摄影师扛着机器，嘴里嚼着口香糖调整着镜头，想着要如何在画面中记录下这个中国企业家和他背后的汽车。

差点要做摄影家的李书福，看不到这些外国摄影师是如何处理镜头画面的。他的思绪在跳跃，像一条小船，在风浪中颠簸。大不列颠，有一天他会去英国"颠一颠"，还有法国，英法两国的汽车工业独树一帜，在他心中有特别的位置。

李书福明明站在这里了，又好像没在这里。这里不是李家大队的鱼塘，不是吉利汽车起步的临海，不是生产美日汽车的宁波，不是热烈了一番的法兰克福。这里是美国，是底特律。

那时，沃尔沃这个品牌还在福特汽车的怀抱。2006年9月，艾伦·穆拉利离开波音公司，到福特做总裁兼首席执行官，喊出"一个福特"的口号。如何敲开福特的门？李书福想起穆拉利在波音的时候，派律师阻止吉利使用带"波音"字样的公司名称。

没有想到，吉利与波音曾在历史上相遇，又将和穆拉利统领下的福特产生躲不过的交集。吉利要动一动福特的奶酪，后来，美国发生了次贷危机，2008年爆发了金融危机，如果穆拉利不坚持"一个福特"的战略，美国政府不紧急输血，福特很可能真就破产了。

媒体见面会结束，李书福离开展台，自己一个人去了福特展台。到底特律参展，他的一个目的就是让福特知道吉利。不能不说，发散性思维的李书福，心思异常缜密，人们常常以为从他口中听到的是一些不着边际的话，后来才大吃一惊地发现，原来李书福有一条自己的逻辑线。经过了法兰克福，又到底特律，汽车世界开始知道了李书福和吉利汽车。不管是国内还是国外，人们开始从新闻照片上看到李书福那"骄傲"的神情。

很多人无法理解，李书福为什么会有那样的表情？也许是这个从造汽车开始的受气包，心里憋屈得太久了。骄傲也罢，谦卑也罢，世界上有各式各样的汽车，更有开汽车的各式各样的人。有的霸气，有的实在，有的豪横，有的简朴。不知道从哪天开始，汽车不再是交通工具，而是成为一种时尚。吉利在每年车展上都会推出一款设计上天马行空的概念车，骨子里都透着一股夸张的时尚感。

吉利的成长依托的是中国经济的蓬勃发展。不能不说，其间一个重要的拐点是2007年5月的《宁波宣言》，向外界告知舍弃"老三样"的豪情、美日、优利欧三款低端车型，转变品牌战略。吉利的真正崛起，就是后来成功收购了沃尔沃。

这中间的变化，除了在人才方面有所体现，还有就是吉利汽车越来越时尚了。说起"时尚"，要提一下性格和李书福一样桀骜不驯的安娜·温图尔。这个时尚界的"女魔头"，让世界顶尖时尚杂志 Vogue 的封面女郎穿上廉价的牛仔裤，配上天价的夹克衫。这种搭配可是大忌，她遭到了同僚全体反对，可是没人能挡得住安娜·温图尔，结果，那款牛仔裤卖到了脱销。安娜·温图尔一个电话就能让米兰时装周推迟举办，只因为她想抽空回趟家。她坐在英国女王伊丽莎白二世旁边时，戴着墨镜，这可是对皇家的大不敬，可是女王并不介意，因为安娜·温图尔如果不戴墨镜，一个皱眉的表情被媒体记者拍到，对一个品牌就是灭顶之灾。安娜·温图尔还是电影《穿普拉达的女王》的原型人物，她15岁开始打拼，一路跌跌撞撞，终于成为时尚界最有影响力的"女魔头"。

时尚总是在变化的，轿车也在变，虽然结构还是四个轮子加两排沙发，外面罩着一个壳子，其权威定义已经和从前大相径庭。此后的李书福，交给了世界一份"火星撞地球"般不可思议的清单：把沃尔沃揽入怀中，成为奔驰母公司——戴姆勒股份公司的最大股东，收购增持顶级豪车品牌阿斯顿·马丁到17%的股份……以前，没人相信十几岁的安娜·温图尔能成为时尚界的女王，也不会有人相信十几岁骑自行车带人挣钱的李书福能成为汽车王国的挑战者。

这次底特律之行，李书福最想遇见的人是穆拉利。他来到沃尔沃展位前，心绪有些波动，看着眼前这辆承载着数不清的专利的沃尔沃汽车，他要的可不是一个品牌的空壳，也绝不是"沃尔沃汽车"这个名词，他要的是沃尔沃汽车所代表的核心技术。

吉利汽车再不升级是不行的，可是汽车升级哪有那么简单。驻步在沃尔沃汽车前，他的脑海里浮现出来一个梦幻的世界，迟迟不愿离开，像是面对着梦中情人，充满渴望。

手机振动了一下，他拿起来看，刘金良发来的短信，问他在哪儿。李书福还能在哪儿，心在哪儿，脚就在哪儿。如果没在，也是在去往心之所向的路上。写下《人间喜剧》的巴尔扎克曾说过一句著名的话："我不在咖啡馆，就在去咖啡馆的路上。"李书福的心里有太多的"咖啡馆"，心之所向，他每一步都迈向让很多人迷惑的"咖啡馆"。

回到吉利汽车展区，李书福远远看见一个人在接受众多记者的采访。一个身穿牛仔裤的美国人，面对摄像机手舞足蹈地说着什么，李书福不认识这个人，莫非公关部门在当地请来一个美国人介绍自由舰？不懂汽车，评价吉利汽车的人也是有的，就像不懂爱情却结婚的人比比皆是。

李书福从那人口中听到了"奇瑞"二字，感到莫名其妙，正好刘金良过来了，李书福不悦地说："我们搞自己的，不要讲别人！别把国内不好的风气带到外国来！"

刘金良无可奈何地解释，语气中带着一些怒气，说："董事长，全世界都知道底特律只邀请了吉利参展！奇瑞没来，他们在美国的经销商来了，居然跑到我们的展台前搞采访，这个美国人是搞怪还是搞笑？"李书福知道了并没有生气，奇瑞也是中国自主品牌，理应抱团取暖，他问刘金良，"你找我什么事？"

"北美车展组委会主席理查德·根特想要见您。"刘金良说，他的脸上总是挂着微笑。吉利汽车来到底特律，对销售会有很大的提振作用，就看公关部门怎样发挥了，销售和公关必须时刻协调一致，实际上也是最难协调的，毕竟看待事物的角度不同，用力自然会不相同。

"还有，董事长，组委会准备给您和吉利汽车颁发银钻奖。"刘金良说，"公关上，我们也需要在底特律车展获奖。"

"我不去了，"李书福说，"你去就行了！"

在底特律这个寒冷的冬季，李书福一定要解开汽车的密码。任何工作，只要越深入，就越会发现其中的不简单。伴随着科技的发展，就像汽车上越用越多的芯片一样，汽车的内涵也越来越丰富。从法兰克福到底特律，关于吉利汽车的报道铺天盖地，电视台、广播电台、报刊，还有互联网，都可见对吉利汽车的讨论。媒体有心了，也用心了。李书福还心知肚明的是，很多记者内心的想法，其实和写出来的报道并不一致，吉利汽车还没有报道中说的那样出彩。那是大家心中一种对"中国制造"的集体的爱，媒体朋友们在世界汽车工业的繁花中，尽最大的努力描绘吉利这棵动人的小草，背后是一种期待，更是一种祝福。

第二年的元月，李书福又来到底特律，这回没有吉利汽车参展，也没有记者随行,他自己来的,像是万里走单骑,一心要敲开福特的门。

李书福看到了福特总部大楼上的"Ford"标志,是创办人亨利·福特常用的签名字体。"Ford"的汉语译名也有个"福"字,冥冥之中,或许也带着一些说不清的缘分。好不奇怪,李书福说出"造老百姓买得起的好车"时未曾留意到,福特起家的战略也是"制造人人都买得起的汽车"。

福特制造的 T 型车在 20 世纪初居然卖出了 1500 多万辆,那是福特历史上最经典的车型之一,在好莱坞的老电影中,几乎成了小轿车的标准形象。这次,李书福见到了福特汽车首席财务官勒克莱尔。

勒克莱尔记得,吉利汽车是中国第一个来底特律参展的汽车企业,很多媒体将李书福到底特律视为"兵临城下"的宣战。《今日美国》《底特律自由报》《底特律新闻》等好多媒体异口同声地称,成本低廉的吉利将成为通用、福特和克莱斯勒的新对手。

起初,勒克莱尔没明白李书福的心思,明白这个中国人的来意后,非常明确地说:"先生,对不起,沃尔沃不卖!"

李书福并没有灰心,他一直是越挫越勇。彼时的福特汽车,根本不知道李书福的想法和实力。美国人知道汤姆,马克·吐温的《汤姆·索亚历险记》里的那个"乖孩子",汤姆天真烂漫,敢于探险,追求自由。某种程度上,这正是李书福的特质。

从底特律回来,在很长一段时间里,李书福像是变了个人,变得沉默寡言。吉利汽车在很短的时间里两次参加国际车展,应该高兴才是,可人们却看不到他的笑容。李书福要变形,吉利要变形,他不会再捅马蜂窝了，他就是马蜂窝。

都以为李书福总是在"发现"，实际上，藏在他心里的是"鉴别"。鉴别背后暗含着睿智，学习的目的不是获得知识，而是创造新知识。

李书福又回到了开始造汽车时的样子，亲自督战远景、金刚、自由舰等车型的改进工程，还有吉利方程式赛车的研发制造，打算在2006年北京车展上大放异彩。

中国国际展览中心新馆没有如期完成，北京车展延期到11月举行，正好给了吉利时间。变化还是来得太快，出乎所有人意料，刘金良接到了一个坏消息，他来到董事长办公室，脸上不再有习惯的笑容，说："董事长，组委会刚刚确定，没有我们的展位了！说可以在场馆外搭个展厅，跟汽车配件参展商在一起，也可以放到户外的货车那边！"

吉利刚刚创造了两次参加国际车展的辉煌，墙里开花墙外香，吉利难道不应该是王者归来？不，有人要给吉利点颜色看看。在有些人眼里，吉利汽车受邀，不过是在宣传上多了一行文字，并不意味着真正的实力，就像有些人在名片上写满荣誉的经历，或者在百度百科上把自己的简介快要编成墓志铭了。

李书福宠辱不惊，淡淡地说："换个地方，今年的北京车展，我们放到吉利大学去！"

铁皮鼓

　　1999年5月8日，以美国为首的北约轰炸中国驻南联盟大使馆，激起民愤，李书福也是慷慨激昂中的一个，寻到了投资办学的灵魂，更有了办学的鸿鹄之志。他深感教育是国家发展强大的根本，正好北京希望在民办教育上有所建树，欢迎吉利控股集团在沙河大学城创办北京吉利大学。

　　李书福信心满满，教育需要情怀，他最不缺的就是情怀，要在北京树立起吉利教育的旗帜，可是他并未相中沙河大学城，要自己寻一块宝地。安聪慧开着吉利豪情，拉着董事长沿八达岭高速公路北上，来到马池口镇，再向西不远，就看到一片既不能种粮食也不能种菜的乱石滩。

　　李书福为吉利寻地从未走过眼，到哪里落脚哪里就成了福地。那时北京还没有六环路，变废为宝是流淌在李书福血液里的本领，他下了车，四下张望，问：“这是哪儿？叫什么？”

　　"北小营村，属于马池口镇。"安聪慧手里拿着一份北京交通地图，看着远处有块不起眼的牌子，上面写着"北小营"。一个简易的足球场和一栋破旧的小楼，显得有些狼藉。坑坑洼洼的路口处有一家水泥厂，大车驶过，搅得尘土飞扬。

"就这地方！"李书福一眼相中了这里，踩着乱石大步往前走，看见了一片广阔的水域，说，"这是沙河吧？有水则好，又在大学城的上游！"

浙江人喜水，这里又在天寿山脚下，北京吉利大学建在山水之间，这里怎不是一块福地？"董事长，这不是沙河，是泄洪渠。"安聪慧说，"夏天遇上特大暴雨，十三陵水库涨水，顺着山势流过来，这里是泄洪用的。"

"泄洪泄到哪儿？"李书福问，"不是也流向沙河吗？"

"没错，肯定是流向沙河，再汇入温榆河。"安聪慧做过功课了，说，"温榆河是北京最重要的河，而且是举世闻名的京杭大运河的源头！"

"北京吉利大学还连上运河到杭州了？好！好！好！"李书福越说越兴奋，"就租这块地，租20年！把足球学校的这块地买下来，有地就有根了！你带人来这里筹建吉利大学！泄洪渠的水聚集在这里成一片湖，就叫吉利湖！吉利湖中间要建一座桥，就叫劝学桥！劝学桥把学校分成东西两片，先开发东校区，再开发西校区！"

"太好了！"安聪慧喜悦地说，"董事长放心吧！您看上了这地方，那就干！我带人马上来！"

"还要建一座图书馆，大学没有图书馆可不行！"李书福说，"不建那种呆板的图书馆，北京吉利大学的图书馆要成为这里的地标性建筑！"

李书福绘制的这幅蓝图，比吉利汽车临海制造基地要宏伟得多。回到宁波，安聪慧看到了北京吉利大学图书馆的效果图时，好像看到了美国的国会山，最显著的是那个白色穹顶，就跟当年看到吉利豪情的效果图一样让人心潮澎湃。

安聪慧又像当年建临海基地一样，在乱石滩上搭起工棚开干。由于工作调动，他没有等到后来才建的图书馆，赴任了吉利控股集团总裁。李书福调来罗晓明接替安聪慧，1999年，吉利大学开工建造，以劝学桥为界，吉利大学东区的一大片楼宇拔地而起，2000年9月1日就招生开学了。2014年从专科升格为本科，北京吉利大学改名北京吉利学院，2020年，北京吉利学院从北京迁至成都，更名为吉利学院。

李书福的教育情怀超乎常人，独辟蹊径，这所位于北小营村占地1000多亩的大学在北京办了20年，先租后买，把荒地变为教育用地。李书福一如既往地展现了独到的眼光，大学在北京20年波澜起伏、波澜壮阔、波澜不惊，如果写成书就是另外一个故事了。

2006年的北京车展没有吉利汽车的位置，组委会同意在北京吉利大学设立分会场，李书福投资了两千多万，在校东门专为吉利汽车建了展厅。这一年全国汽车市场的整体表现都不好，他预感到寒流就要袭来，心情变得十分沉重，各种声音此起彼伏。

要是以往，李书福听到身边的消极信息，一定会发火的。这时候的李书福开始学会克制了，尽管有时仍然忍不住。9月的一天早晨，他搭乘早班飞机来到北京，直奔北京吉利大学，出席开学典礼。

这一年的招生情况很好，新生报到过万人。执行校长罗晓明高兴得不行，被李书福大为夸赞了一番。李书福认可罗晓明在北京吉利大学创办初期做出的贡献，罗晓明跟着董事长从台州开始打拼，在吉利汽车越发引人注目的背景下，吉利大学也是办得风生水起。

李书福每年都要出席北京吉利大学的开学典礼。开学典礼在风雨操场举行。"风雨操场"，一个有些奇怪的名字，要说也真邪门了，每年春秋两季举行运动会，一到开幕式的这天准下雨，而且还经常风雨交加。要知道，运动会的举办日期可是在每学期开始前就定下来的。

这一天的天气分外好，阳光明媚，秋高气爽。李书福到了学校，罗晓明向董事长汇报，今年的开学典礼要搞得非常隆重，校办害怕开学典礼下雨，查了近20年的北京气象，挑选了9月开学后的第二周举行，这一天下雨的概率是千分之一。

李书福笑笑，很满意。罗晓明说："北京每年进入初秋都爱刮风的，今天就没什么风！站在检阅车上不会被风吹乱了头发，可以在一万多新生前保持好形象！"

"什么？"李书福没听懂，问，"检阅车？什么检阅车？"

"是这个样子的，在我宣布典礼开始的时候，你马上走下主席台！"罗晓明兴高采烈地说，"不是从前面的侧台下，你从后面走，从风雨操场的楼里出去，外面停着一辆车，专门租到的一辆敞篷检阅车，你站在敞篷车上，开进体育场，绕场一周！"

李书福的眼睛向上瞟了一下，脑子绕着。

"董事长要向新生挥手致意，喊一句'同学们好'！在经过两千多专职教师方阵的时候，你要说'老师们辛苦啦'！这时候会放鸽子，"罗晓明越发兴奋地说，"学校从信鸽协会租来了几千只和平鸽，哗啦一下子飞起来！"

李书福的眉毛飞起来了，他一下子给逗笑了，大声说："晓明，你搞什么呀？我站在检阅车上？向同学们挥手说同学们好？到老师方阵前说老师们辛苦了？"

"敞篷车上有无线麦克风，你不用担心使劲喊！"罗晓明误解了董事长的意思，道，"书福董事长，吉利汽车不一定能做百年，吉利大学一定会是百年！要把北京吉利大学用20年做到世界20强！"

"我可没说过这话！"李书福吸了一口凉气，说，"晓明，检阅车我是不会上的，要上你上！"

"书福啊，这可不行！你必须上，同学们都想见你呢！"罗晓明有些着急，说，"我们光彩排就做了好几次！你检阅完回到主席台上，再检阅入场式，走在新生队伍前面入场的是吉利汽车，每辆吉利车上都站着一个你给命名的'吉利天使'！"

"晓明，你是执行校长，要上你就站在检阅车上挥手吧！"李书福知道罗晓明是好意，却把头摇得跟个拨浪鼓似的，大声说，"我可不会站在检阅车上挥手，绝对不行！"

他不接受这种安排，这时候的李书福已经有些成熟了。

不仅变得成熟了，而且越来越睿智，完全是被这个世界给逼着成长的，李书福对于教育有一种发自内心的敬重。生在20世纪60年代的他，有一个记忆印象深刻，当时有人嘲笑知识分子分不清麦苗和青草，李书福认为识别麦苗和青草是农民的强项，不应该是知识分子的担当，知识分子的作用在别处。

随着时代变迁，大学的定位也成了人们讨论的焦点。现在，3000块钱月薪招不来农民工，却能招来大学生。学历贬值了，能力必须升值。事实就是这样残酷，浑浑噩噩地上大学是不可取的，李书福想要摸索出一套吉利的人才教育体系，既不是公办大学的培养方式，也不是社会上那种立竿见影的培训班。

吉利的重心在汽车，汽车也是为人服务的。人有三种：做事的人，说事的人，混事的人。做事的人劳心、劳神、劳命；说事的人虚伪、轻薄、寡义；混事的人无德、无耻、无胆。大学首先要决定培养什么样的人，走进学校是为了更好地走向社会，这是李书福办教育的信仰，而且尤为重要的一点，就是首先要培养出合格公民。

这是李书福办教育的境界。他把自己作词的北京吉利大学校歌也改了，去掉了原来的"我们也许成功，我们也许失败"这句，成功与失败，这是学校的事儿，无论这句歌词多么真诚，也只能留给自己，李书福不想让吉利学子每天早晨听着"我们也许成功，我们也许失败"的歌词走进课堂。

变，也是李书福的常态，他跟上了发展。

图书馆、劝学桥、吉利湖，北京吉利大学的三大引人瞩目的景观，美。这个夏天，曾有一只黑天鹅飞来，落在吉利湖上，李书福闻知后别提多高兴了，他正觉得一只天鹅太孤单了，罗晓明买了一只白天鹅放进了吉利湖。黑天鹅，白天鹅，别人看到的只是两只天鹅，李书福看到的是别的，黑与白，不是对立，而是一种和谐。

"存在即合理"，黑格尔说的。李书福不认同，他总是愤愤不平，放眼中国汽车合资企业，我们从未拿到核心技术。刚刚应邀参加两大国际车展的吉利汽车被边缘化了。李书福站在劝学桥上，等待中央电视台按约定来采访，月光洒满了静谧的吉利湖，图书馆气势恢宏。教育是吉利的第二主战场，央视记者怎么也没想到，这次采访李书福，要跑到昌平的北京吉利大学来。

看着夜幕下的美丽校园，李书福有些动情了。想要专科升为本科，需要巨资投入，他心里惦记的不是钱的问题，如果说创业之初李书福是为了挣钱，做一个有钱人，这时候的他早已经不是了。

李书福又思绪飞扬了，好想在自己的大学里做一个老师。

中央电视台的记者还没到。一列踏着轮滑的学生带着风，从劝学桥上飞驰而过，一对男女学生结伴走来，在劝学桥停下。

"我妈不让我谈恋爱，怕毕业了不跟我回家，我要回家，回山西，我是长治的。"学妹长得靓丽，人也内秀，她看着吉利湖幽幽地说，"我爸说，山西点亮了全国一半的灯，烧热了整个华北的炕，为江南的璀璨点亮了繁华。我要回长治，可是等毕业的时候，也不知道你在哪儿呢！"

"你学模特没前途！"学长推心置腹地说，"再说汽车模特专业算个什么专业呀？不务正业！听我的，你转到我们学院来吧！汽车学院女生少，你来了我们学院就是女王！"

看来这个汽车学院的男生，钟情于汽车模特专业的女生。为了不打扰到二人，李书福躲开了一些。还好，男生女生都没认出来站在一旁的是北京吉利大学董事会的董事长。这时候，中央电视台的记者来了，摄像师架好机位，记者伸出话筒开始采访。男生女生一溜烟跑了，男生吐舌头，女生紧闭着嘴。

李书福接受采访变得谨慎了许多，他沉着地回答记者提问，不认为经济型轿车市场下滑的原因在于消费端的变化，而是吉利自身出了问题。"发现问题是好事，解决问题是大事，回避问题是蠢事，没有问题是坏事。"李书福重提"问题四问"，也是好让自己重温。

关于汽车，李书福说得太多了。身处校园，他想起全世界的大学是1∶99，就是说，世界上1％是研究型大学，99％是应用型大学。中国的很多大学都认为自己是研究型大学，不愿被说成是应用型大学，所以出现了"应用研究型大学"这种奇妙的说法。李书福愿意倾听，他是很民主的，善于听取吉利教育所有校长的建议和意见。

有人说，公办大学不努力，照样可以活得很好；民办大学不努力，会被舆论压变形。所以，收起锋芒，练好内功是关键。吉利大学与吉利汽车一样，必须改变，升级换代，别无选择，李书福知道这是一条漫长的路。中国教育的变化不可能也不应该由李书福来完成，他只是一个实践者，而且擅长实践。民办大学绝非公办大学的补充，但在客观上，民办大学还是难以完全被学生、家长和社会接受。

"教育情怀"是李书福心中最柔软的地方，吉利教育是从服务吉利出发的，想要走得更远，其成果必须回馈社会。李书福钟情于教育，像一个笨拙的雕塑家，站在自己的作品前面喋喋不休、口若悬河、激情四射地解释自己的作品。有人听懂了，有人似懂非懂。李书福的想法有时候像翱翔天空的鹰，有时候像潜入水中的鱼，知道其存在，却无法触碰。

人生的路有时崎岖，有时奇妙，有时兴奋，有时消沉，关键是你有什么、要什么、能放弃什么。对，要告诉莘莘学子这些，他想要在吉利大学上一堂示范课，给同学们讲讲他的感悟。

这天晚上，李书福哪儿都没去，就住在了学校里，他好久都没有睡得这样香甜。

北京吉利大学的早晨格外美丽，伴随着校歌《我要自由飞翔》，在学生会的组织下，五六百学生涌入国际报告厅。报告厅只有400个座椅，过道和阶梯上都坐满了学生，观摩李书福董事长第一次上公开示范课。

讲台上摆好了21把椅子，中间一把椅子，左右各10把椅子分列两旁。一个沉稳持重的学长，跟大家坐在主席台下面第一排座椅前的过道上，他看着主席台，对身旁的学生说："台上21个座椅，正好代表21世纪。"

李书福走进国际报告厅，全场起立，掌声雷鸣，还有学生发出了欢呼。国际报告厅要被掀翻，再没有比见到董事长更激动的了。李书福换上了参加"两会"时才穿的西装，格外重视，也是对大学课堂的敬畏。三尺讲台育桃李，他向激情澎湃的同学们挥着手，国际报告厅就是静不下来。

李书福微笑着，心情澎湃，他不是来做报告的，而是要上一堂他心目中的示范课。

"同学们，现在开始上课。大学课堂要以问题为导向，以解决问题为目标，每堂课的知识点要明确。我认为，课堂不是要让学生们记住了什么，而是发现了什么。"李书福郑重地开场，停了一下，报告厅里静了下来，"我习惯了讲发展，社会不发展人类就不能进步。一堂课下来，思维要发散，然后在实践中集合。同学们要建立批判性思维，不是为了批判而批判，批判的目的是建立！我这样讲可以吗？"

当然可以，没有什么不可以，国际报告厅里掌声雷动。

"同学们，答案不重要，问题才重要！"李书福大声说，"首先要知道问题，在课堂上，要学会提出问题和寻找问题的核心，讨论问题的目的,可以是理论的、观念的、实践的,才是这堂课的重点。一堂课的教学目的,我认为是要让同学们受到了何种启发,我这样讲,不知道同学们听懂了没有?"

又是一阵热烈的掌声。李书福把目光投向挤得满满的国际报告厅,语重心长地说:"同学们,如果你们毕业后想进入汽车产业,不管来不来吉利,我都对你们有一个希望,那就是大家要能够深入地了解汽车,懂得'中国制造'的意义。我不能展开来讲,先讲一点,同学们如果想要了解汽车,就要和吉利人一样,要了解一汽,还有丰田的历史,包括比亚迪和奇瑞,看他们如何发挥自身优势,学习那种不屈不挠的精神,从而懂得尊重。还要研究福特,研究奔驰,研究沃尔沃,研究法国的雪铁龙、意大利的菲亚特,从而去懂得敬畏。这条路很长,而且很艰辛,集团敞开大门,欢迎同学们毕业了来吉利,一起成长!"

掌声震耳欲聋,国际报告厅沸腾了!每个人都想要获得展翅飞翔的机会。冰心曾经说过:"成功的花,人们只惊慕她现时的明艳!然而当初她的芽儿,浸透了奋斗的泪泉,洒遍了牺牲的血雨。"

李书福为学生们精心、用心、耐心、热心地上了一堂"问题导向"的示范课,这堂具有里程碑意义的公开示范课,足以载入北京吉利大学的史册,准确地说,是载入吉利人才教育的史册。

李书福心目中的大学课堂,就是"以问题为导向,以解决问题为目的"。不同于公办教育,民办大学必须办出自己的特色,吉利教育要顺应国家就业战略,满足社会人才需求,走出一条"学历是基础,能力是金牌"的育人之路。推动产教融合,提高学生的职业能力,为新时代下的社会发展注入动能。知识固然重要,能力才是核心，这才是应用型大学的根本。在社会的快速迭代和发展的背景下，知识是无限的，如果说研究型大学是"探索未知"，应用型大学就是"实践已知"。

吉利办学不是为了培养科学家或哲学家，也不是单纯的职业教育。真经一句话，假传万卷书。大学教会了知识，在这个信息爆炸的时代，多少所谓的"知识"下课铃还没响就过时了。多少光阴蹉跎在碎片化的阅读里，这堂90分钟的示范课，李书福一改往日的桀骜作风，变得谦虚和蔼，不是他走进了课堂，而是同学们走近了李书福。同学们看到了奋斗的意义——终将闪烁出青春的底色。

示范课结束后，一位同学意犹未尽地追问道："董事长，吉利汽车什么时候可以脱掉低端汽车的帽子？一顶帽子戴太久了，也该换一换了！"

他就是说出"代表21世纪"的那位学长，名叫刘永胜。

李书福停下，饶有兴趣地看着这名学生，反问道："帽子戴久了，就一定要换顶新的吗？"

"我想跟董事长说，吉利汽车要升级，吉利大学也该换代了！"刘永胜是一个沉稳的人，说话不快不慢，不知道自己的话会让李书福感到扎心，"董事长，吉利大学需要一个好校长！"

好校长，都想要，差点一石激起千层浪，李书福回应道："同学，大学都需要一个好校长。"看到一些学生拥了过来，他诚恳地说，"民办大学的发展是有阶段性的，每个时期的校长，都有不同阶段的担当和使命。"

李书福这时候还不认识刘永胜。前一年，刘永胜从北京吉利大学的英语专业毕业后，加入了吉利汽车销售公司。他曾担任吉利大学学生会副主席,是一个善动脑筋的人,从学校到企业,刘永胜发现了许多问题,借此次参加车展的机会回到母校,幸运地赶上了董事长的示范课。

刘永胜得到了表达的机会,收获了成长的机遇。后来,这位吉利学子成了吉利汽车销售公司的党委副书记、工会主席。

李书福被刘永胜的问题触动了。他总是需要人才,北京吉利大学初创的这6年,吉利大学的配置在全国民办大学中可以说是顶配,从荣誉校长到副校长,从教务长到10余个二级学院的院长,都是响当当的人物。

这一天,没有记者来到国际报告厅,媒体的焦点都在吉利汽车展厅。展厅里,汽车模特专业的学生表演大型情景剧《天使恋》。两年后的2008年8月8日,200名被冠以"吉利天使"的女生走进鸟巢,成为北京奥运会开幕式引导员和誉满世界的白衣妹妹。2008年3月21日,中国农业大学原校长江树人出任北京吉利大学校长,为学校带来了"以教学为核心"的根本性变化,吉利大学焕然一新。

民办大学不是公办大学的补充,要走高端职业教育之路,李书福又超前了,他在北京吉利大学讲,在三亚学院讲,到处讲,求变,国家发展战略的教育顶层设计一定会变。2014年4月,教育部批准北京吉利大学升为本科院校,北京吉利大学更名为北京吉利学院。2020年,北京吉利学院搬离北京,落户成都,名字中也没有了"北京"二字,就叫吉利学院。

歌声弥漫在校园,风听见了,弯弯的月亮也听见了。春天,鸟儿从吉利大学图书馆的白色穹顶飞过,飞过劝学桥,飞过吉利湖,在洋溢着青春的校园里翱翔。无论晨阳还是夕阳，刮风还是下雨，冬天有冬天的景致，夏天有夏天的浪漫。

北京吉利大学图书馆，被评为"全国最美的十座大学图书馆"之一，李书福许过的愿，都实现了。北京的吉利大学，先租后买，把荒地变更成教育用地。李书福就是这样神奇，一如既往地神操作，响应西部大开发，把吉利学院落户成都，跟北京大学建立起深度合作。

李书福有一个愿望没实现，他本来要把"悉尼歌剧院"搬到吉利大学，就建在吉利湖旁边。他被否定了，中国民办教育协会会长陶西平给否的，说吉利大学的图书馆确实好，就是那个大圆顶子太像美国国会大厦了，就别再乱花钱了。

李书福才不会乱花钱呢，对教育投的每分钱都是用心的，不把"悉尼歌剧院"搬到吉利大学了，拿出来5000万捐给了中国教育发展基金会，帮助贫困生上大学。吉利牵手北大教育合作，2020年在新冠疫情中北大来了，先用大吊车把图书馆像美国国会山的大圆顶给拆了。

大学是奇妙的。教育的目的本不是为了就业，是传承，是发现，是创造。

有一种幸福叫忘记，有一种痛苦叫甜蜜。男欢女爱不一定都叫爱情，有一种爱叫隐情。李书福对沃尔沃的爱，就是隐情。

这个冬天有点冷，吉利汽车开始"冬泳"。吉利的体魄开始强壮，发动机、自动变速器、电动助力转向系统、爆胎监测与安全控制系统等一项项核心技术突飞猛进。轿车、跑车、赛车、越野车、多用途汽车等车型组成的阵容也逐渐齐备。

　　微笑、眼泪，一步一段往事，多少故事在雨里，在风中。忘掉没有得到的，人生就是一次次的失去，失去是成长。如果拿下沃尔沃，李书福想好了，哪儿都不去，就把沃尔沃总部设在北京。

　　还是沃尔沃。

变形记

按照鲁迅的语感，李书福大抵是把汽车给造出来了，有四个轱辘，前面有两个轱辘，后面也有两个轱辘。每个轱辘都是圆的，在路上摩擦，摩擦才能行走，不摩擦的行走叫飘。车上坐着赶路人，别无选择，终是被命运选择了。驶进嘈杂，看尽繁华，路上越发热闹起来，日子也就热闹了，大抵都活在热闹中。风从前面的窗口刮进来，风也从后面的窗口刮进来，春风驱赶走残冬，暖暖的春风让人醉，就是醉在春天里了。

李书福怎么也想不到，两大国际车展之后本该掀起"吉利汽车"的辉煌，结果却是寂寞。2006年迎来了高盛入股吉利汽车，股票一路上扬，从每股0.35元冲向1元，持续在高点震荡。不成功的北京车展后，李书福冲向伦敦收购英国锰铜集团，股价一度冲破每股1.5港元，创上市以来的新高。到2008年底，股价又跌得惨不忍睹，从每股1.46元狂跌到0.15元。

美国次贷危机，吉利伤痕累累。

媒体上充斥着吉利的负面消息，冷酷的危机像冬日的雪悄然落下。这一年全国的汽车销售并不差，业绩差的是吉利。经过几年的发展，吉利有些问题潜伏已久。

李书福知道吉利存在问题，他不可能事无巨细地掌控全部，这是大企业不可避免的通病。比如北京吉利大学从专科升为本科，2010年启动，直到2014年才获得批准，其中的原因谁也说不好。从某种意义上来说，李书福对这些事不是不了解，是太了解了，他对人性认识很深刻。

李书福自己把自己惹着也是常有的。吉利很多高管都记得，金刚上市一周年的纪念活动，是在李书福的故乡路桥举行的。从2006年下半年开始，吉利不能不说士气有些低落，李书福怒形于色，晚上在路桥召集高管开会，严厉批评了弥漫的悲观情绪，以及对市场销售失望的论调。他不能容忍互相抱怨。

那天，他举着手里的几张报纸，发火了。其中一张报纸的黑字标题格外刺眼，《吉利沉默：是爆发还是灭亡？》，吉利汽车的销量滑落到了第10位，奇瑞冲到了第1位。2003年，比亚迪收购了秦川汽车，2006年研发出搭载磷酸铁锂电池的F3e电动汽车，没有推向市场。

李书福时刻都有危机意识，他自己写了一个新闻通稿，向社会传达吉利变革的决心，奋笔疾书，写满了两页纸的正反面，这就是标志着吉利汽车转折点的《宁波宣言》。吉利召集全国吉利汽车的经销商，联合发布这一宣言，决定战略转型。《宁波宣言》对吉利的发展影响深远。

从造车第一天起，李书福就在战斗，现在要率领吉利逆势上扬，借助国家的东风，奋力翱翔天空。发布《宁波宣言》的同时，吉利宣布与同济大学联合创办吉利－同济汽车工程研究院，并推出吉利远景，想从市场扳回一局。2007年5月18日，吉利远景全球上市，吉利汽车正式宣布进入战略转型期。

与此同时，李书福出手收购英国锰铜集团的股份，吹响了吉利走向国际化的号角。英国锰铜诞生于1899年，生产闻名遐迩的黑色出租车，像是流动伦敦的古典音符，成为英国文化的象征，在英国的电影中，总能看到它的身影。

李书福看上了英国的百年出租车，欣赏英国出租车一整套的服务理念和体系。北京奥运会期间，锰铜旗下的伦敦黑色出租车，变身吉利的上海英伦，为残奥会运动员服务。残疾运动员上车时，车身后面宽大的门可以敞开，下面伸出来一个上车板，方便坐轮椅的人上车。

在金融危机席卷全球之前，吉利2007年就做好了准备，清除多余库存，保护了300多家经销商的利益。在全球经济的寒冬中，李书福明确宣布，要从一直以来的"低价战略"，向"技术先进、品质可靠、服务满意、全面领先"的目标转型。

可是，没人相信吉利并购沃尔沃的梦想能够实现。2007年，李书福悄悄成立了并购沃尔沃的项目组，对内称为"V项目组"，组织了一批专家来到上海，日日夜夜对沃尔沃展开研究，制定战略，并规划出时间表。

一切都是秘密进行的。2007年12月3日，李书福邀请全球著名咨询公司董事局主席米尔顿·科特勒访问吉利，科特勒带来了国际顶级咨询团队。听到吉利汽车2015年要实现年产200万辆的目标，其中2/3用于出口时，米尔顿·科特勒不免有些吃惊，当年吉利汽车的产销量是219512辆，这意味着吉利计划用6年时间将这个数字提升10倍。

科特勒愿意相信李书福，帮助吉利搭桥。2008年元月，李书福带着V项目组对接福特的小分队，意气风发地来到福特总部大楼，这是双方第一次正式接触。

吉利一行人没见到福特总裁兼CEO穆拉利，是福特财务总监、董事会办公室主任、研究院院长和采购总监出面接待，听到吉利在2007年卖了22万辆汽车的时候，福特人礼貌地表示了赞赏。随着谈话的深入，福特汽车公司的人感到有些茫然，才知道面前的这个中国人不是进行一次礼节性的拜访，李书福是动真格的，对沃尔沃汽车的许多数据十分了解，拿出了"中国功夫"。

即便在次贷危机席卷全球的背景下，福特汽车在2007年卖了650万辆，吉利离福特的零头还差一倍多，这不是蛇吞象，而是痴情的蚂蚁爱上大象。福特方面直言，福特一年销售额就是150亿美元，根本没把吉利放在眼里。

李书福就像《麦田里的守望者》那个叫霍尔顿的迷失少年，福特尊重李书福天真的守望，不想知道李书福的心声。这让李书福亲身感受到，想要娶回"欧洲公主"简直是天方夜谭。但他丝毫没有灰心，而是加足马力，组建了一支200人的顶级国际收购团队。

其中，曾任沃尔沃全球总裁兼首席执行官的汉斯-奥洛夫·奥尔森，在沃尔沃工作了40年；富尔德律师事务所作为收购的法律顾问；著名的德勒会计师事务所负责收购项目的财务咨询；德国咨询业巨头罗兰贝格负责对收购沃尔沃项目展开100天的内部审查；博然思维集团负责李书福个人以及收购团队的形象打造。

一个难以想象的浩瀚工程启动了。沃尔沃的相关文件竟然多达250万份，其中当年福特收购沃尔沃的合同就有2500页。李书福拉出玩命的架势，那么多人的奔跑，都比不过李书福追逐梦想的身姿妖娆。

李书福知道人们因为便宜才买吉利汽车，他要改变这个痛点，寻求发展。都知道，看汽车的人主要是挑汽车的毛病，开豪车的人才会炫耀汽车的优点。隐忍的人把汽车作为交通工具，爱炫耀的人必须让人注意到自己的豪车，于是才会有人把"北京奔驰"的"北京"抠掉，越来越多的人明白了，同样标志的辉腾原来不是帕萨特。

2008年，举世瞩目的北京奥运会开幕式震撼全球，世界看到了一个自信满满、蓬勃发展的中国。李书福高兴，还因为200名"吉利天使"走进了鸟巢。他意气风发地率领对接瑞典沃尔沃的V项目组的人飞往哥德堡，走进秋意甚浓的沃尔沃总部。

这是一次三方会谈，吉利、福特、沃尔沃三方坐到了谈判桌前。

历史背景是，通用、福特、克莱斯勒汽车三巨头，向美国国会提交了重建计划，底特律希望得到340亿美元，紧急输血不仅可以创造3000亿美元的价值，同时可以创造300万个就业机会。时任美国总统的小布什，邀请当时已经当选的奥巴马来到白宫，就金融危机和伊拉克战争讨论美利坚合众国的动作，以及用什么方法可以拽住马上要坠落的通用、福特和克莱斯勒。

世界被美国金融危机拖进了险境，穆拉利为拯救福特下狠手，决定把沃尔沃汽车出售。当年福特以64.5亿美元娶走了沃尔沃这位"欧洲公主"，后来为沃尔沃光是研发就投入超过百亿美元。这一次出售，穆拉利开出的价位是60亿美元。

吉利、福特、沃尔沃三方团队展开谈判，大家沉浸在了数据里。李书福看到眼花缭乱的数据，不禁对沃尔沃的"安全性"肃然起敬，被深深震撼了。他要做的就是保持敬畏，解构沃尔沃的汽车密码。

第三天下午，当数据整理工作终于临近尾声时，疲惫不堪的李书福忽然听到一阵嘈杂声，情绪激动的众人在外面把会议室团团围住。李书福从里面向外看，还看见了手持摄像机和话筒的记者，原来消息走漏了，媒体知道了有一家中国企业来沃尔沃总部就收购事项进行谈判，匆匆赶来，围堵住了会议室。

面对极度紧张的情形，一触即发的北欧人的暴怒，在沃尔沃的人带领下，李书福和V项目组的人，包括福特公司的代表一起赶紧从后门溜走，狼狈不堪，总算没被记者和群情激动的人给堵住。

显然，瑞典人对沃尔沃的命运十分在意。沃尔沃这个品牌堪称瑞典的国宝，是瑞典人的骄傲，怎么能让一个中国人把沃尔沃给再买走？大众的情绪被点燃，幸亏沃尔沃总部的会议室有个后门。

在沃尔沃总部，李书福感受到了巨大的压力。

2009年元月，底特律车展开幕，李书福又带着V项目组的人飞往美国，见到了穆拉利和时任福特汽车公司董事长的比尔·福特。听到吉利掌门人条理清晰、思维缜密的侃侃而谈，比尔·福特知道了李书福是认真的。V项目组的人也从未见过李书福如此温和，这般诚恳，第一次看见这样让人感动的李书福，也都被深深地触动了。

比尔·福特很欣赏李书福，他让穆拉利决定此事。曾是波音公司老大、福特现任掌门人的穆拉利是一个极为严谨的人，他不动声色地看着李书福，审慎地表态，如果福特最终决定出售沃尔沃，会在第一时间通知吉利。

李书福忐忑不安地回了国,反复琢磨穆拉利的意思,有点后悔造车伊始起了"吉利波音"这个名字。他曾想向穆拉利解释,欲言又止,并不是穆拉利的严肃让他望而生畏,恰恰相反,李书福喜欢严谨的人。李书福越来越厌倦那些信口开河、不切实际的人,而且总能一眼识破他们。

球在福特手里,随时会被抛出,接球的有可能是吉利。一定要让穆拉利把球发给吉利,能不能接得住,就看李书福的了。

李书福对收购沃尔沃一事还不能多说什么,习惯了面对公众表达,现在要防止围观。隐忍、期待、渴望,复杂的情感交织在一起,让李书福太受煎熬了。如果拿下沃尔沃,吉利将从汽车的"功能性"转向"智能化"发展,他渴望看到沃尔沃汽车的数据库,迫切地想知道沃尔沃的密码。

李书福决定给穆拉利写一封信,末尾还附上了一首诗。这首诗是他用中文写的,然后自己译成英语,还找了好几个人帮他检查翻译得是否精准。

终于盼到了回复,收到了福特通知吉利进入沃尔沃并购流程的邀请函。邀请函上面画着一架飞机,这是穆拉利的亲笔签名。穆拉利还习惯在波音公司时的签名,画飞机。李书福高兴得差点跳起来,像个孩子。

这一天,他在办公室挂上了一面国旗。

李书福趁热打铁,再赴美国,跟穆拉利签订了一份保密协议,承诺在达成最后协议之前,双方都不得公开吉利收购沃尔沃的信息。

还不能庆祝，李书福甚至不能跟 V 项目组以外的人分享喜悦，多少有些遗憾。幸福就应该分享，他跟妻子分享这种幸福感，开心地说："幸福吧？"王俪俪表现得比他矜持，说："等到你签合同的那天，再说幸福，幸福才是真的。"

李书福立即不吭声了。

"你要注意身体，压力别太大了。"对于李书福的壮志，俪俪从未表现出惊讶。她一点都不惊讶，不管社会上怎么说李书福，说吉利的野心有多大，她对李书福做的事心里有数，知道李书福会去做什么，不会去做什么。"六一儿童节，我想去趟三亚，你去吗？"

"肯定去！"李书福这才笑逐颜开，"我怎么能让你一个人去呢？"

在三亚的南海观音像前，李书福和妻子当年一起种下了一棵树。

一切都在按照计划进行，李书福把消息控制得密不透风。穆拉利也是，福特也在跟世界捉迷藏，没人知道吉利跟福特的"秘嫁婚约"。李书福要盛装迎娶"欧洲公主"，必会惊动世界。

李书福对沃尔沃有三个执念：安全、技术和品牌。这件事在向世界宣告之前，要做的工作太多了，吉利收购沃尔沃的影响不会仅限于吉利，首先需要得到国家批准。李书福反复斟酌申请的措辞，要让国家对吉利放心。

李书福已经走向成熟，可以站在国家和国际高度来审时度势，他的周密、用心与成熟此时体现得淋漓尽致。

突然间，瑞典有媒体走漏了风声，说美国人养不起沃尔沃这位"欧洲公主"了，福特要把沃尔沃卖了！从哥德堡到斯德哥尔摩，电视、电台、报纸、网络上，质疑与反对声不绝于耳，连瑞典国王卡尔十六世·古斯塔夫都知道了。

福特终于扛不住了，穆拉利不得不直面美国各大媒体的追问，承认确实在跟一些潜在的竞标公司就出售沃尔沃的事项展开谈判。事情一下子挑开了，李书福知道这下麻烦了，美国人搞不懂中国，不了解中国的情况，穆拉利无意"出卖"吉利，以为李书福只要好好准备就行了。

五根手指攥成拳头才能击打，伸开五指只能鼓掌。中国许多媒体开始议论纷纷，大家说的都是上汽、北汽、长安、奇瑞。很快，又扯进来了法国雷诺，然后是俄罗斯的某个财团都成为人们猜测的买主。一时间，连李书福也不知这些说法是真是假。

他又给穆拉利发邮件，等了很久，不见穆拉利的回复。

春节一过，全世界都知道美国汽车遇到大麻烦了。2009年，全球汽车产业一片哀号，通用汽车仅一季度就亏损了60亿美元，丰田汽车一季度亏损达77.8亿美元，大众汽车一季度的利润同比下降了74%。福特表现尚可，一季度仅亏损了14亿美元。

穆拉利知道自己做什么，李书福知道自己要什么。李书福终于收到了邮件，穆拉利在回信中承诺，一切会按照保密协议进行。这让李书福心里踏实了下来，娃娃脸上的笑容开始有些灿烂了，马上又被记者给惊到。

有聪明的记者发现了异常，飞到杭州专门来找李书福，近乎哀求地说："李董事长，吉利是不是在收购沃尔沃呢？你透露点消息呗，咱们是老朋友了！"

"有这好事我请你喝酒！"李书福说。

这位记者坐在董事长办公室的沙发上，说："你能不能不请我喝你泡药的五粮液了？一股中药味儿！"李书福说："我去底特律车展的时候发现，中医在美国很火的！不光是在华人圈，仔细一看，好些中药居然是日本产的！"记者说："日本人心机太深！"

李书福笑了，就这样避开了话题，把记者给带偏了。他不知道的是，记者实际上也在绕，跟他斗起法来，说："李董事长，你不告诉我没关系，我也不告诉你，有人在活动呢！"

李书福开始认真了，故作镇定地问："活动什么？"

"好吧，那我就告诉你，有人反对吉利收购沃尔沃！"记者说，"听说有人还写了材料呢，希望国家出面干预，应该支持国企参与收购沃尔沃！"

李书福的心里还是咯噔了一下，有人反对吉利收购沃尔沃也很正常。他坚信吉利在步步紧跟国家发展的步伐，政府不会看不见。竞争是好事，吉利就是要参与到国际竞争，提升竞争力。

V项目组的人也带来消息，国内有一家汽车公司的人，居然跑到美国说吉利的不是了。哪个人前不说人，谁人背后无人说？李书福习惯了，他有一个特点，不习惯有人在他面前告别人的状，无论是谁，跟李书福是何种关系，在他这里告别人的黑状都是有风险的。

根据规定，中国企业对外投资要经过国家发改委、商务部和外汇管理局三个部门的审批。向国家发改委备案的报告还没有回音，李书福有些着急了，这场引发世界关注的并购项目，会不会得不到国家的支持？按照一些人的想法，中国车企要收购沃尔沃，怎么也轮不到吉利吧！

李书福对收购有信心，他想起来一件事，2004年，民企蓝星集团跟韩国双龙汽车达成收购协议，正准备签约的时候，半路杀出个程咬金，被上汽集团横刀夺爱，合资了双龙汽车，让韩国人比跟蓝星合作大赚了一笔，舆论一片哗然。

这个冬天有点冷。李书福盼着春天，盼望赶快收到国家发改委批复的消息。1999年，福特收购沃尔沃的时候花了64.5亿美元，10年间当然还有巨额投资，穆拉利出售沃尔沃汽车公司，挂牌价可是60亿美元啊！

李书福来到上海，走进不在杭州而是设在上海的V项目组。他刚走进会议室，有人问："董事长，收购沃尔沃要做好60亿美元的准备，老板有吗？"

"没有！"李书福回答得干脆利落。

大家都怔住了，一时面面相觑。在尴尬的气氛里，李书福忽然觉得有些孤单，或者是孤独。孤单是不是一种解脱，孤独是不是一种境界？那么多人躺平，不是看不到未来，而是看到了未来。那么多人想开上豪车，不是豪车有多好，是想让自己这辈子能活得豪一下。

李书福想起来在天童寺的哭泣。又是整整一天的讨论，每个人的情绪都有了变化。

会后，李书福一个人来到了外滩，看见黄浦江对面大厦上的"震旦"二字在夜空中闪烁，想起明朝开国文臣宋濂《西天僧授善世禅师诰》："大雄氏之道以慈悲愿力导人为善，所以其教肇兴于西方，东流于震旦。"

黄浦江上，游船如织。晚风习习，飘入心扉。李书福想打一个电话，拿起手机，通了，只响了一声俪俪就接了。每回都是这样的，给妻子打电话，她从未超过三声接起，总是第一声还没响完就会接听。

他跟俪俪通了好长时间的电话，情绵绵，意浓浓。李书福对妻子总是这样的，这时的他就像一个乖孩子，温柔有加，情深意长。

李书福告诉俪俪，为了收购沃尔沃，请允许他押上个人的全部财产，而且是终生担保。俪俪毫不惊讶，她知道，李书福一定会这样的。

"如果还不够，把我的也押上。"俪俪平静地说，"今天晚上好冷，你多穿点衣服，别着凉。家里没人要你的沃尔沃，你好好的我就放心了。"

"你想没想过，"他忽然不安地说，"我也许会败得一塌糊涂？"

"你失败了，也是成功。"俪俪给了他结论。

第六章

穿着战袍舞蹈

当他走出沃尔沃总部大楼的时候,福特的旗帜将被摘下,换上的将是一面鲜艳的中华人民共和国国旗!

李书福的眼睛湿润了。以青春为底色、梦想为支点、激情为动力、报国为情怀,一路跌跌撞撞,他像是带着梦的声响走来。

梦想神话掠去浮华,剩下的是命名方式。

人生是一条船，做好自己的摆渡人

抓住梦想的影子，心是一道光。不只要干掉对手，李书福要把自己逼上绝路！心中没有一个美丽的地方，给你双翅膀也无法飞翔。在实现理想的路上，没人跟你华山论剑，你就是华山，你就是剑！国家是能看到的，哪家民营企业是在助力国家的发展，哪家民营企业的老板贪得无厌，骨气和妖气，一览无余。

李书福得到北京的消息，国家发展改革委通过了吉利并购沃尔沃的文件。这让他非常高兴，从北京回来跟打了鸡血似的，准确地说是"满血复活"。这一天，他正准备带着一个神秘的计划飞往冰岛，没人知道他要做什么。

可是，冰岛没飞成，李书福接到电话，要他去北京参加国家为吉利举办的一场座谈会。

4月的北京，天气渐暖，玉渊潭公园的樱花开了。这是很多北京人春天最喜欢来的地方，带着孩子来观赏樱花。李书福见惯了花，樱花不在他要看的花里，他更想早点踏上哥德堡的雪地，现在的北欧还飘着雪花吧。

瑞典的国花是铃兰花，铃兰花的花语是经历苦难，等待幸福归来。铃兰芳翠春风吹，一汪梦想摇风铃。起风的时候，白色的铃兰花如同风铃随风摇曳。在中国，铃兰花也称君影草，生长在不起眼的地方，独自绽放。北欧人视铃兰的白色如同女人的纯洁温婉，花垂迷人，优雅清丽，凝神浅尝，满心芬芳。

吉利亦可芬芳，也许苦涩。吉利汽车接地气，价格优势荡然无存的时候，有了《宁波宣言》，"冬泳"更像一盏灯，荧荧之火，被国家洞见。吉利向前的步伐合着国家的节拍，新华社对吉利的报道得到了国家领导人的高度重视，做出批示，各大媒体都把目光聚焦到了吉利身上。

李书福带着几位高管一起来到北京参加座谈会，分享吉利的经验，吉利宛如欲放的牡丹。在国际经济危机中，李书福率领吉利不是守望，而是充满智慧地崛起。全球爆发经济危机，在世界汽车工业遭遇寒冬的时候，吉利却是逆风上扬，在严酷的寒冬中勇敢"冬泳"，实现快速增长，成为汽车产业的亮点。国家为吉利插上了翅膀，吉利才能翱翔天空。几大部委表态支持吉利，鼓励有胆有识的优秀民营企业，吹响向国际高端制造业奋进的号角。

密歇根州迪尔伯恩市的福特总部，穆拉利在办公室里踱来踱去。上任6天，穆拉利就以4.79亿英镑的价格把阿斯顿·马丁卖给了一家英国财团，并以23亿美元的价格把捷豹和路虎出售给了印度的塔塔集团。然而，福特上上下下似乎都舍不得沃尔沃这位"欧洲公主"，仍用无力的双手死死地抱着沃尔沃，不舍得让人夺走。但是，实际情况显然已经不允许这样了，美国汽车工业正岌岌可危。

穆拉利知道，他不得不面对执着的李书福，这个长着一张娃娃脸、笑起来很真诚的中国民营企业家。他不时想起,执掌波音的时候,曾派律师去喝止这家伙,要求立即停止使用"吉利波音"的公司名称。

穆拉利怎么也没想到,来到福特又跟这个李书福相遇,不,是迎头相撞。现在他见识到了一个中国人的执着,还有李书福让人惊讶的一脸真诚和笑容。穆拉利本来从长相上是分不清中国人和日本人的,他跟日本人打过交道,见惯了日本人点头哈腰的样子,就像一个奇怪的电动玩具,后来才知道那是日本人的礼节。他尊重所有人的礼节,有点担心日本人的腰。

穆拉利执掌福特以后,非常明确福特的对手是日本汽车。曾发生了一件让他难忘的事,有一个美国人本打算买丰田汽车,就要刷卡的时候忽然改变了主意,决定还是买福特。穆拉利刚刚上任,关注到了这件事,他亲自上门感谢那位车主。

这不是重点,让穆拉利惊奇的是,秘书告诉他日本丰田曾跟吉利打了一场官司,起因是商标近似。穆拉利对这一点毫不奇怪。"后来怎么样了?"穆拉利问秘书,秘书说:"吉利赢了。"穆拉利对此也不意外。

"吉利赢得官司以后,又放弃了那个商标。"秘书说,"那个叫李书福的董事长,向全世界征集新商标。"

穆拉利笑了,丰田在全世界都跟福特较劲,丰田本是靠模仿福特起家的,没想到在对待丰田这件事上,李书福无意中跟穆拉利是一条战线的,犹如天意。

穆拉利没放过牛,做过木匠,他很赞赏放过牛的李书福。穆拉利从没感谢过木头,听说中国好多人都在帮李书福感谢李书福放过的那头牛。这说明，只要有恒心，再有时运，真的没人在意你的出身，就跟你在别人眼中，永远不是你以为的你，何必纠结。

福特完成了对李书福详细的背景调查。夜幕降临，穆拉利还没有离开办公室，他看着对李书福和吉利的背调简报，若有所思，犹豫不决。

穆拉利为波音公司效力几十年，2006年被《航空周刊》评选为"年度风云人物"。也是那一年，穆拉利出任福特汽车总裁兼首席执行官，离开波音成为福特掌门人，对福特的处境心有不甘。

穆拉利看着吉利和李书福的资料，好不惊讶，从资料中可以看出，能走到现在的李书福是经过千锤百炼的，吉利值得信赖。能坚持这么久的中国民营企业家，哪一个不是身手不凡，个个都了不起，穆拉利对李书福有点肃然起敬了。1945年出生于堪萨斯州的穆拉利，面对福特的窘境说出"一个福特"的战略时，汽车界一下就懂了，都在看穆拉利要做什么。从穆拉利的表现能判断出，底特律快成了一个死城，只是在苟延残喘。

站在福特总部大楼的窗前，穆拉利向外看。夜色已深，汽车之都的灯光暗淡了许多，福特大厦的玻璃幕墙映着冷冷的月光，1956年建成的福特汽车全球总部大楼在当时极具未来感。也许，李书福和他的吉利，真的是沃尔沃的未来。

百般苦思之后，穆拉利下定了决心，转身走到办公台，拿起电话打给秘书，说："通知下去，向吉利开放数据库！沃尔沃的文件很多，给李书福先生一点时间。"放下电话，他又默默地补上了一句，"留给他的时间不多了。"

北京会议总结了吉利是如何预判市场之变，度过这个寒冬的。李书福在会上态度鲜明地表决心，感谢党和政府，感谢国家，感谢媒体，感谢社会各界对吉利的信任和支持，最后还说了一句感谢家人。一位领导听到了，感慨地说："李书福真的老练了。"

散会后，李书福马不停蹄地飞到上海。2009年4月上海车展，吉利这次气势壮观，带来了22款新车、9款发动机和3款变速器，新车采用了两个字母加三位数字的命名体系，更加国际化。

在北京奥运会开幕式上大展风采的"吉利天使"，也来到了上海，没人会想到，这次的上海车展是"吉利天使"的最后一次亮相，中国车展以后不会再有车模，北京大爷再也不会说"到胸展看车去"了。吉利展台被围得水泄不通，人们想看看大学生青春靓丽的风采，然后再瞪大眼睛盯着某车企请来的模特，美女模特的衣裳就是挂在身上的一根布条，这也太不像话了。

李书福召集杨健、尹大庆、陈文明、赵福全、王自亮、张爱群等吉利高管，一起到展厅二楼的贵宾室开会，询问大家对收购沃尔沃的看法。看到董事长严肃的表情，大家都沉默不语。李书福心里是有担忧的，到底要不要冒巨大的风险拿下沃尔沃，是不是该一心一意地把吉利做好才对？

李书福有一句话经常挂在嘴边，说他如果做企业失败了就回家放牛，到那时李书福放牛，也可能会把台州都给变成牧场吧！看到董事长的疑虑，有人建议可以考虑花少一些钱，比如收购萨博这样的品牌，一样可以提升吉利的品牌影响力。

"不！"李书福马上又变了，态度突然坚定起来，大声说，"并购沃尔沃才能够把吉利做强做大！我们应该在有生之年，为中国做一个世界顶级的汽车品牌,请你们务必相信这一点,要告诉所有人!"

原来,李书福是在跟自己对话呢。回想起他开照相馆,发展起来就是跟大北照相馆斗,做电冰箱是要跟海尔斗,做装饰材料跟进口货斗,做摩托车跟哈雷斗,造汽车是在跟整个世界斗!实际上,李书福一直是在跟自己斗。

在吉利发展的历史上,不论李书福做什么,看上去都是在跟一个行业一争高下,显然这是一个错误的解读。实际上,吉利向前走的每一步,李书福无不是在跟自己斗,怀揣梦想,斗的是格局。格局也可以解释为"道"。老子所说的"道"听起来没有科学性,两千多年传下来,人们迟迟找不到一个规范性的解释。科学又是什么呢?科学是可以重复的"术",我们缺少术,所以论道,一论道就把美国人论得找不着北。

马克思主义源于西方,就是说我们可以接纳西方的很多东西,进行适合国情的改造,从而立于不败之地。道致力于"生",术致力于"活"。造汽车就是要做大做强,吉利需要沃尔沃。技术铸就品牌,这是李书福孜孜以求的,引领吉利新格局。

没有改革开放,哪有吉利。开放,就是来,国际资本来了,技术来了,商业模式也来了。

汽车、教育、科技,三大体系将成为"吉利帝国"的基石。还要有艺术性,艺术是制造哲学的表达。李书福和吉利的DNA基因里注入了时代性,才能够与时俱进。文字写出来就死了,有灵魂的文字才是活的。什么是有灵魂的文字?藏在文字后面的。看不出来的人不是没脑子,而是没经历。人一旦心满意足跟死了一样,不满足才是进取的动力。幸福不是你看到的,恰恰是没有看到的。无论怎样追求，求与寻，得与失，也都不过是人生百年，那为什么还要追求呢？因为是人，就会有对梦的不舍。

有一种幸福叫酸爽，有一种成长叫忧伤。

李书福开始行动了。吉利有人才，个个都是精英，接下来是找钱，然后是落地。人、钱、地是并购沃尔沃的三大要素。人排在第一位，第二位是资金，第三位是沃尔沃中国总部设在哪里。

李书福开始了让人眼花缭乱的一通操作，不问服不服，只问敢不敢。命运之神总让他找到对的人，这份名单会很长，一串闪耀的人物以"吉利"之名留在中国制造的历史上。

李书福开始了充满艰辛的找寻之路，往来于全国乃至世界各地，他真的是成了"空中飞人"，总有人想要举枪把他打下来。

第一声枪响就来自瑞典。

瑞典有政府官员撰文，反对中国企业收购沃尔沃，甚至在《哥德堡邮报》开设了专栏。中国和瑞典，在文化土壤和企业管理上差异巨大，完全是两个世界。没错，就是两个世界。西方企业陷入困境，来自东方的巨龙正蓄势待发。李书福定了定神，他有担当的使命，容不得退却，认准的路必须走到底。

李书福愿意花60亿美元得到沃尔沃，可他差的钱就像一座山。钱从哪儿来？李书福画出的坐标叫人眼花缭乱。

首先是银行资本，包括国家开发银行和中国建设银行等。其次是政府融资，吉利先后联系过北京、天津、珠海、东莞、成都、大庆、上海等十几个地方政府。金融合作，接触了包括国内顶级金融机构的若干机构。还有海外资本，欧洲投资银行、瑞典银行等提供的贷款；福特也向吉利提供了两亿美元的融资，真够神奇。吉利甚至找到了李嘉诚基金会，人家表示对汽车"不感兴趣"。

世界上有那么多看似不可能的成功，背后的道理其实都是一样的：钱不是最重要的，一副好牌，看谁打。

解构飞翔的密码，落地是飞翔的结局。

V项目组的百人团队各司其职，一头扎进福特对吉利开放的数据库，浩瀚的文件让人吃惊。法律专家和吉利团队阅读了7473份文件，对福特起草的2000多页合同，做出了15000多处需要讨论的地方。李书福消瘦了，娃娃脸浮上了愁容。他忽然想到了大庆，那个美丽的地方挑起了新中国的能源脊梁，"铁人"王进喜更是他那代人青春的符号，大庆人是中国的"钢铁侠"。

可是近些年大庆的原油产量持续下降，在金融危机和原油价格下跌的大背景下，大庆的财政情况越来越捉襟见肘，也正在小心翼翼地调整产业结构。

李书福从大庆萨尔图机场出来，来到市政府。早在2006年，他就来过大庆，构画"吉利版图"，考虑在大庆经济开发区建设吉利汽车生产基地，当时并没有迈出这一步。今天，李书福要更进一步，不是为吉利汽车，而是为沃尔沃。这个诱惑太大了，一块大蛋糕被李书福端上来了，大庆方面既有惊喜，也有恐慌，答应会认真考虑。

离开大庆的时候，李书福向大庆市政府发出邀请，欢迎大庆派代表团访问吉利，说："大庆有那么多的石化材料，包括润滑油，将来做好相关产业配套，发展空间巨大，可以抵过东北漫长的冬季。沃尔沃如果能够落户大庆，一定会开启大庆的春天！"

这时，李书福收到一个好消息，V项目组经过认真梳理，确信收购沃尔沃根本不需要福特开出的60亿美元，应该马上谈判。原来，V项目组在梳理时发现了一个重要问题，福特连续3年减少对沃尔沃的研发投入，这与福特提供的数据严重不符，推算下来，完全可以把报价压到20亿美元以下，降至18亿美元。福特没料到会出现这种情况，回话要上董事会研究。

"我们等！"李书福说，"根据我的判断，福特出售沃尔沃并不完全是钱的问题，他们是要寻找信得过的企业，对沃尔沃有个交代，包括对瑞典的交代！"

他的判断是正确的。可是，谈判进入了关键阶段，忽然没了福特的消息，整整一个月杳无音信。在煎熬等待的日子里，李书福恨不得每天都看一遍沃尔沃汽车的数据。福特向吉利开放的沃尔沃数据库，有太多远超想象的内容，他太激动了，沃尔沃的数据库不是让人惊讶，而是惊人的震撼！

福特1999年把沃尔沃拿来，肯定投入了巨资提升沃尔沃的技术发展。沃尔沃是诞生于1927年的著名豪华汽车品牌，投入的研发经费没法估量，几代欧洲人投入了难以想象的心血。成千上万的工程师和科学家，用了近一个世纪的时间打造出沃尔沃，这将是怎样的一份清单啊！沃尔沃的品牌、知识产权，以及遍布全球的工厂和销售体系等，都是价值不可估量的宝库。

李书福看到数据清单以后，恨不得立即把沃尔沃揽入怀抱，用"宝藏"都无法形容这些他每天都要看上一遍的数据：

沃尔沃有10963项专利，包括专用知识产权，也就是说不包括像安全带和儿童座椅等向全世界免费公开的专利和技术。

沃尔沃拥有10个系列平台,可以造10种不同的车型,而且可以随时扩展更多系列。此外还有两个整车厂,年产约56万辆沃尔沃轿车。

沃尔沃还有一家世界顶尖水平的发动机厂、沃尔沃全球物流配送中心、西班牙和美国两个汽车设计中心,以及3家配套的汽车零部件公司。

沃尔沃仅在瑞典就有数千位工程师,有遍布世界的2000余家沃尔沃汽车专卖店,包含售后服务全套网络体系。其中,沃尔沃最为重要的宝藏是知识产权!

吉利能拿到的宝藏,除了向全世界公开的10000多项专利,还有许多不可能公开的"独门绝技",包括沃尔沃汽车对安全性能的极致追求。沃尔沃可以将世界上能收集到的交通事故输入进庞大的信息库,这些用生命换来的数据为沃尔沃的研发设计提供了宝贵的参考。从设计阶段开始,到精准的制造流程,沃尔沃的工作人员都精益求精,就像沃尔沃那句著名的广告词:"Drive it like you hate it(像你恨它一样驾驶它)!"

李书福仿佛看到了一幅波澜壮阔的图卷。如果并购成功,李书福的梦会凝固成永恒。他需要沃尔沃,吉利需要沃尔沃,中国的汽车工业也需要沃尔沃。这已经不是他一个人的梦想,拿下沃尔沃汽车,对中国制造将有着重大意义。

李书福也有些后悔,是不是把价格压得太低了?为什么迟迟得不到福特的消息?从一开始,他就没准备按照福特开出的60亿美元报价谈判,而是准备拿出45亿美元。如果不是次贷危机,或许就是100亿美元福特也不会出售沃尔沃的。穆拉利说出"一个福特"的口号，也是时势使然。

就在此时，忽然传来一个让人措手不及的消息：半路杀出来个程咬金，不是一个，而是两个！2009年7月，一家美国财团和一家瑞典财团也宣布参与竞标，将报价推高至28亿美元。

李书福早已经习惯了别人用眼角把他夹死，尝遍了来自外界的伤害，没想到还有别的力量掺入进来，要颠覆他的计划，粉碎他的梦想。

李书福不见了，没有人知道他去哪儿了，有人以为他又上天童寺了。怎么可能，他已无须天童寺来平复心绪。他不后悔选择，能坦然接受命运。如果梦想注定要破碎，他也愿意将其看作是这个世界给他的礼物。

李书福带着妻子飞到了三亚。从凤凰国际机场出来，三亚学院的人驾驶两辆车来接，将一辆吉利远景的车钥匙递给了董事长。吉利远景是李书福指定开来的车。

他为俪俪拉开车门，待妻子坐好后，他关好了车门，然后坐进驾驶室。李书福要自己驾车，带妻子去看海。

俪俪问："你怎么又自己一个人开车？"

"不，两个人。"李书福低头系好安全带，抬起头看着她说，"我和你。"

"好吧，"俪俪说，"那我来开吧！"

"我开，"李书福说，"等我把沃尔沃拿下来，你再开。"

吉利远景，李书福当初为这款车赋予了别具寓意的名字。在命名上,他从一开始的直白,一步步地走向深奥。

俪俪当然明白,明白书福为什么要驾驶吉利远景带她去看海。吉利,远景,怎不是对她爱的写照。李书福在表达爱上总是笨嘴拙舌,但他善于行动。

三亚的海,俪俪记得。好多年前,一场暴雨引发山洪,冲垮了在海南香水湾建成的大酒店。书福第一次带她来看吉利投资的大酒店,竟是一片废墟。"没关系,我还会重建的,"书福说,"到时候起一个新名字,就叫北纬18度沙滩酒店!"

北纬18度,一个神奇的纬度,世界上很多度假胜地都在北纬18度,美国的迈阿密和夏威夷群岛,阿联酋的迪拜,还有泰国的芭堤雅。多年以后,2023年6月,李书福和王俪俪走进了香水湾北纬18度沙滩大酒店。"岁月是小偷。"李书福轻声对俪俪说,她笑了笑,回道:"没有偷走你。"

"还有你。"李书福的骨子里真就是一个浪漫的人。

很少有人知道李书福的浪漫,他有时候天真得像个孩子,一张娃娃脸,在妻子面前总是浮现出来傻笑。俪俪想起书福跟她说过,上小学的时候,老师非要他在课堂上朗读课文里高尔基的《海燕》,听到书福用一口台州话读《海燕》,把她笑弯了腰。

"不去看海了,你就是海,总让我晕。"俪俪毫无批评的意思,知道埋怨李书福是没用的,"我们去看那棵树吧!"

李书福和俪俪,在南山海上观音像前当年一起种下了一棵树,那天是六一儿童节。她喜欢这个日子,因为李书福就是一个永远也长不大的大男孩。在讲述梦想上,他总是活灵活现;在爱的表达上,从一开始就是一筹莫展的样子。

她爱他。他更爱她。

两人又来到当年一起种下的这棵树前,看到这棵树已经枝繁叶茂。"有一个朋友说我老了。"书福说。俪俪笑了,道:"你没听出来吗?人家是故意的,是不想你这样拼,怕你承载太多了,心疼你呢!"

李书福的手机振动起来,他不想接电话。就在南海观音前,在早已枝叶繁茂的一棵大树前,书福说:"我给你念首诗吧!"俪俪说:"好!"

他站直了,表情凝重,给俪俪念了一首苏轼的诗:

游人脚底一声雷,满座顽云拨不开。
天外黑风吹海立,浙东飞雨过江来。

神在神坛，人还是人的模样

　　电话是V项目组的人打来的，李书福知道了势态严重，不能再坐等福特的结果了。几家服务收购沃尔沃的国际合作机构商议过了，要求李书福立即赴美国，他们在底特律等他，必须与福特公司做出正面交涉，表明吉利的立场和态度。美国人不懂得中国人的含蓄，习惯了直白，这次正面交锋，必须由李书福亲自出面。

　　他早已习惯了交锋，去圆他的梦想。神在神坛，人还是人的模样。没人知道李书福有多少梦想，连他自己也不知道。李书福的高调总跟梦想有关，说出来一次就惊人一次。半路杀出来的外国财团，想要打掉李书福画梦的笔，这怎么行，他带着V项目组成员急飞底特律。

　　李书福表现出了果敢和决绝，向福特亮明态度，请福特遵循国际惯例。如果这个时候福特允许两家新的公司进入沃尔沃并购，吉利马上退出，并且召开新闻发布会，向世界发布福特的做法，这让穆拉利有些吃惊。

　　有一家美国媒体嗅觉敏锐，好像是闻到了什么，一个记者忽然来访，在李书福下榻的酒店门口堵住了他，让李书福有些措手不及。

"李先生，请问你为什么到底特律来？吉利是不是在收购沃尔沃汽车？进展到什么程度了？"记者单刀直入，一连串提出了三个问题。

李书福想起来了，见过这个记者。当年，他在自由舰的前面曾接受过这个记者的采访，也曾刀单直入地问过他三个问题："你是如何资本运作的？吉利的后台是谁？你的企业哪一年会被政府吞并？"那次提问给李书福留下了深刻印象，刀刀见血。

这回又是三个问题，李书福完全可以捅福特一刀。但他没有，他笑了笑，声音不高不低，语速不快不慢，用诗人的情怀做了一次浪漫表达："沃尔沃就像一个美丽的神秘女郎，我们只能从远处睁大眼睛看着她，却不敢走近她。"

记者对这样的回答当然不满意，再接着追问："李先生，你到底特律不是来看风景的吧？底特律过去的百年都是好风景，现在遇到了一点麻烦，如果沃尔沃被中国人拿走，我想说的是，你们会造汽车吗？"

"一个好问题！"李书福又笑了，说，"让我们一起看看吧，不会太久的。"

他知道，而且已经对福特表明过，吉利是不会诉诸媒体曝光来解决问题，不会损害福特的对外形象，福特是值得尊敬的。李书福很诚恳地告诉说着一口流利汉语的记者，他是来向福特学习的，维护了福特的形象。

消息当然会传到福特，这么大的事记者也不会放过福特的。福特知道了李书福的态度，这让福特方面很受触动。

"李书福先生，你们回去好好准备吧！"穆拉利握住了李书福的手，肯定地说，"福特会如期发布公告，上帝保佑，祝你好运！"

李书福再一次当面得到了穆拉利的亲口承诺，就是说，福特不会延期发布公告，一切都按照制订的计划进行。福特是讲信用的，百年福特被世界尊重，穆拉利更是一个值得尊重的人。

很快，美国和瑞典的财团双双退出了，从时间上说，他们也来不及了。

李书福也未必来得及，倍感焦虑，吉利还没有准备好巨额资金。《中国汽车报》的老朋友吴迎秋来到杭州，收购沃尔沃，吴迎秋是为数不多的知情人，他看到李书福就说："你胖了，一边脸肿起来了，牙疼了吧？书福，别上火！"

不上火是不可能的，资金问题还没有解决，李书福不会跟V项目组说起这个问题，有些事情只能由老板来背负。

想来想去，最有可能为吉利注资的是大庆，李书福向大庆市政府发出正式邀请函。大庆一直在着手准备，聘请了北京的调研机构对吉利进行背调和市场论证。几天后，大庆市政府组织了规模很大的代表团访问吉利，考察了宁波基地，参观了临海的浙江汽车职业技术学院，对吉利的情况有了真切的认知，了解到李书福在做汽车的同时，还心系教育，办了大学。

大庆考察团回去了。李书福心里有了把握，现在要抓紧落实把沃尔沃中国总部设在哪儿。落户北京，这是他的心愿，李书福一直在缜密操作。2009年，李书福就开始与北京市政府接触，9月29日，吉利的全资子公司北京吉利凯盛国际投资有限公司率先成立，注册资金5亿元。12月22日，吉利又在北京亦庄成立了北京吉利万源国际投资有限公司,随后又注册了股东只有李书福一个人的北京吉利凯旋国际投资有限公司。

吉利凯盛、吉利万源、吉利凯旋这三家投资公司将为沃尔沃项目进行融资。从"凯盛"到"万源",再到"凯旋",一听这名字就知道是李书福的手笔。资金,吉利自己可以拿出41亿,还差40亿人民币,这些钱需要通过政府融资。

为了筹得巨额资金,李书福开始了奔波,穿梭于北京、大庆、天津、成都、上海、广州、武汉、石家庄等地,又马不停蹄地奔赴马来西亚、印度、瑞典、比利时、英国和美国。有人说吉利收购沃尔沃,是李书福耍了全世界,实际上他在耍自己,把自己折腾得筋疲力尽。都看到了李书福心力交瘁,他经常倒不过来时差,一度到了濒临崩溃的边缘。

李书福从兰州回来,一下飞机,突然想蒸桑拿,消除旅途的疲劳。仔细想想,他有好些年没进过汗蒸房了。当"李书福"这个名字越来越被社会知晓的时候,为了企业和个人的形象,李书福只剩下了公共表达,而他自己却再难进入公共场所。李书福非常在意自己的公众形象,从来没有任何绯闻。

司机为李书福找到了一家土耳其汗蒸房。在汗蒸房里,李书福往火盆浇了冷水,蒸汽刚刚散发出来,就听到有人喊他快出来。秘书敲着玻璃门,冲着雾气缭绕的汗蒸房里说:"董事长,紧急!"

是够紧急的,原来是瑞典那边又起风波!沃尔沃汽车工会对吉利收购沃尔沃表示强烈反对,就连很多员工都不愿把沃尔沃交给一家中国的公司。负责维护李书福个人形象的博然思维集团,要求立即暂停所有关于李书福和吉利的报道。

瑞典为什么会有如此强烈的反应？当年把沃尔沃卖给福特就没有这样，尽管很多瑞典人也感到心酸。V项目组的人开始了调查，原来，就在不久以前，来自中国的一家企业，在哥德堡建了一处类似义乌小商品批发市场的汽车配件城，这家企业也是浙江的。

汽车配件城经营得不如人意，水土不服，尽管有很好的商业模式和善意的热情，却面临倒闭。这家浙江企业是负责任的，没有跑路，每天焦头烂额地进行善后处理，这时候又来了一个叫李书福的把手伸过来，也是中国人，居然也是浙江人！

那可不行，在愤怒的表达上，地球人都一样。不仅瑞典人，比利时沃尔沃工厂的人也动起来，誓死捍卫沃尔沃！

按照国际惯例和设计好的紧急预案，出现重大风波的时候，李书福是要出面的，依中国的老话讲就是"解铃还需系铃人"，他必须亲自出场！

李书福又直奔哥德堡，这趟行程安排得非常紧张。李书福拜访瑞典政府，走访了瑞典五金工会，访问了沃尔沃供应商，然后跟工会代表见面。汉斯－奥洛夫·奥尔森亲自制订了跟工会沟通方案，博然思维集团在国际媒体上传播起吉利故事，还为李书福定制了出席不同场合的服装。

李书福任性不得，吉利的国际化必须依照世界通行的规范而行，让李书福想起来吉利在香港上市的时候，他就差举着"遵守承诺"四个大字拍张照片登上香港的各大报纸了。依照上市公司的规定，他不得不披露爱人的信息，Li Wang。

他十分疲惫，倒时差是非常累人的。刚刚草草平复了瑞典危机，比利时蹿出的火苗又快要燃起熊熊烈火了。比利时的沃尔沃根特工厂的工人，全都担心吉利将工厂迁往中国。沃尔沃比利时工会力量非常强大，根特工厂的几代工人都靠沃尔沃吃饭，他们在那里工作，在那里生活，在那里相爱，在那里老去，沃尔沃承载的意义对他们来说不言而喻。

李书福独自一人走在哥德堡夜晚的路上，寒意逼心，一种孤独感涌上心头。多少年来，有人一直说李书福是"打不死的小强"，活跃在每一个他看中的领域，李书福早已经拥有了足够的财富，何必再这么拼命呢？他想调整心绪，默默地在心里组词，何必、何苦、何尝、何处、何况，他又萌生出写诗的冲动，李书福似乎一直在用行动写诗。

从正式启动并购沃尔沃汽车以来，李书福的表现虽然得到了国际公关团队的认可，但团队还是害怕，疲惫不堪的李书福在面对根特工会时会控制不住自己，想要和他仔细商量如何应对的策略。V项目组团队成员联系李书福，在下榻的酒店没有找到他，最后还是在大街上找到了。

夜幕下，李书福正在孤独地徘徊。听到公关专家跟他谈策略，李书福不禁叹了口气，要讲策略，中华传统文化中有着深厚的底蕴，《孙子兵法》里有个"常山之蛇"之说，曰："击其首则尾至，击其尾则首至，击其中则首尾俱至。"

工会就是根特工厂的"中"，李书福想自己一个人去面对愤怒的工会，被团队立即给阻止了。陪着他坐上从哥德堡飞往布鲁塞尔的航班，再驱车赶往根特，同行的一共有七八个人，包括洛希尔投资银行的人和福特代表。

一走进根特的会场，风尘仆仆的一行人立即感受到了气氛异常紧张。李书福经历过太多大场面，与工会代表面对面说不紧张是假的，面对沃尔沃工厂根特工会，处理不当甚至可能造成国际事件。不能乱了阵脚，洛希尔投资银行正在运筹国际资金进入这次世界瞩目的并购。

　　李书福环顾了一下会场，比利时人像瑞典人一样高大威武，呈现出的表情比瑞典人还要不屑。不是故意做给他看的，是从骨子里渗透出来的，李书福不像是来接受质询，而像是来接受审问，甚至是审判。他知道，稍有不慎，就会功亏一篑。

　　李书福感受到了从未有过的紧张，他就是拿着长矛战风车的堂吉诃德，异想天开地想要收购沃尔沃，把自己逼上了国际舞台。在从布鲁塞尔驱车来到根特工厂的时候，李书福才知道因何这样倒霉，原来国内一家汽车公司有人来过根特了，传递出了千奇百怪的信息。到底是谁？来根特说了什么？李书福不想知道，他一下就明白了，这是一场战斗，他不能跟国内同行拔剑，更不可能在根特工会代表前拔剑，何况他没有剑。

　　根特沃尔沃工会代表早就不耐烦了，他们像是在等待李书福，不是防范，而是进攻。进攻立即开始了，工会代表根本不想听李书福说什么，而是发足火力表达，快刀斩乱麻地结束战斗，一位代表毫不客气地指着李书福直言道："你知道吗？参与竞购沃尔沃的企业很多，都说自己是最佳竞购方！我们不想浪费时间，李先生，你能否用三个字告诉我，告诉工会，吉利为什么是最佳竞购方？别说那么多！就一句话，用三个字非常清楚地表明就行了！"

　　现场一片肃静，气氛凝固了。V项目组的人在李书福耳边小声翻译着，不翻译也行，从发问者脸上的表情他就看出来端倪了，只是没想到要他先用三个字说清楚，然后散场或者继续。

李书福知道了，这是整个世界，包括自己的祖国对他的疑问。他本是一个喜欢提问的人，现在该轮到他回答世界的疑问了。他静静地看着表情愤怒的人，夸张点说，欧洲人的大眼睛，眨下眼皮好像都能听见眼皮闭合的声音。所有人都在屏息以待，等待李书福的回答。V项目组的人有些躁动，紧张地盯着李书福，不带这样的，在所有预案里都没有涉及这一点，三个字决定生死，太夸张了，不，简直是搞笑！

在这万般尴尬的瞬间，李书福不仅非常淡定，而且胸有成竹，只见他带着特有的李书福式微笑，矜持、自信、和蔼、认真地说："I love you！"

在场的所有人都怔了一下，原来李书福真的用三个字当场就表达出来了，而且是用英语说的。现场安静了三秒钟，忽然爆发起热烈的掌声，工会代表一下子被征服了。现场气氛立即变得活跃起来，只见工会领袖大步上前，将一枚沃尔沃徽章别在了李书福的胸前。

这时候，工会代表全都站了起来，再次响起了热烈的掌声。在李书福听到过的所有掌声中，这是最让他激动的一次。他以对沃尔沃的真诚和挚爱，打动了沃尔沃的工人，也打动了洛希尔和福特的人。负责李书福个人形象包装的博然思维的专家，向他竖起大拇指。

这句话很简单，从结果出发的叙述，是标题，也是李书福的标配。"我爱你"就是一个题目，羞涩的他好像从未对爱人说过这句话，至少没人听见李书福对俪俪这样说过。

接下来，李书福开始用沙哑的声音，向工会代表介绍吉利，站在国际舞台上，他还没忘记说自己是一个放牛娃。工会代表对这个放过牛的中国人更加增添好感，显然他们见过来这里的中国人，太多吹破牛皮的。

李书福直白、坦率、用心说的话一次次被掌声打断，就好像对未来的老板曾经是一个放牛娃而感到高兴。李书福真的牛出了国界，他郑重地发出邀请，欢迎大家到中国对吉利考察。

李书福的欧洲之行，是带着胜利的消息归来的。时间越发紧张，V项目组庞大的团队各司其职，紧锣密鼓地准备着。情况变化多端，为了应对突如其来的出行，很多人还在旅行箱里备上了压缩饼干，盼着谁能发明出"压缩时间"。

时间不等人。时间何曾等过谁，没有人不会被时间抹去，除非那些在历史上功名显赫的人。在一个伟大的时代里，会有很多人这样，留下自己的名字和伟绩，没有人知道李书福在不在其列。说心里话，吉利如果没有沃尔沃，会被很多人认为吉利汽车早已销声匿迹。

可是，不管怎样，这个世界真的会记住书福，一个时代里的幸运儿。李书福是幸运的，幸运的他此时开始心心念念的，是想把沃尔沃总部能够落户北京。

李书福盼着北京的消息，他又陷入了焦虑中。身边的很多人担心他会不会患上忧郁症，有人看到李书福在饭前会吃药，看见他从衣服口袋里拿出一包神秘的药，吃过药后再吃饭。药其实是俪俪为他准备的，V项目组有人开始担心起来。

"放心吧，我吃的是维生素。"李书福告诉满是疑虑的人，借题发挥也是他的习惯，看着在餐厅共进午餐的几个人说，"吉利需要维生素！大家讨论一下，该把沃尔沃运营总部放在哪儿？"

北京。

当然是北京，这一天终于来临。

在一个阳光明媚的冬日早晨，李书福戴着墨镜和帽子，把帽檐压得很低，快步走出首都机场通道。还好，没有人认出他，帽子和墨镜掩饰住了他的面容，看不到李书福的表情。在快速行走中，偶尔招来迟疑的目光，人家立即躲开一点，保持距离。

李书福喜欢距离，越成功的人越喜欢距离感。李书福很喜欢这样的朋友，就是从来不会主动给他打电话的人。这些朋友不想打扰他，从来不会主动给他打电话，李书福没事会给这样的朋友打电话，叫到一起小聚，大口喝酒，大块吃肉，不会开言吉利。这是李书福的放松时刻，天南地北地跟朋友一起散淡地吹吹牛，他会指出朋友哪个地方牛吹大了，并且随时纠正一些他认为错误的观点，包括说法，或者认知。

这种轻松的时候不多，每年都会有，这样的朋友能让李书福身心愉悦，也可能借题发挥，他想帮助别人。现在，包括可预见的后来，围绕在他周围越来越多的职业精英，无一不是国外顶尖人才，"国际化"业已形成吉利的气场。在吉利老臣中，有些人开始担心了，变得越发小心起来。有人感觉到了危机，"危机感"也是李书福想要的。吉利从全世界吸引来越来越多的精英，都像是一条条的鲇鱼，把吉利池塘里的鱼逼迫到自己必须变得强壮，这是吉利内部竞争保持活力的秘密，公开的秘密。

这一天，李书福的步伐很轻松，心心念念的北京终于落地了。

消息封锁得极好，媒体都没有发现李书福的动向，没注意到沃尔沃总部会在北京落地，要不然这个早晨一定会到首都机场围堵李书福，他戴着墨镜和帽子也没用，记者都能一眼认出来他。

一辆吉利熊猫停在航空港的出口，没有熄火。后面还停着两辆吉利远景，CVVT发动机的声音十分安静，排气管扬出白色气雾。这是提前抵达北京的V项目组成员，几个人分别站在车旁边，看到把自己捂得严严实实的李书福走了过来，都赶紧上车。

一个人没有上车，他走到熊猫车前，拉开了后车门，李书福迅速坐进车内。在关上车门之前，他把一支万宝龙钢笔递给李书福，小声说："董事长，您用这支钢笔签完字，我要留下这支钢笔做个纪念。"

李书福接过来钢笔，V项目组的这人轻轻关上车门，迅速跑回远景这边，快速上了车，关紧车门，对司机说："快，咱们这辆车开到董事长的车前面，走吧！"

三辆吉利汽车迅速驶离了航站楼，轮胎发出了沙沙的声响。

这是一次神秘的抵达，严禁走漏风声。北京有点冷，寒意料峭，李书福的心里却是热乎的，他看了一眼窗外。

北京无雪，却看上去白茫茫的，不够通透。天气预报说西伯利亚的寒流正穿过蒙古向北京袭来，北京人早已经习惯了，管他哪儿来的寒流，如常的日子不会改变。老北京人继续侃，新北京人闷头干，为了生活，越来越多的人开始忍辱负重。

李书福摘下墨镜，才注意到手里拿着一支钢笔，他苦笑了一下。想起一些所谓的营销大师讲过的落实合同的"技巧"：催问甲方签合同的事儿，千万不要问对方什么时候可以签，而要问对方喜欢用什么牌子的笔，是用右手还是左手签字，这样有助于把握签约的进度或成功概率。

雕虫小技。

现在，有太多的人注重雕虫小技，把"术"玩得滚瓜烂熟。论"术"丢"道"，本应追求经营之道，却一味地琢磨术。李书福对此不敢苟同，包括那么多写他的书也是一样的，没有人可以写出"李书福"。甚至他自己也很难把一个真实的自己写出来，不知道该怎么样呈现给世界一部"经营宝典"。如果没有国家的发展，他都不知道自己现在会在哪里，做什么，无法想象。

签订合同，无论用哪只手，是左手还是右手，或者用什么牌子的钢笔，是蓝色墨水还是黑色墨水，都是不值一提的雕虫小技。重要的是他来了，来到了北京，即将在合同上签下"李书福"三个字，沃尔沃将落户北京。

三辆车的车队，驶向了首都机场第二高速，转向东五环，奔向了亦庄。

原来是亦庄，李书福冬日的这个早晨，就是为沃尔沃总部落户亦庄而来。亦庄是国务院1994年8月25日批准的北京经济技术开发区，北京奔驰汽车有限公司就在亦庄博兴路8号。李书福将经过那里，没想到有一天，他会成为奔驰的大股东。如果没有沃尔沃这块基石，很多人相信吉利汽车可能会像泰坦尼克号一样沉入海底，有了沃尔沃这座灯塔，吉利不会轻易沉没的。

路上的车开得都好快，匆匆忙忙的赶路人，有的人奔波在理想的路上，有的人还在寻找理想。为了过上好日子，有的人激昂，有的人悲伤，有的人麻木不仁，还有的人不知所措。李书福喜欢北京的路，宽阔、笔直，通不通畅要看情况。没有人会告诉你，上了路自然就知道了。

北京在最重要的时刻浮出水面，亦庄，居然是亦庄。有个词语叫"亦庄亦谐"，沃尔沃总部落户亦庄，正是李书福想要的"北京叙述"。开发区为沃尔沃拿出来的地离奔驰汽车不远，开发区管委会知道吉利能完成艰难的知识产权谈判，不只是了不起，而是可以被称为奇迹。

亦庄想要布局未来的汽车产业，所以奔驰才能够落户北京，经历几年的亏损形成了几万辆的生产规模。亦庄经济开发区给汽车这颗璀璨的明珠留出来一块地，吉利拿到了这块宝地，李书福是幸运的。亦庄的领导班子懂汽车，他们为沃尔沃拿出的地离奔驰汽车不远，还准备好了40亿元的资金，随时注入吉利万源。

粮草备齐，不是出发，而是落地，一个历史时刻就在这一刻发生。

上午，李书福来签署沃尔沃落户北京的合同，经过反复推敲、反复斟酌、反复修改的合同，厚厚的合同都打印好了。

"李董事长，吉利用18亿美元收购沃尔沃汽车，福特可是赔了46亿美元吧？"开发区管委会的一位领导看着李书福，不由得感慨道，"听说吉利收购沃尔沃的合同，居然有一万页？一万页的合同本身就是个奇迹，吉利真够厉害的！"

"不是吉利厉害，你懂的，"李书福回应着，笑笑说，"是时代，还有时运。"

他没有再往下说。这份合同，比起他签过的无数的合同都具有分量，说成政治格局也不为过。他拿起那支万宝龙钢笔，坐下来在合同上唰唰地签上了自己的名字。

签完合同，所有人都舒了一口气。李书福看着开发区领导，微笑着说："福特把沃尔沃卖给吉利，不是钱的问题，是想要让沃尔沃有一个美好的未来。我觉得，福特公司与其说是出售，不如说是托付。"

一语中的，亦庄经济开发区的领导非常赞赏这句话，让李书福等着好消息。他知道，V项目组的人从一开始就知道，北京亦庄经济开发区跟吉利的这份合同，是要上报北京市政府最终审批的。

三辆吉利汽车驶离亦庄，开往亚运村，去一家名叫道乐的料理店庆祝。

李书福"道乐论道"由来已久，在这里约过好多朋友。这里像是他的道场，有时海阔天空，有时涓涓细水。他在这里感受孤独，在这里展开幻想，在这里预言，在这里希望，在这里绝望，在这里集结，在这里出发。他像一个受伤的将军，也像一个光荣的士兵。这时候的李书福卸下盔甲，朋友们豁然发现：这里是李书福跟自己和解的地方，同样也是李书福"诺曼底登陆"的场所。

欢庆的酒从中午喝到了晚上，大家敞开地讨论沃尔沃落地后的各项安排。有的人要在亦庄买房，北京市还会同时批下户口指标，落户北京。有的讨论幼儿园，有的讨论小学，也有讨论初中、高中的，考大学凭本事，北京户口有优势，开始幸福又甜蜜地为家人考虑。

"听我说，"李书福醉意蒙眬，忽然问道，"你们，大家相信北京会接纳吉利落户亦庄吗？"

"董事长，是沃尔沃！"一个人提醒他，"您不是说会向世界宣布吉利是吉利，沃尔沃是沃尔沃吗？"

"我觉得不会的！"李书福自顾自地说，他真的有些醉了，"我说不上来，只是一种预感，沃尔沃不太可能落户亦庄！"

大家的酒劲儿全被李书福的话给吓退了，然后是默不作声。都相信，而且害怕李书福的预感，吉利一桩桩、一件件让人惊奇的事做成了，哪一个不是凭他的预感走向成功？也有失败的，不是每件事李书福都能够做成功的，败的实际上都不是事，而是人。李书福并没有做到用的全都是对的人，命运还没有那样地关爱他。

包厢里静得可怕，李书福的预感让人难过、痛苦、慌张，还有迷茫。

好消息是，大庆市的资金到账了。大庆国有资产经营有限公司为吉利收购沃尔沃的项目，投资了30亿元人民币，相当于大庆年度财政收入的1/5，不能不说是一场豪赌。当然，这30亿资金不是无偿的，要按时带利息归还，一分都不能少。

重要的条件是，吉利要将沃尔沃的整车生产基地放在大庆，为振兴大庆工业做出贡献。李书福感恩这种信任，不用嘴说用行动。他总是在行动，2010年1月28日，沃尔沃工会和管理层代表一行人来到中国，来到吉利考察，去了他们挑选的宁波基地，大到生产车间，小到卫生间，大家毫不掩饰惊讶和喜悦。

考察团心情愉悦地回去了。2月5日沃尔沃工会正式表态，接受吉利收购沃尔沃。按照计划，将于2月8日签约，李书福特意选定春节前签约，给春节增添喜庆。

没想到2月8日这一天，如此平静，吉利没有任何消息传出来。

有媒体猜测还是钱的问题，可能还涉及国家政策。依照规定，涉及境外并购必须首先向国家发改委报备，企业收到确认函后才可以进行正式谈判，吉利是这样做的。

如果达成协议，还要再报国家发改委审核，超过5000万美元的项目需要报国务院批准，超过1亿美元的海外并购要通过商务部的境外投资核准，吉利也会这样做，依法合规。过了些日子，正式消息传出来了，吉利将于3月28日在哥德堡沃尔沃总部签署。

转眼到了3月下旬，商务部对外投资和经济合作司，知道新华社的记者已经飞往哥德堡，将在第一时间向全世界发布新华社快讯。奇怪的是，3月27日竟然还没有收到吉利报上来的材料，这怎么可能？传真机响了，自动接收传真件，工作人员赶紧拿起传真看，是吉利控股集团发来的传真，标题醒目地写着《融资结构说明》。

工作人员扫了一眼，惊讶地瞪大眼睛，怎么不是北京？沃尔沃总部落户上海！没有人知道发生了什么，像是一个谜，有人分析，北京市政府是不是把亦庄的那块宝地，想要留给别的汽车企业而拒绝了吉利？

不管发生了什么，北京最后还是把吉利拒之门外是真的，上海敞开了怀抱也是真的。李书福的预感被验证了，北京有奔驰，上海有大众和通用，长春有奥迪，沈阳有宝马，李书福抱回来"欧洲公主"，美哒哒地落户上海嘉定。

上海嘉定想要打造国际汽车城，引进沃尔沃汽车，有利于嘉定工业区的升级，同时也补缺了上海没有高端汽车的短板。2月3日，上海嘉尔沃投资有限公司成立，沃尔沃汽车在上海的落地项目开始运作，嘉尔沃公司为吉利拿出了10亿元的投资。2月9日，李书福赴上海，吉利与嘉定签署了《吉利沃尔沃上海项目框架协议》，将沃尔沃的中国总部设在上海嘉定区。2月24日，上海吉利兆圆国际投资有限公司注册成立。成都工业投资集团提供了20亿元的融资，并出面担保，由国家开发银行和成都银行为吉利提供贷款，缓解了吉利的压力。吉利收购沃尔沃资金已达71亿元人民币。

时间在争分夺秒中度过，欢喜的时间总是太快。V项目组赴瑞典的成员，喜气洋洋地准备行囊，没有人注意到李书福的不安，甚至可以说是焦虑，李书福突然决定临时召开一次董事会。

V项目组和吉利高管都把心提到了嗓子眼，密切关注着董事长的突然变化，不知道将要发生什么。参加会议的董事们来到会议室，都把手机调成了静音，担心铃声突然炸响会把魂给惊出窍！

每个人都感受到了李书福的沉重，大家快要透不过气来了，急切等待着董事长说话，绝对不会漏掉一个字，每个字如果不是生死攸关，也是梦圆梦碎。

因为紧张，每个人都感觉到了口渴，会议室里杯盖轻碰声此起彼伏，都没想到茶杯盖的声音会这么大，大家你看我一眼，我看你一眼，然后全都放下了茶杯。夸张一点说，如果这时候谁的手机响了，没准立马会被大家一致同意解除董事职位。

"大家听我说，收购沃尔沃，我不知道结果会是怎样的，毫不夸张地说，是面临着生死存亡的选择。"李书福声音低沉，他极力控制着情绪，尽量不让声音颤抖，因为这是他最难的讲话，"当前的情况对我来说，对吉利的发展来说，真的有点进也不是，退也不是。"

他抬头看着大家，会议室静得可怕。风从冷冷的西湖吹来，那天的滨江有点冷，窗户上的玻璃凝聚起冰花，要是往常看，一定很美。现在没有人往外看，在董事长的话语中，每个人都在往自己的内心看，静静地梳理，八年一梦，多少情景在眼前一幕一幕地浮现。

忽然间大家都变得有些伤感。

"我如果现在退出收购，全都会认为我是炒作，制造噱头，这将会对吉利造成极大的伤害！"李书福显露出痛苦地说，这是非常少见的，不，是从未见过。他抬起头，环顾着每一位在场的董事，真诚地表露心声，说："可是，大家一定知道，如果选择收购，我也许会倾家荡产，我可是把身家性命都押了进去！"

李书福的话很沉，声音并不大，每个人都听得很心痛。有的人心头一热，鼻子发酸，紧低下头，听着自己的心跳。

"你们都是董事会成员，很早就开始跟着我打拼，我非常感谢你们！"李书福看着大家，坦诚地说，"收购沃尔沃用了多少年，大家还记得吧？就是媒体上说的兄弟分家以后，我第二天在新的董事会上讲的，我要收购沃尔沃！我今天坦白地讲，做摩托车的时候家里人就不太愿意，装潢材料做得好好的，我非要转型，要发展，我要造汽车没有一个人支持！走到今天，如果收购了沃尔沃，经营失败了，你们还可以去别的企业高就，而我真的就没有机会了，只能回家种地了！"

李书福想多了，他哪儿还有地可种。所谓种地只是形容，可李书福不是被形容出来的。在重大抉择面前，临近启程，他感到了前所未有的压力。

"所以，我希望你们帮我一起做这个决定。"李书福有些激动了，眼里泛出来泪花，声音有些发抖，用上了方言，方言是耳朵里的乡愁，他动情动心地说，"风险我一个人承担，绝对不会怪你们！"

空气凝固了，没有一个人吭声，全都默默无语。董事们没法表这个态，大家内心同样充满矛盾，都想往前走，可是明摆着，连百年福特都经营不好沃尔沃。从管理到研发的流程，遍布世界的营销网络，诞生10年的吉利，有把握能接住沃尔沃吗？

"好了，我不为难你们了！大家都回去想一想，晚上发短信给我。"李书福站起来，他转过身面对着窗户说，"支持收购的，就用短信给我朵鲜花，认为应该马上停下来的，就发个剪刀！散会吧！"

这时候还没有微信，手机短信的表情也还很单一，李书福选择了两种表情符号，要董事们二选一。

他回到家，把自己关进书房里，想写点什么，诗，或者歌词。什么也写不下去，拿着手机出来，在客厅里踱来踱去。他把手机扔到沙发上，去洗个澡。俪俪在为他准备晚饭，知道书福有些扛不住了，这么多年从来都没有过。她没想好该怎样安慰书福，在炉子上煲着老鸭汤，想去看看怎么样了，从早上就用微火开始煲了。

沙发上的手机在振动，她不会看书福的手机的，从来都不看。她走向厨房，忽然停了下来，手机不是振动几下，而是没完没了，像是一串组合发过来的，不是一个人，就是说好些人在同一时间给书福发来短信，太奇怪了，这是什么情况？

她反回身来，从沙发上拿起手机，走向洗澡间，听到书福在里面说："你帮我看一下！看看手机短信上都是什么表情符号？"

原来是有约定的，不知道约定的什么，用表情符号表示什么？她打开了手机，打开上面的第一条短信，是"爱你"的表情符号。好是奇怪，她又打开另一个人的，还是"爱你"符号。她一个一个地打开短信，居然全一样，都是"爱你"，发来短信的每个人她都认识，全都是吉利控股集团董事会的董事，这是干什么呀？

"俪俪，是剪刀多，还是发来一朵花的多？"

"你的魅力可真大，发来的全都是爱你的表情！"她不知道发生什么了，大声说，"董事会可真行，这是干什么呀？"

就是这个晚上，皓月当空，董事会的董事和吉利的所有高管，都收到了李书福发来的短信："战斗！28号晚上10点召开视频会议！等着好消息！"

将士出征，石破天惊。

瑞典，斯德哥尔摩王宫。国王卡尔十六世·古斯塔夫看了一眼时间，下午3点，一个时刻就要来临，沃尔沃汽车将迎来新的主人。沃尔沃汽车不是没有换过主人，福特在1999年就拥有了沃尔沃汽车。2010年3月28日，一个中国人将再次抱走"欧洲公主"。

都是一种形容，将沃尔沃比作"欧洲公主"。很多人怀疑这个世界是不是被形容出来的，所以有些事儿来临的时候，会被惊掉眼球。全世界很快就都知道了这一重大消息，百年沃尔沃汽车被一个叫李书福的中国人给拿走了。1999年，当沃尔沃旗下的轿车被美国福特收走以后，国王依然没有改变座驾，还是沃尔沃，因为沃尔沃是瑞典的骄傲。沃尔沃也曾经拿走过别人的，2001年曾并购过法国雷诺的卡车。

李书福，瑞典国王卡尔十六世·古斯塔夫和瑞典人都记住了这个名字，包括中国，还有全世界。

中国杭州，吉利控股集团总部。每个人都紧张得手心出汗，焦急地等待李书福的视频讲话。北京时间晚上10点，瑞典的下午3点，签约会不会顺利完成？此刻，中国各大媒体的记者都紧盯着新华社，不知新华社会不会从哥德堡第一时间向全世界发布这个重大的消息。

瑞典首都斯德哥尔摩飘起了雪花，哥德堡却是阳光灿烂。一辆崭新的沃尔沃悄然驶入了沃尔沃总部大楼。北欧的天气寒风刺骨，李书福换上了一身定制的西服下了车，他的心里五味杂陈。世界将怎样形容这一刻呢？蛇吞象，吉利收购沃尔沃汽车怎不就像是"蛇吞象"？

李书福站在沃尔沃总部大楼前，看着阳光和白雪覆盖的草坪上，耸立着5个巨大的字母：VOLVO。他习惯性地仰起头，这是李书福的常态，以骄傲的眼神示人。覆盖着白雪的草坪上，三个旗杆上悬挂着沃尔沃、瑞典、福特三面旗帜，当他走出沃尔沃总部大楼的时候，福特的旗帜将被摘下，换上的将是一面鲜艳的中华人民共和国国旗！

李书福的眼睛湿润了。以青春为底色、梦想为支点、激情为动力、报国为情怀，一路跌跌撞撞，他像是带着梦的声响走来。

梦想神话掠去浮华，剩下的是命名方式。

"董事长，"秘书快步过来，小声说，"瑞典副首相兼工业与能源大臣已经到了，下午3点举行签字仪式。您有好多合同先要签字，召开视频会议的时间也到了，大家在等着您亲自宣布好消息。"

"连线杭州。"李书福说，忽然停住，"等一下！"

这个世界上，有一个人比任何人都更期待着这个消息。李书福转过身去，在梦想就要实现的这一刻，他要第一时间把这个消息先告诉俪俪，他最爱的人。

他拿起手机，刚一响俪俪就接了，李书福刚想开口，忽然一股热浪涌上心头，竟说不出话来。

"你别激动，慢慢说！"俪俪的声音比往常大了许多，她知道书福怎么了，一股难言的心疼瞬间袭来，声音也有些颤抖地说，"你太不容易了，不许哭！快告诉我，能签吗？"

李书福哽咽了，再也控制不住自己，两行热泪禁不住潸然而下。

北京告白

　　庄严的仪式，李书福坐在了签字桌前，身后站着的是中国工信部部长和瑞典副首相兼工业与能源大臣。与吉利签约的并不是瑞典的沃尔沃，而是美国福特，按照中国老百姓的传统习俗说，他跟福特首席财务官刘易斯·布思，是在沃尔沃的老东家前娶走了"欧洲公主"，吉利以18亿美元的价格，收购了沃尔沃汽车100%的股权。

　　福特掌门人穆拉利没有来，仍在美利坚践行他的"一个福特"战略。李书福拿着那支在北京用过的万宝龙钢笔，在协议上庄严地签下了自己的名字，刘易斯·布思签字的速度比他慢了一点。李书福带着他特有的笑容，瞥了刘易斯·布思一眼，看见福特首席财务官的眼睛里泪光闪烁。

　　新华社记者拍下了这一瞬间，没有拍到福特首席财务官险些溢出来的泪花，这张照片作为历史一刻出现在全世界的各大媒体，也成为吉利发展历史的经典一刻。当中国汽车百年的时候，这张照片有理由在中国汽车百年展上拥有自己恰当的位置。

　　当然，我们愿意相信2098年吉利百年的时候，吉利汽车不仅还在，而且已飞上天，在竞争更加惨烈的飞行汽车中，"吉利飞车"一定是飞得最高、飞得最快、飞得最远的其中之一。因为不久以后，2017年李书福把美国 Terrafugia 公司的飞行汽车也揽入了怀中。这还不算，2018年时空道宇科技公司成立，他还要造卫星。他有一天会不会造船不知道，他自己就是一条船，率领吉利舰队驶入茫茫的大海，越走越远，越走越深。

怪不得李书福喜欢《海燕》，小学五年级用台州话读，跟王俪俪结婚以后用带着台州腔的普通话朗诵给俪俪听。2004年他还带着现在是吉利元老级的杨健、安聪慧、刘金良、顾伟明等一干猛将，租了一条渔船驶向南海深处，去看燕窝岛。

关心李书福的人都放不下那头牛，还有那辆应该被博物馆收藏的自行车，李书福放不下天空。历史不仅是长度，历史更是长度的瞬间连接到的未来。

V项目组的各路精英用了将近3年的时间，修改几百份合同，美国的黑夜，祖国的白天，不黑不白的北欧，李书福指挥千军万马赢得了一场世界级的鏖战。当他提前在几百份合同中签完字时，累得趴在桌子上睡着了。

等他抬起头的时候，在场的V项目组的人都期待李书福会说出一句豪言壮语来，却听他说："我觉得好累啊！"

听到这句话的人眼睛都湿润了。多少眼泪在风中，在雨中。多少爱在生命里，在心里。V项目组的人出于尊重和礼貌，没有在李书福和刘易斯·布思交换签完协议的文本时当场庆祝，到了机场才禁不住地欢呼起来。大家相互击掌，握手，拥抱，这里面有中国人、美国人、瑞典人、德国人、法国人、英国人、意大利人，一番庆祝后，彼此郑重道别。

李书福登上了回国的飞机，好疲惫。不能疲惫，飞往北京，一场重要的媒体见面会在等着他，来自全世界上百家媒体、几百名记者翘首以盼地等待李书福归来，要听听他说什么、怎么说，比如收购沃尔沃这么多钱是从哪儿来的？还有沃尔沃总部，为什么没有落户北京而是上海？

他打开笔记本电脑，想再看看讲话稿，屏幕闪烁了一下，跳出来的不是他亲笔写的《北京告白》，跳出来的页面是网上流传的呼应《史记》名篇《陈涉世家》的诗：

> 生如蝼蚁，当有鸿鹄之志。命如纸薄，却有不屈之心。大丈夫生于天地间，岂能郁郁久居人下，当以梦为马，不负韶华。乾坤未定，你我皆是黑马。

这是昨天晚上睡不着，他从网上看到的。空中乘务员过来，递给他毛毯，一边亲切地说："董事长，真为您高兴，吉利拥有了沃尔沃，这是祖国的骄傲！机长说了，要放支歌曲，就是您作词的《力量》。"

他早已经认识这位头等舱的空姐，就是在吉利湖劝学桥上的那位女生，汽车模特专业毕业后做了空中乘务员，没有转入汽车学院。他笑笑说："不要了，你帮我谢谢机长！帮我拿杯矿泉水吧，谢谢。"

"好的，请您稍等，董事长。"

他又看了一遍网上流行的诗，轻轻地敲击着键盘，写下对应的诗：

> 皆是蝼蚁，可叹鸿鹄之志。我命在我，必有不屈之心。真男人生居天地间，何畏鼠目鼠言之殇，哭以梦为马，岂负韶华。乾坤已定，你我也是黑马！

写完，李书福闭上眼睛。毕业于北京吉利大学汽车模特专业的空姐，端着矿泉水瓶和杯子过来，见李书福睡着了，没有打搅，把毛毯轻轻盖在了他的身上。

他没有睡，脑海里翻腾着。多少年来，他怎么会总给人留下一种"不服来战"的架势呢？也许是别无选择吧。梦想是依恋，造车是情怀，吉利汽车脱胎换骨，现在，真正的"新吉利"可以登场了。

他想起在网上看过的视频，一个货车司机，在送走去报废的大货车前跪下，向陪伴了自己多年的大货车告别，他的眼睛湿润了。告别是缠绵的梦，青春是缠绵的伤。走得太匆忙，忘记了告别青春，或者不知道该怎样告别。

李书福任凭思绪飞扬，一下又想起了布拉格。摩托车造得风生水起，出口了很多国家之后，他想亲自打开埃及市场，把摩托车卖到埃及，也想看看尼罗河和金字塔。那是一个人的旅行，飞往埃及要在阿布扎比转机，李书福不知道这趟飞阿布扎比的航班要在布拉格经停。

他在布拉格停留了5个小时。布拉格，在路桥高中的时候，酷爱文学的语文老师说过，布拉格有一种忧伤的浪漫，热爱自由的人，每个人心中都有自己的"布拉格"。布拉格是一首悲伤的诗。从路桥中学转到新桥高中以后，他喜欢普希金的诗："看到你，我对你说你是多么可爱。可我心里在说，我是多么爱你。"后来，他热爱仓央嘉措的诗："好多年了，你一直在我的伤口中幽居，我放下过天地，却从未放下过你，我生命中的千山万水，任你一一告别。"

还有仓央嘉措的这一首："天上的仙鹤，借我一双洁白的翅膀，我不会飞得太远，看一眼理塘就回返。"

李书福总是隐忍着一些情感。一路打拼，不知停息，身心俱疲，最担心的是俪俪不能理解他，其实妻子非常理解他。在收购沃尔沃最后的日子里，俪俪看到的他真就是一个"汽车疯子"吧。

他真的疯过，可能还要疯下去，没有人知道他会不会，因为他自己都不知道。有点累，李书福疲惫了。他在思考沃尔沃，要用足够的尊敬面对沃尔沃的品牌"血统"，吉利是吉利，沃尔沃是沃尔沃。

他睡着了。飞机进入中国领空，迎着朝阳飞向北京。他醒了，去洗了把脸，回到座位上，空乘端来了早餐，他摆了摆手，"给我一杯矿泉水吧，谢谢你。"

"董事长，您多保重！"空姐说。

"你也是。"他说，"梦想很珍贵，祝福你。"

打开笔记本电脑，他又看了一遍发布会的讲话稿，删掉了几个形容词，重新确定了几个名词。在签约后定稿的时候，他就把"吉利"主语删掉了，用邮件发给了主管公关事务的高级副总裁杨学良。

李书福用心良苦，特别强调"吉利是吉利，沃尔沃是沃尔沃"，这是一种坚定的表达。他说过，也对媒体不止一次地说，福特对沃尔沃与其说是出售，不如说是托付。

李书福收起笔记本电脑，飞机缓缓地在首都机场降落。降落是下一次飞翔的开始，每一次降落都是序章。方向比方法重要，在圆圈上行走没有尽头。从今以后，会有很多人帮他回忆一些难忘的情景。他想起了童年，忽然觉得童年不真实，印象中爬的那道坡很陡，现在再看却没有那么陡；记忆里的鱼塘很大，现在看竟那么小；记忆中的路桥小学也很大，现在看居然也很小，小到无法接受。

在课堂上咿咿呀呀，在老街上跑来跑去，用窗口的帽子骗父亲，骑自行车挣钱，挎着照相机街拍，太多的往事，恍如隔世。他忽然觉得，一生是三世，童年、青春和失去青春以后，就是"一生三世"。想想真够魔幻的，太多人小时候崇拜父亲，长大后叛逆父亲，20岁时觉得父亲好傻，30岁时觉得父亲是世界上最奇怪的人，40岁时不理解父亲为何是今天的样子，等到50岁的时候，忽然发现不对，才会冷静下来想一想，要是早一点听父亲的话，自己也绝不会是现在的样子吧。

悲伤，吟唱，人生哪有什么颂歌，都是呻吟的音符。征服者的远征，大获全胜后的叹息，他正在经历这些。"人生就是一条船，做好自己的摆渡人。"李书福越来越喜欢这句话了，有点哲学的味道。他为自己寻找安慰，学会幽默，哲学家活得不如修鞋匠的日子应该一去不复返了。

不知道人生是从何时开始出发的，第一次逃学算不算是向着自我目标的第一次出发？之后，会有很多人帮他回忆，总结、丰富、提炼他的"出发"，检视他走过的每段路的标记。对比他的"归来"，他的出发总是太孤单、太寂寞。那是只有一个人的出发，等他归来才想起，因何没有过壮行的仪式。

他唯一知道的是，登上了沃尔沃这座山，又看到了更高的山，他会义无反顾地爬上去。记者们在等着他，期待他好好说说这一切都是怎么发生的，他是如何做到的，要给祖国一个交代，给全社会乃至全世界一个交代。

走出机场，刚打开手机，他就听见一串振动声。他不准备回复，马上要面对记者五花八门的问题，在沃尔沃正式交割之前，还有大量的工作要做，多说无益。他点开了杨学良的短信，够公关部门忙碌的，不知道出了什么问题，莫非有记者注意到了"并购沃尔沃轿车公司协议签署媒体见面会"横幅上没有主语？

他看到了杨学良发来的短信："董事长，东方君悦的大宴会厅已经人满为患！大大超出了邀请人数，来了上千的记者！很多媒体是不请自来的，有抢不到好位置的中国记者和外国记者都吵起来了！"

吵，也是热烈的一部分。杨学良查了黄历，说这一天是个好日子，2010年3月30日，星期二，按照黄历宜纳采、订盟、嫁娶、会亲友、开市、交易、动土、赴任。在北京的春天里，好像再没有比这一天更吉祥的了。

"董事长，来的媒体太多了！"杨学良进了君悦大酒店贵宾休息室，脸上绽放着荣光，尽管几天几夜都没睡好了，还是兴奋地说，"记者们都对您那句'I love you'敬佩不已！您面对工会的三个字太震撼了！一句'我爱你'不仅征服了工会，而且征服了世界！好些媒体用这件事做专题，社会反响特别好！"

李书福听见了，又或者没听见。他的脑海又翻腾起来，莫名其妙地浮现出一个场景：一个盲人在街上乞讨，牌子上写着"我是盲人，请帮帮我"。愿意帮助的路人不多。这时候过来一个人，看了一眼标语，停下来，拿起牌子在背面重写了一段话。神奇的一幕发生了，很多人停下来给老人捐钱，路人给老人写的是："这真是美好的一天，而我却看不见。"

太多时候，语言才能够体现出表达的魅力。李书福果然没听见杨学良说什么，声音到了耳朵里，但没有进他的脑海，思绪又跑了。"北京告白"，告白什么？为什么收购沃尔沃，不用多说了吧，要说的话实在太多太多。

全世界都知道，沃尔沃汽车连年亏损，要不然福特也不会把沃尔沃托付给吉利。吉利不只有信心，而且有能力发展沃尔沃汽车。李书福想说些心里话，吉利收购沃尔沃只是一个开始，未来计划中还包括跟奔驰合作，和路特斯跑车合作，还有顶级豪车阿斯顿·马丁，太多了，都是他要带领吉利攀登的高山，构成"吉利帝国"的宏伟版图。

他的梦想将会稳步得以实现。2017年，吉利完成了对马来西亚宝腾汽车和跑车品牌路特斯的并购。2018年，吉利收购了奔驰母公司戴姆勒的股份，成为最大的单一股东。2022年，吉利完成了对阿斯顿·马丁的股份收购，2023年又进一步增持。李书福笑赢梦想，吉利每次出手都是大手笔，网上开始出现了大量声音，说吉利是在"买买买"，不知道李书福是在"变变变"。

"明天下午您要去钓鱼台国宾馆，"杨学良看出来董事长的疲惫，不能不提前汇报，说，"国家发展改革委和十几个政府部门都到场，包括150多位专家，都要一起听您汇报，介绍吉利收购沃尔沃的经验。"

吉利收购沃尔沃，标志着中国汽车与世界汽车工业的融合，吉利上了一个新台阶，迈入了一个新的历史阶段。

李书福站了起来，精神抖擞，阔步走进东方君悦宴会大厅，在热烈的掌声中发表了他的"北京告白"：

> 首先感谢国家发展改革委、商务部、国家工业和信息化部，以及中央有关部委对吉利并购沃尔沃这项工作的关心、帮助和指导。感谢相关金融机构以及有关支持、帮助吉利这一次并购行动的所有领导。感谢所有关注、关怀、参与吉利并购沃尔沃这个行动的所有人士。向所有的网民和社会各界以及新闻界的所有朋友表示感谢。同时，还要感谢参与这项并购的顾问公司、投行、律师行，以及所有参与这项工作的成员。作为中国汽车行业，迄今为止最大的海外收购案之一，这不仅仅是吉利控股集团向前迈出的重要历史意义的一步，也标志着中国和世界汽车工业，从此迈入了一个新的历史阶段。为全球汽车安全科技做出重大贡献的沃尔沃，不是有钱就能并购，福特选择新的东家有其自身的价值取向和标准要求。吉利通过多轮的投标，取得了这样一个资格。
>
> 吉利是一家年轻有责任感的汽车公司，源自中国，放眼世界。经过近20年的发展，吉利深刻地认识到，汽车工业必须是全球化的可持续发展的全球协同的产业，必须走全球合规、合作发展的道路。从与英国的合作，到收购全球领先的自动变速器公司，吉利实现了零部件制造到整车制造的国际化跨越。未来拥有东方和西方两个完全不同的本土市场的沃尔沃汽车，其

对抗市场波动的能力必将大大增强。另一方面，中国在供应链与工程研发方面所蕴含的成本优势，必将增强未来沃尔沃汽车的全球竞争力。安全与环保是人类对世界汽车行业发展的追求与期待，沃尔沃经历了近百年的市场检验，正是以其安全、可靠、绿色、环保和杰出的驾驶体验而享誉全球。沃尔沃发明了主动安全、被动安全，再到一系列的领先的安全技术。沃尔沃发明了三点式安全带、两级出发安全气囊、安全座椅、汽车安全玻璃、汽车安全车身，以及三元催化技术，最近沃尔沃又发明了可以自动刹车、自动转向的城市安全系统，以及行人保护安全技术。这些革命性的技术为全球汽车工业的发展做出了卓越的贡献，拯救了无数的生命。我们决心进一步提高沃尔沃的工程技术和设计品质，进一步提高沃尔沃的全球竞争力，我们要支持沃尔沃"双零双强"计划的实施。什么叫"双零双强"呢，也就是零伤亡、零排放，双强就是要形成强大的竞争力和强劲的企业生命力，所以我们要把沃尔沃汽车公司打造成一家具有强大竞争力和强劲生命力的世界级超级豪华汽车企业。正如我们一再强调的，吉利是吉利，沃尔沃是沃尔沃，我们非常清楚，沃尔沃来自北欧，根植于瑞典，离开了这个特定的土壤，沃尔沃将不再是沃尔沃，没有根基的品牌，自然就失去了生存的价值，沃尔沃必须保留自己的鲜明特点，在新的董事会的领导下，在新的管理层及全体沃尔沃员工的共同努力下，沃尔沃一定能焕发青春活力，实现放虎归山的美好景象。

未来吉利汽车与沃尔沃汽车是兄弟之间的关系，而不是父子之间的关系，他们相互尊重，相互支持，共同发展。有了新东家的沃尔沃，将会制订一系列新的重大发展举措，让沃尔沃恢复往日的生机和活力，迅速形成强大的竞争力与强劲的生命力。愿望是美好的，理想是远大的，但是摆在我们面前的竞争是复杂而无情的，我们的使命崇高而艰巨，我们坚信，吉利和沃尔沃这一对兄弟已经做好了应对挑战的一切准备。应对挑战靠人才，人才成长靠培养，企业竞争靠团队，团队竞争是企业竞争的最高境界。多年来吉利十分重视人才的培养与团队建设，浙江汽车工程学院、北京吉利大学、三亚学院、浙江吉利技师学院，以及吉利研究院，都是吉利汽车人才培养的摇篮。沃尔沃加入吉利大家庭以后，中国与瑞典的文化交流将得到进一步发展，我们的人才培养能力将得到进一步升华，我们一定会在人才与创新方面投入更多、更大的力量，为实现沃尔沃"双零双强"的目标而不懈努力。谢谢大家！

李书福不会记得他是怎样讲的，历史的成绩单却告诉他是怎样做的：沃尔沃汽车2009年的销量为33.5万辆，被吉利收购后迅速止滑，2011年销量达到了45万辆。李书福又激情宣告，10年后沃尔沃要卖到60万辆。2023年，沃尔沃的全球销量达到了70.87万辆，同年，吉利控股的总销量达到279万辆。

魔幻的不是数字，李书福像一个总是受伤的将军，现在成了一个戴满勋章的光荣战士。收购沃尔沃，李书福收获了情怀，向市场要结果，牢牢把握住资本，通过不断收购做大吉利的体量，以国际化确保吉利在行业里的地位和安全，从而能更加快速和健康地发展。

收购沃尔沃不仅稳固了吉利汽车的地位，而且让双方都有所提升。10多年里李书福不停调整产品结构，借势造出更好的吉利汽车，实行品牌化运营，在管理结构上也不停地改组，不把鸡蛋放在一个篮子里，一个品牌的成功除了市场竞争力以外，还要提供更多的附加值，如新颖设计和智能科技。吉利旗下，领克、极氪等新品牌陆续脱颖而出。

只要有博大的胸怀，看什么都是风景。中国制造容得下不屈的精神，还有闪光的灵魂。汽车对马车颠覆性的破坏，让马车成为历史；新能源汽车一定会对汽油汽车造成颠覆性的破坏，这个时代正在到来。但李书福看到的东西又有些不一样，吉利最想造的不是电动汽车，而是甲醇汽车。

李书福向工信部和国家发展改革委汇报了甲醇汽车的想法。一个领导问他"美国搞了吗"？李书福听懂了，美国要是没搞，我们就别折腾了。可是他喜欢折腾，不折腾就不是李书福了。

吉利收购沃尔沃以后，瑞典国王卡尔十六世·古斯塔夫，8个月后率领瑞典皇家科学院和瑞典企业领袖访问中国。2010年11月23日专程来到杭州，登上了李书福特意为国王安排的一条大船，游览西湖。

这是李书福和瑞典国王卡尔十六世·古斯塔夫都非常愉快的一次见面。在船上，李书福向国王明确表示，8月2日完成了对沃尔沃轿车公司的全部股权收购，吉利要将沃尔沃"放虎归山"，尊重沃尔沃与吉利的不同。

瑞典国王卡尔十六世·古斯塔夫听到后很高兴，对李书福说："沃尔沃轿车是在瑞典诞生并成为最有品质的汽车品牌，现在我很高兴地看到她能在吉利和中国继续延续这个理念，不断发展壮大。"

李书福还提到吉利在创业初期就遇到的人才瓶颈，这也是吉利兴办教育的背景。"吉利与中国9所著名高校联合进行吉利千人研究生培养计划，并与国外著名大学积极开展国际合作办学。"李书福说，"到目前为止，吉利各领域40％以上的人才，都是自己的大专院校培养出来的。"

瑞典国王卡尔十六世·古斯塔夫更是赞赏不已。

多年后，李书福又见到了穆拉利，这次是在重庆，他跟穆拉利建立了良好的个人关系，像朋友一样。穆拉利奇怪李书福好像一点没变，还是一张娃娃脸，这个人就一点不会老吗？

"你收购了太力飞行汽车？我以后得叫你并购大师了！"穆拉利握住了李书福的手，笑着说，"你下一步想要做什么？吉利又有什么大动作？我说的是人，我发现你更在意人才，彼得·霍布里还好吗？"

第七章

梦想天空决战未来

他曾是放荡不羁的画,也是一意孤行的灯。汽车与人是冰,人与汽车是诗。当汽车是主语的时候,汽车是冷冰冰的机器;当人是主语的时候,汽车是有生命的。懂得的人自然会懂,不懂得的人就学会懂。岁月只能让人变老,经历才会使人长大。

生命的诗

　　1950年，彼得·霍布里出生于英国的阿尼克，他一头金色头发，脸上总是挂着微笑。这位世界著名汽车设计师，1991年起就担任沃尔沃设计总监，彼德将沃尔沃汽车的造型设计成流线型和曲线型，一改沃尔沃过去方盒子的造型，轰动了北欧，惊艳了世界。

　　彼得·霍布里领导了沃尔沃汽车设计的伟大变革。福特收购沃尔沃以后，把彼得从瑞典哥德堡调到了美国底特律，2002年起开始负责福特旗下的阿斯顿·马丁、捷豹、路虎、沃尔沃等高端轿车的设计。

　　彼得有一个习惯，跟人沟通的时候，喜欢边画图边交谈，这跟他5岁时父亲让他学绘画有关。9岁的彼得看到汽车画报，就在画报上把阿斯顿·马丁他认为应该更好的地方"改造"一下，父亲看到后大为吃惊，说："彼得，改得好！你将来上大学就学艺术，将来设计汽车！"

　　彼得·霍布里高中毕业后，考进了纽卡斯尔学院，攻读艺术与工业设计专业。然后继续深造，获得皇家艺术学院汽车设计硕士学位，毕业后就进入克莱斯勒的英国设计部门，深耕豪华轿车设计20

余载。彼得·霍布里不断追求和实现自己的梦想，在汽车设计中，处处体现出"艺术是制造哲学的表达"，将汽车设计融入艺术，这正是李书福想要的。命运使然，彼得会跟李书福碰撞出火花。

彼得·霍布里在21世纪初的头几年里，到过中国很多次，看到大街上跑的那么多汽车都是模仿的，其中也少不了吉利。吉利汽车有些夸张地模仿丰田、福特，甚至奔驰和宝马。彼得有一位英国朋友在日本从事汽车工作，是一位彬彬有礼的女士，笑着对他说就是要模仿呀，不模仿怎么进步？霍布里听到这话从英国人的嘴里说出来，有些吃惊，居然这样，公然说出就是要模仿？

彼得后来觉察出来，中国人在很多地方都是羞羞答答的，有话不喜欢直说，让你猜。习惯用枪炮的西方人——他认识的中国人几乎全都这样说——不会猜也没工夫猜，直接要，要不来就抢，千百年来开条大船架上大炮梦想就实现了。历史上的欧洲列强从来不谈梦想，掠夺是一种习惯——这也是一个中国朋友告诉他的。

彼得·霍布里称得上是一位工业艺术家。艺术的真谛是悟，需要感性的体悟，他很快就悟懂了"模仿你是对你的尊重"，丰田起家时就是模仿福特，彼得知道吉利起家是模仿丰田，连奔驰也没有放过，在福特做汽车设计的很多同行都这样说，有人称之为"东方螺旋"。

明白了，懂了，李书福还算是客气的，吉利从汽车百年的时间刻度上说，太短，显然也没有足够的空间。这个"空间"说的就是技术，起步太晚的中国汽车缺少制造汽车的核心技术。彼得始终没有搞懂，中国人为什么要说"铁杵磨成针"？愚公为什么要移山？直接买根针或者搬家不好吗？李书福特别能理解彼得，这是一种文化差异，如彼得·霍布里在豪华品牌汽车设计中所使用的曲线，并非完全为了解决风阻问题。穆拉利喊出了"一个福特"之后，彼得·霍布里参与的高端汽车设计首当其冲。为了拯救福特，总裁兼CEO的穆拉利开始了卖卖卖，出售福特旗下的捷豹、路虎、阿斯顿·马丁，都是他主管设计的高端品牌，还好暂时没有沃尔沃。

彼得·霍布里跟李书福一样有一种情结。

沃尔沃汽车在福特旗下独立运营。2008年捷豹和路虎卖给了印度的塔塔集团，离开美国去了印度。彼得·霍布里为沃尔沃担心，他有理由热爱沃尔沃，沃尔沃伴他走过青春，迈向成熟。是他为沃尔沃汽车生硬的直角增添了柔软，赋予了工业设计的艺术气息。

彼得一直揪着心，墨菲定律验证了，越担心的越会来。2009年，福特全都知道了穆拉利要为沃尔沃找一个好买家。沃尔沃汽车的设计部门本来就一直不在状态，彼得签署完沃尔沃又提升了安全性的设计文件，从内部打听到消息，一个叫李书福的中国人跟穆拉利秘密签订了保密协议。他知道了，这可能是他为沃尔沃汽车签发的最后一份文件。

有些伤感。彼得·霍布里为沃尔沃工作了10多年，为沃尔沃汽车设计付出了无数的心血。福特收购沃尔沃后，他从哥德堡到了底特律，现在，沃尔沃又要告别美国，去了遥远的东方。

这时候，他接到了一个电话，邀请他回来担任沃尔沃设计副总裁，彼得别提有多高兴了，立即处理掉在美国的房子，飞回哥德堡。他又走进了熟悉的大楼，几个月以后，一个叫李书福的吉利老板，像风一样把沃尔沃给卷走了。

福特不再拥有沃尔沃，那天彼得没有见到李书福，却像李书福一样零乱过。心思零乱，沃尔沃有了新东家，一切都会改变。

当李书福率领一个庞大的国际团队来到沃尔沃总部签约时，彼得没有被安排参加签约仪式。他还不了解李书福，听说这个中国老板对汽车安全要求非常苛刻，设计部门要小心了。这个彼得一点都不担心，他担心的是吉利成为沃尔沃的新东家，必将迎来一次人事调整，他不知道能不能留下来，要不要回到福特去。

他开始上网查询，想多了解一下这位沃尔沃全球董事长，从庞杂的信息中缜密地剥离出重要的一点：李书福对安全性近乎苛求，而且在汽车设计上有点天马行空，不仅在汽车安全性上想要追求到极致，风格上也让他捉摸不定。

随着对李书福的了解和研究越来越多，彼得·霍布里忽然觉得有了一个意外发现：吉利汽车在市场上可以惊艳，却无法在受众中表达。

这不只是让他印象深刻，而是有点替吉利扎心。彼得还听说李书福在对汽车近乎一无所知的时候，就气壮山河地率领吉利人造起了汽车，中国真就是一个神奇的国家。

尽管李书福一再表述"吉利是吉利，沃尔沃是沃尔沃"，强调吉利不会插手沃尔沃的管理和运营，但不改变是不可能的。变，才是不变的真理。

真理一直掌握在少数人的手里，历史的真相无不如此。没有真相，只有认知。东方哲学有一套自己的体系，要知道，汽车设计的真理只掌握在少数人手里，不像中国人所说的"人民创造历史"。西方人敬仰个人英雄主义，在彼得·霍布里眼中，李书福就是。他还没有跟沃尔沃新老板对过话，这一天，在沃尔沃总部大楼的楼道里，意外地迎面遇见了李书福。

这是2010年的8月，李书福又来到沃尔沃总部。他有意闪开，听到李书福的声音，说："彼得，我来办公室找你，我是李书福！"

彼得·霍布里停下脚步，转过身来，这是他第一次跟李书福面对面。看到董事长向他伸出手，心里说不上来是不是有点紧张，看到李书福的目光和蔼，矜持的彼得伸出手，握住了李书福软绵绵的手。

"晚上我请你吃饭！"李书福满面笑容地说，"我得跟你谈谈沃尔沃的未来设计！沃尔沃一定会更美丽，美丽得像星空一样！"

坦率地说，彼得有点晕，他还不熟悉李书福式的表达，以为是为了避免尴尬才这样说的。在吉利，董事长很少直接约下属吃饭，彼得并没有感到受宠若惊，以为这是李书福的习惯。

彼得·霍布里坐在了李书福的对面。同桌的还有一些人，后来才知道那些人曾属于一个名叫"V项目组"的团队。为了方便交流、表达准确，李书福带了英语很好的翻译宁述勇，后来才知道宁述勇不是翻译，是沃尔沃公关总监。

李书福对宁述勇说："告诉彼得，有机会到杭州我请他吃美食！中国不光有烤鸭和咕咾肉。我发现美国人最爱吃咕咾肉，但一点都不正宗，他们说按照中国咕咾肉的做法，美国人就不爱吃了！"李书福热情洋溢地转向彼得，看着他说，"所以，融合很重要！沃尔沃到中国也要符合中国的国情，这点非常重要！"

宁述勇翻译给他听，彼得知道了，原来李书福请吃饭并不简单，他喜欢和敬佩李书福瞬间就能制造融合氛围的本领，一个大本领。

这是一次让人愉悦的晚餐。李书福让人既能紧张又能放轻松，在这样的老板手下工作，一定是既严肃又会有很大的发挥空间。彼得非常愉快地喝了酒，愉快地感受到了董事长是一个让人愉快的人，所以才有本事聘请到瑞典人、美国人、英国人、德国人、法国人、澳大利亚人，还有日本人、韩国人、马来西亚人为吉利工作。世界上奇奇怪怪的人，在李书福这里都不奇怪。

晚餐时，李书福送给彼得一幅东方瑰宝台州刺绣，冷雪梅花，冰枝嫩绿，疏影清雅。"遥知不是雪，为有暗香来"，宋代王安石曾赞美梅花凌寒独自开。还有两罐西湖龙井。彼得感受到了李书福的细腻和浪漫。浪漫透出坚毅，台州人的品性。这都是他后来才解读出来的，彼得也是一个细腻的人。

第二天，他带李书福考察了沃尔沃设计工作室。那是个晚上，哥德堡的夜空星光灿烂，出来时看见李书福抬头仰望着星空，说："彼得，你要设计一款带星空的沃尔沃！跟我去中国吧！"

他并不感到吃惊，李书福一定感觉到了他微妙的处境，却什么也没有说，直接做出了安排，要不然也不会这样待他。彼得·霍布里被李书福的细腻深深感动了，他想弄明白李书福说的"星空"是什么，没问，自己去悟。他忽然明白，在李书福手下工作要有极高的悟性。

彼得后来才发现，李书福是一个既浪漫又非常务实的人，他可以把你结结实实地按在地上，在他的理想世界里摩擦。

彼得·霍布里来到了杭州。

这是一个全新的开始，他出任了吉利高级设计副总裁。彼得接受了李书福的浪漫又务实，开始认真研究李书福所说的"星空"。为了在汽车设计中融入中国元素，他开始更多地了解中国文化，彼得发现中国文化很是浪漫。

李书福想要把沃尔沃的前脸，设计成星球轨道的样子，他终于弄懂了李书福的意思，沃尔沃的标志像星球。彼得第一次听见有人这样说，两个大灯是月亮，两个月亮一个对应沃尔沃，一个对应吉利，围绕着太阳，构成美丽的图案。

"这是星空概念在沃尔沃上的艺术表达，"彼得·霍布里说，"沃尔沃新的表达。"

"彼得，"李书福很高兴，"你能理解我的意思，这就好！太好了！"

"董事长，听说你写诗？"彼得说，"你就是诗。我从来不赞美人的，按照你们中国话说叫肉麻。"

"新沃尔沃的前脸设计，要像海上生明月！"李书福兴奋了，说，"这不是肉麻，是触动！新沃尔沃一定要触动情感，沃尔沃必须有新的表达！一定要发展，发展很重要！"

这是他第一次听李书福说"发展"，在未来的日子里，他总能听到"发展"两个字，这几乎成了李书福的口头禅。怪不得中国能发展得这么快，"发展"流淌在中国人的血液里。沃尔沃进入了新的时代，这个世界好像束缚不住李书福了。

彼得·霍布里看了很多有关中国的书籍，除了阅读小说，还涉猎了戏剧、电影，了解中国的绘画和书法。彼得还听说李书福很偏爱梁山伯与祝英台，甚至知道了在2005年上海国际车展，来自李书福创立的吉利大学汽车模特专业的学生，在吉利展厅第一次表演了《梁祝》双人舞，流淌的委婉意境令人心动，当时在场的人都看到了李书福的感动。从此以后，吉利的很多大型庆典活动，都会安排《梁祝》经典双人舞，成为一个传统。

彼得觉得开始慢慢走进李书福的内心世界了。他还专门买来英文版《红楼梦》，没有太看懂，作为中国人推崇的四大名著之一，原来就是写发生在一个叫荣国府的大院里，好多女人跟一个叫贾宝玉男孩的故事，不是他想的那种宏大叙述。

他要从专业角度，解构中国文化与汽车设计之间的关系。彼得发现一些中国人对眼睛和鼻子特别关注，有些女孩喜欢割双眼皮，他更喜欢中国女孩的单眼皮，不同于西方人的高鼻梁、深眼窝，单眼皮更有中国女人的韵味。

随着进一步研究，他又有了两个重要发现：一是中国人特别在意汽车的前脸，二是中国人喜欢轿车大一点。

彼得给在奥迪工作的设计师同行打电话，了解到奥迪进入中国后，中方上来就提出要做加长奥迪。德国人对此感到迷惑，不知道为什么要把奥迪加长？固执的德国人坚决不同意，中方坚持说不加长不行，必须加。德国人较起劲来，就是不加，各持己见，最后竟然是高层领导出面协调，才让德国人放下高傲。德国人给加长奥迪的型号上加了一个"L"，没想到加长奥迪一下子征服了中国人。

越多了解中国之后，他越发现造中国人喜欢的汽车，可真不是一件简单的事。彼得越开始理解李书福，越替他担心起来。中国人对奔驰、宝马和奥迪情有独钟，成为沃尔沃全球董事长的李书福，就是想打破这个神话,让沃尔沃在中国人心中具有更重的分量。沃尔沃开始适应李书福的节奏和话语,吉利成为沃尔沃的主人后,如果说改变了什么,就是李书福开口必谈的"安全"。沃尔沃的人终于明白了,李书福要沃尔沃到底要的是什么,除了科技,首先是安全,安全,还是安全!

安全,必须把沃尔沃汽车的优势发挥到极致,融入血液中。李书福、吉利,彼得·霍布里看到了中国制造不屈的精神,还有闪光的灵魂。

他觉得这个赞美并不过分。

彼得·霍布里很快就发现了吉利汽车的问题——成为习惯的工作方式。很多汽车设计师习惯画图,做模型,然后把模型交给工程部门就撒手不管了。可是,设计真正的好汽车,模型仅仅是设计工作的开始,不是结束。

他知道,首先要改变的是吉利人的观念,他需要制订新的流程。彼得希望将吉利汽车的设计中心落在上海,上海作为一座国际化都市,对全球人才拥有更强大的吸引力。设计汽车需要灵感,艺术也需要灵感,走在了时尚和文化前端的上海,能给设计师带来更多的灵感。

他把这个想法告诉了李书福,李书福说:"彼得,你决定!"

再没有比得到老板的支持让人心情愉悦的了,他看到了李书福的简单,还有李书福的复杂。他在既简单又复杂的老板手下工作,明确感受到了吉利在发展过程中,体现了老板个人化的追求。

彼得·霍布里感觉跟李书福交流很轻松,表面轻松下是重。他发现，在吉利总能遇到简单的复杂问题，也要面对复杂的简单问题。不想说吉利里的山头很多，想要跟吉利合作的人要么小心翼翼，要么无所适从。他不知道李书福是不是知道这一点，这会影响到吉利的发展，可他不想介入，不能介入。在中国，看破不说破是睿智。以简单应对复杂，以复杂解决简单。

彼得把设计中心搬到了上海，需要一个更有创造力的环境。他向全世界发出征集令，吉利要国际化，需要向全球招揽设计人才，并在上海、哥德堡、洛杉矶和西班牙的巴塞罗那设立了四个全球设计中心，来自美国、德国、英国、意大利经验丰富的汽车设计师纷纷加入吉利。当然，也有一批刚从高校毕业的优秀学子，这是李书福要求的，为吉利的发展储备人才。

吉利是沃尔沃的母公司，掌握了沃尔沃汽车10963项核心技术和专利，吉利自己有超过25000项的专利和知识产权。是的，没看错，李书福从造车起，让吉利拥有如此数量的专利和知识产权，证明了李书福善于发现人，培养人，昂首阔步走向世界，吉利的身姿越发妖娆了。

他开始明白了，在中国汽车工业里，吉利造汽车开始是喜剧，不过三五集，李书福把喜剧变成了正剧，而且是一部不知道有多长的连续剧。都以为吉利收购沃尔沃是高潮，哪知道是第一季的结尾，第二季刚刚开始。

可以大展宏图！彼得·霍布里充满激情和信心，投入来到吉利后的第一款新车设计。李书福的"海上生明月"构想，他要把西方古典和东方气质融合在一起，推出了概念车 Universe，中文名为"天地"。

天地概念车在2011年的上海国际车展上引起了强烈反响，彼得·霍布里交上了第一份满意的答卷。"吉利要向世界呈现不一样的东西。"彼得·霍布里在上海国际车展接受媒体采访的时候说。

他开始越来越了解中国文化的博大精深，汽车设计要有当代对历史的观照。中国的服装、建筑、雕塑，包括绘画和家居，无一不是他灵感的宝库。长城的气魄，黄河的壮美，长江的诗意，还有西湖断桥的韵味，都是设计师可以借鉴的元素。可以说，"天地"概念车是后来大获成功的吉利博瑞、博越的雏形，彼得·霍布里找到了感觉，月下水波的"涟漪格栅"，一度成了吉利汽车的标志性设计，体现了东方神韵的精髓。

安全是吉利汽车永远的追求。吉利的爆胎监测与安全控制系统（简称"BMBS技术"）获得了国家专利。李书福邀请中国工程院院士郭孔辉教授，带领国内外汽车力学、人体生理学和汽车制动方向的专家学者研究论证，反复攻关研制，最终，BMBS技术项目通过了国家相关机构的测试，各项性能指标完全达到设计要求，该技术是世界上唯一受专利保护的汽车类主动安全技术。

吉利汽车以BMBS技术为代表的傲人成绩，彼得·霍布里都了解了。随后，彼得又组建了吉利博瑞的设计团队，2013年，吉利博瑞横空出世。这款车是沃尔沃理念与吉利汽车的融合，于2015年正式上市后，引起了巨大轰动，被人们誉为"大美中国车"，吉利汽车的设计至此迎来了新的篇章，沃尔沃的滚滚向前，拉动了期待走向国际的吉利。

全国经销商打爆了吉利副总裁、销售公司总经理林杰的电话，迎来了林杰1995年加盟吉利以来的高光时刻——荣获2016年中国汽车营销人物。从士兵到将军，人才是吉利的魂。

吉利的崛起，离不开日渐国际化的精英和永不停止的团队建设。2016年10月，吉利与沃尔沃基于CMA基础模块架构，共同开发的领克汽车在德国柏林正式发布，彼得·霍布里是名副其实的领克设计之父。这位伟大的设计师再次出手，轰动世界，毫无疑问，这就是李书福一直追求的吉利汽车的"新叙述"。

2021年，又一位世界顶级大师来到中国，加盟吉利。李书福邀请了前宾利设计总监史蒂芬·西拉夫，担任吉利汽车全球设计副总裁。李书福下定决心，要把吉利旗下的子品牌一个一个全都推向世界。

2017年，李书福出手收购了英国跑车路特斯，把这一世界著名跑车品牌交给彼得·霍布里主持，对他说："彼得，我还要拿下阿斯顿·马丁，你要在世界顶级跑车上大展身手！"

彼得·霍布里知道，这又是一个承载李书福梦想的大动作。他是最早发现李书福不是"买买买"，而是"变变变"的外国人，这是站在国际视野上的敏感洞穿。他愿意跟上李书福超越梦想的脚步，彼得接受记者采访的时候说："你可以想象，有机会设计一个新的路特斯，我很高兴。"

出乎所有人意料，2023年6月末的一天，上帝把彼得·霍布里给接走了。彼得当时下榻在杭州的一家酒店，他这次来杭州本有很多事要做，却因心脏病突发而离世，传奇陨落。

愿彼得·霍布里在天堂安好。

那个早晨，李书福听到了这个意外的消息，悲痛万分，接到电话的时候，不小心把手中的玻璃杯跌落。俪俪不知道发生了什么事，看到书福脸色煞白，说：“怎么了？你别急。杭州亚运会指定吉利汽车为官方用车，不光是接运动员，还有代表团团长，包括警务专用车。上午要去省里开会，你可别情绪不高啊，人家还以为你不愿意呢！”

"彼得走了。"他说。

俪俪一下怔住了，"怎么会⋯⋯"

李书福心里难过，想起与彼得的初次相识，想起上海国际车展上彼得站在天地概念车前，向世界介绍沃尔沃落户中国后的梦幻未来。彼得用设计赋予了沃尔沃新生命，却一个人静悄悄地走了。

李书福难抑悲伤，想起了吉利集团副总裁顾伟明、公关部部长陈放鸣⋯⋯好多名字，留在了吉利的历史中。

未来已来

"西风烈,长空雁叫霜晨月。霜晨月,马蹄声碎,喇叭声咽。　雄关漫道真如铁,而今迈步从头越。从头越,苍山如海,残阳如血。"李书福想起来毛主席的《忆秦娥·娄山关》。这首词,他小学五年级就倒背如流,那时候好像没太懂,怎么可能懂呢,不经历风雨的人,只会把彩虹看成一道奇幻的桥。

李书福当年造汽车,不仅凄凉,而且悲壮。那些杀不死你的,终将使你变得强大。有人说我们不该说"大国崛起",应该隐忍着发大财,走向国富民强。

想多了,这就是一个缠斗的世界,斗争会越发惨烈。

面对多变的世界,必须加快布局,还要合规。李书福内心的全球合规是要在国家间找到平衡,这是一个挑战,他相信吉利一定能找到解决方案,一定要坚持做到全球的依法合规。

除了前行,无路可走。李书福已经走过青春,好像并没有走远。"我年轻的时候总是错误地认为,时间可以倒流,青春可以永驻。转眼间快要60岁了,我才恍然大悟,原来青春如此短暂,一晃而过。"李书福面对电视台记者采访的时候说,"因此我认为,青春,这是人生极端奢侈的一个天然的资源,我希望大家好好珍惜。"

李书福想告诉年轻人,你得成器,不成器就是一个物。器才有价值,物只是一个摆设。如果在一个时代里,你没有去追求自我价值,甚至连梦想都没有,过一万年也算不得出土文物。"你在时代里,别辜负这个时代。"他接受完采访,又来到新入职吉利的大学生见面会上,继续说:"不要辜负青春,有梦想的青春才可爱、可敬,将来不后悔!"

李书福飞到了成都,对吉利学院的学生讲:"造汽车的时候,我认为起名字没有那么复杂。比如国家给两个大省起名字,一条黄河分两边,河南边的叫河南,河北边的叫河北。黄河是中国的母亲河。经历了一些事情以后,我才发现任何命名都没有那么简单!"

他又飞到了三亚,对三亚学院的学生讲:"知识是学不完的,课堂上的知识远远不够,读完硕士还有博士,吉利以后一定还会建立博士后工作站的。你们要不断地学习,埋头学习的同时,还要抬头看路,深刻理解世界大变局!"停了一下,李书福发自肺腑地说,"国家领导人在会见一位外国元首的时候,深刻阐述了中国式现代化的本质内涵,强调中国走出了一条不同于西方的现代化道路,关键在于始终坚持从中国国情出发,坚持走符合中国国情的中国特色社会主义道路。"

在吉利集团高管的会议上,李书福说:

> 我创业初期,吉利汽车是卖得很便宜。后来,我写了《宁波宣言》。《宁波宣言》是什么?就是不打价格战,好和便宜这两条平行线永不相交!我非常庆幸自己在中国第一波经济大潮

中，跟上了时代的步伐！什么是发展？发展就是求变！未来已来，要敢于迎接各种挑战！

李书福飞往瑞典，视察了沃尔沃舍夫德发动机厂。他飞到比利时，走进根特整车厂跟工会座谈。然后，又马不停蹄地飞往英国，到海瑟尔的路特斯跑车工厂考察，再去了考文垂新能源商用车工厂。在英国停留了几天，然后飞往冰岛，到了这个世界上最不像地球的地方。

在美丽的冰岛，李书福要用已经酝酿了十几年的生物燃料甲醇，做新能源汽车。2015年7月，他在冰岛首都雷克雅未克，用生物燃料甲醇破题，投资当地的碳循环国际公司，揭开了吉利新能源汽车新的一幕。

时磊想不起来，李书福一年要绕地球多少圈，这个毕业于北京吉利大学的"80后"，作为董事长的秘书（后来成为吉利控股集团董事局办公室主任）不分昼夜地奔波，随时随刻感受李书福的"变"，最能理解李书福口中的"发展"。

离开冰岛，在机场登机的时候，时磊收到了一条微信，打开看了一眼，是一个短视频，他觉得很有趣。从冰岛飞上海，要在芬兰的赫尔辛基转机，停留两小时，时磊把手机递给李书福，因为视频很幽默，可以缓解一下董事长的疲劳。

幽默，时磊想到董事长会笑一笑，可李书福没笑，一脸阴沉。

李书福看到的是未来的生死博弈。他本想退下来，已经辞去了吉利汽车控股有限公司执行董事，包括董事会主席的职务。可没办法，他还卸不下担子，不得不肃立船头，引领吉利这艘巨轮紧紧跟上国家发展。发展，说起来易，头破血流的人一定印象深刻。国际形势风云变幻，没有足够的警惕，就是跨国大型企业也会死得很惨。

经过一天一夜的折腾，飞机终于在上海浦东机场落地，李书福的脸上才露出了笑容，让时磊先回杭州，明天下午3点，约吉利集团协同创新中心的总经理沈源见面。

要在上海停一晚，见时空道宇的王洋，李书福牵挂造卫星。然后要见星纪魅族的沈子瑜，主抓新能源的沈源。布局"三大战役"，李书福铁定了心决战未来。

变废为宝，李书福20岁出头时就做到了。人们都看到了他怎样挣钱，却不曾触碰到他有趣的灵魂。行舟至此，李书福又要"重操旧业"，把城市的垃圾变成能源。

这件事沈源可以做。沈源是一块砖，任凭李书福搬。沈源不像一些吉利老臣那样，在哪里跌倒就在哪里舞蹈。他是从底特律回国的发动机专家，在美国密歇根州立大学获得机械工程学博士学位，是吉利海归学术派的代表人物之一。

沈源一个月前给吉利集团财务中心打电话，要20万现金，却给不出理由。这是严重违反财务规定的，作为协同创新中心的总经理，他本不该这样。"我以人格担保，给我吧！出了问题我承担全部法律后果！"

工科，是利用物理定律和化学定律，为机械系统做分析、设计、制造的工程学科，沈源不仅有工科的严谨，还以读书人的柔软和经常不知所措的表情拿到了20万。解开这个秘密要等到2023年9月23日，杭州第19届亚运会开幕式上燃起火炬——甲醇火炬，吉利制造。

因为疫情，2022年亚运会推迟到2023年举行。杭州亚运会开幕式上的火炬，世界上将第一次使用甲醇做燃料，这是李书福交给沈源的一项神秘任务，也是杭州市交给吉利的，国家交给杭州人民的。

这个秘密必须是开幕式之后才可以揭晓。20万元经费就是用于制造火炬实验装备的，绝对不能向任何人透露。中央电视台也在保密中拍摄，记录吉利甲醇燃料的幕后故事，开幕式一结束就播出。

在此之前，走漏消息就属于泄露国家机密。当年北京奥运会开幕式，就是被一家韩国电视台给走漏风声提前播出，北京奥运会组委会不得不紧急替换点火方式。

为确保火炬燃烧的稳定性，他带领团队攻关了长明火稳焰燃烧技术、液体燃料可控雾化技术、智能系统可控燃烧技术、多通道燃料恒压供给技术四大燃烧技术，必须在燃烧系统取得专项突破。长明火稳焰燃烧技术可在火炬主火意外熄灭后，让长明火在主火下方燃烧，重新点燃主火；液体燃料可控雾化技术利用变截面旋流片结构与智能可控燃烧技术相配合，根据现场气象情况实时调整燃料雾化压力及内环助燃空气流场，使得内环长明火部分燃料混合更加均匀，火焰短且有力，不受外界环境干扰，这些技术都提高了火炬的防风能力。

沈源是发动机专家，李书福的教诲是："火炬就是亚运会的'发动机'，要把这次火炬点燃看成是启动发动机！"

李书福总是有理，在用人上从来没有局限性。吉利在方方面面都需要不断地创新，创新，再创新，也的确创造出了一片辉煌，但也难免有失败。有时失败者会振振有词地向李书福解释，说自己败得有理。

也是，成功的路只有一条，失败却有千万个理由。吉利承担不起亚运会点火失误的后果，更别说失败了。

这天深夜，在杭州奥体中心体育场"大莲花"，亚运会开幕式进行第一次点火试验。火炬的点火装置已经反复检查过很多遍，力求万无一失。工作人员已经封锁了体育场的所有出入口，没有特别通行证的人别想进来。消防车开进场内就位，只等一声令下。一向沉稳的沈源紧张得手心出汗了，传来了总指挥的口令："五、四、三、二、一，点火！"

砰的一声，火炬点燃了，巨大的亚运圣火映亮夜空。

不好！火炬基座忽然一闪，瞬间也燃起了火苗！

消防队在极短的时间内完成了紧急预案的全套流程，多条水龙喷向火焰，瞬间将火喷灭。这可不行，现场点火试验消防车是准备好的，开幕式的时候不可以让消防车出现在观众的视野中，如果发生意外，灭火会更加困难。

"吉利的人呢？"指挥人员在广播里大喊，"马上跑步过来！"

组委会围绕火炬燃料的问题争论得异常激烈。使用天然气是之前的惯例，为了保险和安全起见，创新或许并不可取。但也有坚持使用新燃料的一派，吉利有200多项甲醇汽车的相关专利，在技术积累上值得信任。

"实不相瞒，吉利2005年就开始做甲醇，我们一旦被西方卡脖子，石油运不进来，全国的工业生产都要停止呼吸，这可不行！跟当时吉利研究CVVT发动机一样，我们没要国家一分钱，这就该是民企的担当！"李书福在国家决定火炬用甲醇做燃料时，在中央领导参加的会上表态说，"不管美国搞没搞，创新是中国经济发展的不二选择！吉利愿意把所有专利全部开放，做大中国新能源的蛋糕！国家要出台政策支持，电动汽车有政策，政府有补贴，甲醇汽车更该有！"

"沈总，你回去跟李书福汇报，限你们十天拿出解决方案！"现场总指挥说，"对了，亚运会接送外国元首和运动员的都是吉利汽车，切记安全！这可是浙江，我们杭州举世瞩目的大事，绝对不可以有一点闪失！"

很长一段时间里，沈源索性连家都不回了。李书福信任他，当初他从底特律回来，尚未做过甲醇燃料的发动机。那时候开始，沈源就按照李书福的思路，尝试先用煤制造甲醇，让甲醇在发动机里燃烧。他一头扎到实验室开始试验，然后又去贵州做实验。当时的想法是如果成功了，李书福要把甲醇生产基地放在贵阳，帮助当地脱贫，还要去安阳焦化厂生产甲醇。科研团队在贵阳进行了一系列测试，结果汽车跑了1000公里，发动机就报废了！

甲醇汽车发动机的核心，面临的不是燃烧问题，而是化工问题。甲醇在常温下为液态，腐蚀金属，易燃易爆。火炬点燃试验的时候，关注点不由得都放在了火炬头上，没有防住火炬基座贮藏的甲醇液体腐蚀金属导致泄漏。

零下253度氢是液态的，沈源在贵州做实验的时候，知道了49吨的重卡只能运载300公斤的氢。把氢和二氧化碳融合产生甲醇，甲醇又自带氧，这是一整套的化学反应。沈源知道，李书福对中意的市场一定会有"化学反应"的。或许可以说，李书福就是"氢"，自创业以来，他就善于把所有的"二氧化碳"都给变成甲醇和水。李书福有一天还要把电变成液体的，这个计划听起来很是惊人。

在2023年2月25日中央电视台的《对话》节目中，李书福满面红光地讲述了他在追的梦，坚定地说："梦想总是要有的，连梦想都没有，这不行。"

李书福经常去冰岛，他可不是去看极光。李书福的心里有一道光，就是甲醇，他想把冰岛先进的甲醇制造设备带回中国，用二氧化碳做原料制配甲醇，推动产业化。这不是并购，是合作。

冰岛方面不想把技术泄露给中国，欧盟委员会也不会批准的。这怎么可能难倒李书福和吉利人，大不了自己干！国家还没有制定出推广甲醇汽车的政策，电动汽车一花独放。然而，电动汽车的电池会消耗巨大的能源，还将面临严峻的回收问题，如何处理电动汽车的电池，是全世界的一道难题。

毫无疑问，在这个历史阶段，吉利眼看着成为一个紧跟潮流者，李书福让极氪单独在电动车的赛道上奔跑。吉利坚持品牌化发展战略，极氪与领克等一系列新兴品牌逐渐形成了强大的内部竞争力。"大干快上"流淌在生于20世纪60年代人的血液里，李书福把沃尔沃放虎归山，可能还要放得更远，自己带了一群战狼去搏杀新能源汽车。

现在，沈源带领团队必须解决首次点火出现的问题。沈源带着团队没日没夜地研究，用了3天时间解决了问题。但再一次试验时，现场偏偏刮起了大风，影响到了火炬的燃烧效果。再一次试验，在火炬周围连鼓风机、消防喷淋都用上了，想要摧毁火炬。在19米高空，34个喷火头被近距离吹灭了一个。无论开幕式那天有没有这样的大风，必须万无一失！

还有一个问题，甲醇在燃烧前需要雾化，会有两三秒的延迟，形成一团雾气，会影响电视转播画面。不能让杭州亚运会有任何一点瑕疵，沈源又遇到了一个新难题！

"沈博士，晚上我请你喝酒。"李书福打来电话，说，"甲醇汽车在贵州发展得非常好，出租车全是甲醇的。每百公里消耗10升甲醇，每公里的成本是两毛钱。贵州省政府给吉利专门配了茅台，我们喝吉利甲醇茅台！"

董事长还有心思开玩笑，李书福式的幽默他不止一次领教过，在为杭州亚运会攻关的重要时刻，李书福也有别样的关怀。

李书福认准了要造新能源的甲醇汽车。甲醇汽车排放的是二氧化碳和水，环保性好，前景广阔。李书福不停地往欧洲跑，终于弄到一整套试验设备，设备在欧洲组装，又在意大利装船，在茫茫的大海上向中国进发。

快要到达上海时，上海突然暴发了新冠疫情。没办法，进不了上海，货轮停泊在香港等待。谁也不会允许一条不卸货的船久久停泊，货轮只好又驶向了新加坡。货轮没能"海归"，成了百分之百的"海漂"。海上生明月，照亮了搭载着李书福梦想的船，还挺有诗意。

2023年9月23日，杭州亚运会主火炬顺利点燃，甲醇燃料令世界为之惊喜，开启了环保低碳的杭州亚运会，深厚的文化底蕴与处处涌现出来的现代科技，无不令人惊艳，在这里可以想象未来。一位日本记者感慨地说："全亚洲的运动员到杭州来参加亚运会，就是来看中国升国旗，奏国歌。"

在沈源那边庆祝的时候，王洋正在紧锣密鼓地筹备第二次卫星发射。经历了第一次发射失败，那个情景终生难忘。

第一次发射那一天，2021年12月15日上午10点，在酒泉卫星发射中心，王洋坐在指挥台前，倒计时还有两分钟，他的手心出汗了。李书福因为疫情没有到酒泉卫星发射基地来，此时正站在10楼办公室的窗前看着天空，等待好消息。

时空道宇在上海、杭州、西安、南京、广州、青岛和北京，包括路桥超级卫星制造工厂的吉利航天人，全都紧盯着实时传送的屏幕，期盼着这个时刻到来。快舟一号甲运载火箭将把GeeSAT双星送上天。

快要进入10秒倒计时，王洋跟酒泉卫星发射中心基地（中国航天业内称之为20基地）司令员并排坐在一起。60秒倒计时开始，他大声发出指令："十、九、八、七、六、五、四、三、二、一，点火！"

话音落下，发射指挥中心的大屏幕上，快舟一号甲运载火箭点火，喷着火焰升空！屏幕显现的一切数据正常，理论线和实际线完全吻合，快舟一号甲火箭载着吉利GeeSAT卫星冲向蓝天。眼看火箭就要入轨了，喜悦的时刻就要到来！

忽然，直播画面中的火箭一阵抖动，随后冒出了白烟，火箭画出的曲线不是向上入轨，而是向下坠落。王洋随口发出紧急指令："快！切断画面！停止直播！"

王洋坐在椅子上，久久没有起来。

"王洋，找到那颗星！"李书福打来了电话，他刚刚接完一个记者的电话，新华社的消息还没有发出。王洋听到李书福在手机里大声说:"去把那两颗卫星找回来!不能让吉利 GeeSAT 卫星孤独地躺在戈壁滩上……"

王洋听到了李书福颤抖的声音,他还没来得及说一声"对不起",李书福挂断了电话。

王洋带领团队乘坐20基地的三辆越野车,驶入茫茫的戈壁滩,开始寻找第一次出征因发射失败而遇难的吉利 GeeSAT。在50公里外,发现了卫星残骸,大漠孤烟,长河落日,两颗 GeeSAT 卫星相隔百米,寂静地躺在那里。

李书福来到了路桥,走进时空道宇保密区域,看到两颗卫星的残骸时,李书福站好,摘下了口罩,向两颗从高空坠落、骨架依然完好的卫星深深地鞠了一躬。

吉利卫星,骨架够硬。

"继续!不要管花钱,投资多少都没关系!"李书福对王洋说,"这回要多造几颗,一起发射,闪耀星空!"

王洋总能感受到李书福的浪漫,既是企业家又是诗人的李书福果然名不虚传。王洋没怎么读过李书福的诗,他是在吉利系统的外部,对李书福还感到多少有些迷惑。李书福有能量,这点无可置疑。

王洋会定期从上海来到路桥,在时空道宇超级卫星制造基地,听到过李书福作词的歌曲《力量》:

力量在风中回荡,
奇迹在蓝天下闪光。
坎坷的道路承载着理想,

坚实地伸向远方……

重新研发！时空道宇的吉利人，在王洋等一大批科学家率领下，挑战疫情肆虐带来的重重困难。当时好多人封闭在居住的小区，促使又一代更年轻的"90后"吉利航天人成长，火速进入一线！

上海总部的办公室变成了宿舍，隔离在小区里的人24小时不关电脑，与路桥基地同时连线，王洋调配着分布在全国的时空道宇人，只要疫情不严重，分布在杭州、西安、南京、广州、青岛和北京的人穿插配合，终于在2022年春天重新制造出了13颗新卫星。

大量的数据检测和调试紧锣密鼓推进，必须抢在时间窗口完成发射。日期已经确定，将于2022年6月2日中午12点准时发射，这回发射不是在酒泉，而是在西昌卫星发射基地。

上海疫情严重，研发团队不能离开上海。路桥那边的封控隔离从7天增加到了14天，然后又延长到21天。王洋焦虑得上火，嘴上起了泡，他拿起手机，却不知该把电话打给谁。一个人最重要的，是不管你手机存了几百个还是上千个电话号码，而在最重要的时刻，知道把电话打给谁。

上海研发，路桥制造，这一仗，必须赢！李书福投资了十几亿，还要再投资，吉利造卫星没考虑过回报，只是为了未来！

2015年，国家多个部委陆续出台政策，支持发展商业航天产业，民企作为一股新力量开始大举进入这一新兴领域。李书福立即入阵，2018年和王洋一起成立了浙江时空道宇科技有限公司。2021年12月，吉利首发的两颗卫星居然掉了下来！卫星发射没有百分百成功的，埃隆·马斯克在全球瞩目下不知道失败了多少次。

李书福改变了主意，他要遵守规定，从冰岛回国需要隔离。时磊回杭州安排沈源向董事长汇报甲醇火炬情况，还有一个重要任务，就是在吉利大厦董事局所在的十楼，为李书福安排出一个隔离区，董事长回来后21天都无法再走出来。

李书福决定不进上海市区里面去见王洋，要沈子瑜来虹桥机场。这一天是3月27日，他看了一眼时间，已经是晚上11点多。他本想让时磊联系约见苏静，想了想放弃了，还是叫沈子瑜吧！李书福欣赏苏静，苏静被誉为"女强人"，本科硕士都就读于北京大学，2022年初以联合创始人身份参与创办星际时代，担任CFO。（后来，2023年3月星际魅族成立，苏静担任联合创始人、执行董事兼首席财务官，主管星际魅族的投融资与日常运营，并完成天使轮融资。）

沈子瑜到了，李书福上了车，说："你送我去杭州，路上谈！"

沈子瑜有准备，只是准备不足，他开车接上李书福上了去杭州的高速公路，离开上海的时间是晚上11点59分，离28日0点上海封控只差一分钟。

"正好，你跟我一起到吉利总部去隔离吧！"李书福说。

"别！"沈子瑜大声说，"放心吧，我有安排！"

沈子瑜打了一个哈欠，李书福说："要不我来开？"

"别！"沈子瑜一下就精神了，"您肩上扛着20万吉利人！十几万个家庭，加上全世界，差不多有几百万号人呢！我开吧，您说！"

不管李书福冒出什么新奇的想法来，沈子瑜总能从容应对。他能接住李书福说话的跳跃性，不管李书福是眉飞色舞，还是一本正经。尤其进入有关科技的话题，他总能和李书福碰撞出火花，然后两个人各冒各的泡，再结合到一起，变成一个更大的泡。

"子瑜，你去并购魅族手机！马上做，6月1日官宣！"

"这么急？时间太紧了，可是谈不出好价钱！您干吗非要赶在六一？"

"六一是个好日子！儿童节，永远有一颗童心，用一颗童心去爱，你不懂！"

"那好吧，我假装懂了，抓紧！然后呢？"

"没有然后，未来的汽车一定要做智能化！手机芯片的优点是算力高，但不是车规级芯片，会受到冷热环境的影响，我们把魅族拿过来，你在这方面要有所突破！"

"手机是存量市场，平均每天在车上的霸屏时间是40到50分钟，我有数据。"

"所以要做增量市场！做手机的做汽车就是增量市场！车机部分只要很少的人，就能把汽车搞了！如果做手机的造汽车，我们做什么？"

"所以您要反其道而行之，做汽车的做手机？"

"对！把极星划给你做，B2C，针对汽车个人用户，捍卫吉利汽车的智能！我们如果不快跑是会掉队的！"

"极星电动汽车用LG电池，在美国设厂有7400美元的补贴，在国内我们用麒麟电池。您知道，我的第一桶金是做芯片，给上汽供货。我还是那句话，西方不仅引领需求，人家是创造需求！您那句话我很喜欢，从燃油车到电动车是功能颠覆，供应链被打破，正是我们百年不遇的机会！"

"传统燃油车领先我们50年，80年，甚至100年！新能源汽车是什么？不全是电动汽车，记住，这是赛道的变化！变化的是什么？格局！从中国制造推进到中国智造，以中国人的智慧，我们一定行！"

"董事长，其他人没人愿意赌！要追赶，凭什么？你不睡觉别人也不睡觉，而且是比你厉害的人！吉利并没有那么厉害，我这样说您别介意啊！"

"吉利差远了！我李书福才不像别人说的那样，我真的没有什么了不起的，我就是一个放牛娃，国家给我路，上了大道就要快跑直追！"

"您别老说您是放牛娃了，不好！时代早就变了！"

"你不认为实际上我还是在放牛吗？我是在时代里放牛，放时代的牛！谁也不要高看我，李书福就是个放牛娃！"

能争辩过李书福的人不多，因为他总是强词夺理。"开慢点，你超速了！"李书福大声提醒他，沈子瑜笑笑，意味深长地说："跟您学的董事长，超速才快！不超速哪有今天？"

"守规矩才能长远！"李书福说，"你按规矩开，我困了，睡一会儿。"

沈子瑜把热风开得再大一些，睡着了人的抵抗力会降低。李书福是有顽强抵抗力的人，他的直觉和灵感都来自哪儿？是不是来自高维的智慧？为什么李书福好像什么都懂？他有时间学习吗？凭什么他总是能抓住机会？是不是像有人说的，人的身体全是投影，是能量的聚合，是不是想要研究李书福，只能从量子里去探究了？

量子纠缠，李书福不是在跟这个世界纠缠，而是在跟自己纠缠。

很快听到了李书福的鼾声。李书福极度疲惫了，沈子瑜本想给他调一下座椅，但够不着机关。他知道，吉利总会有一款车彻底改变副驾驶的功能，李书福老说这事儿。越来越国际化的吉利，依靠的是国际化的经营管理。李书福早已不像过去那样紧紧控制着吉利了，还老想着退休，倒是没跟他说回路桥去放牛，李书福就是从台州奔跑出来的一头疯牛。

沈子瑜毕业于上海交通大学，获得了工学硕士学位。他后来跟李书福一样，也是赶上了时代的潮流，成为中国首批车联网行业的参与者。

沈子瑜的第一份工作在上海通用汽车，由此跟汽车结下了缘分。2008年他去北美，有幸参与了高通八2G通信芯片放到通用汽车的工程，2011年自己创业。有时候命运是说不清楚的，但是他可以明白李书福想要的，比如收购魅族。李书福总能快一步，有时候市场还真就是"抢"出来的，吉利又一次跑赢动作慢的同行车企。

从一开始沈子瑜就弄懂了李书福，能跟李书福合拍又共振，他越发知道了，李书福不是给你搭多大的台让你唱多大的戏，而是你能唱多大的戏他就给你搭多大的台。

2015年，李书福第一次见面就跟他谈专业，燃油车电池熄火后就会停车断电，而新能源汽车断电后的电器设备一直在工作，电动汽车软件的核心能力是非常重要的。

沈子瑜非常惊讶李书福对芯片和手机的了解，不是底层逻辑，而是更高的目标追求和灵活应用。电动汽车和智能手机时代，李书福有自己的想法，收购魅族手机，对吉利汽车的软件应用会有一个重要提升，再加上吉利卫星，吉利在构建未来科技，这是一个多么了不起的蓝图！

  他按照李书福的要求，收购魅族手机如期实现。2022年6月1日，在上海举行的小型庆祝活动上，沈子瑜第一次见到了李书福的妻子，一位儒雅矜持、脸上总是带着笑容的董事长夫人。他好像明白了李书福口中的"爱"，而且为什么是6月1日，这里面一定有密码，或许是爱的密码，沈子瑜没有多问。

  不出所料，马上就听到了对李书福收购魅族手机的负面声音。面对网上的批评和嘲讽，沈子瑜很淡定。魅族的创始人是黄章，一个真正做到了低调奢华的人，30岁时就已经是亿万富翁。黄章青年时受不了高中死板的课程，显得非常另类，学校找了个理由终于把他开除了，黄章由此走了一条自己的路，创立魅族手机，他在媒体上很低调，像一条沉入深海的鱼，翱翔在海底世界，不恋慕耀眼的天空。

  魅族手机拥有自己的社区，被称为"魅友"。魅友的口号是"不在辉煌时慕名而来，不在低谷时离你而去"。魅友的主力军是新生代"00"后，李书福要"未来"。沈子瑜知道，当年吉利收购沃尔沃，李书福也是被人质疑的，干就是了！

  沈子瑜操盘魅族手机，设在珠海的研发团队达到了1700多人。meizu 20、meizu 20 pro、meizu 20无界相继推向市场，魅族有400万日活用户，李书福想要征服未来。

  吉利博越、吉利星日益赢得了年轻人的青睐，吉利星瑞也追了上来。吉利汽车为什么有那么多带"星"字的品牌？是不是代表了李书福"想要摘下天上的星星"的浪漫？不知道。

2017年，李书福和沈子瑜共同投资创立了亿咖通科技。2021年，李书福召唤全球科技和商业精英，创建星纪时代科技有限公司。2022年7月，星际时代持有魅族科技控股79.09%的控股权，取得对魅族科技的单独控制。然后，李书福又再次重组，于2023年3月8日成立了星纪魅族集团，成为构建吉利汽车智能生态的重要一环。

吉利倾心打造的"车能路云"，是由汽车端、能源端、交通端和信息端，加上卫星技术实现车机融合、车路协同、车云互联。未来不是很远，吉利要实现线上和线下的高度融合，成为汽车超级智能的移动终端。星纪魅族将努力打造跨界融合的全栈智能终端平台，深耕电子和汽车的协同联动，提供多终端、全场景、沉浸式的融合体验，构建吉利汽车全球智能出行科技生态。

吉利未来科技还包括风能和光能，李书福要把太阳和风变成可以把控的能源，把电变成液体，合成甲醇装进容器里，还要把光装进盒子里。没人知道那是什么，听起来太魔幻了。当年，冰岛总统格里姆松接见李书福的时候，听到李书福说在中国贵州和河南安阳"大干快上"甲醇汽车的时候，说了一句悲情又感人肺腑的话："甲醇像一滴眼泪。"

结识了一位有诗人情怀的冰岛总统，李书福有点动情。待李书福梦想实现的时候，中国将出口能源，普惠地球人。研发甲醇汽车，李书福紧紧跟上了国家发展战略。

封控的日子里，李书福在家里写字、作诗、规划、畅想。多少年以来，这是俪俪难得的幸福时光。

李书福难得跟妻子坐下来一起喝茶，从英国带回来的立顿红茶，用的是专门为俪俪定制的水晶杯，书福偏爱水晶。

怡情时刻又被打扰，王洋从上海打来电话，李书福听到了王洋沙哑的嗓音，他焦急地说："董事长，您快想想办法！卫星发射是有窗口期的，上海这边出不去，卫星在路桥造好了，张华那边也被困在了路桥！"

王洋的声音很大，俪俪也听到了，她叹了口气，知道李书福又要上演"将士出征，石破天惊"了。就是这个命吧，全世界都在跟她争夺李书福，但李书福无论做什么她都支持，干大事的男人都身不由己，她跟着李书福的梦想走。

李书福到书房接的电话，拿着手机出来了，在想怎样开口，说什么安慰柔情的话。他知道自己在爱上总是笨嘴拙舌不会表达，指不定冒出来一句什么话气人，还不如不说。

她抬起头，看着他，反而善解人意安慰起李书福来，轻声说："没关系，你去忙吧！去发射你那两颗新卫星。"

"12颗！"李书福借机转移话题了，这是他的强项，"这次要一下发射12颗卫星！用最厉害的长征火箭，一飞冲天！"

为什么会是12颗卫星呢？她没有多问。李书福满脸歉意地离开客厅，又匆匆进了书房，去打另外几个重要的电话，解决问题。她叹了口气，看见茶台上放着书福刚写的诗，他本来是想跟她共赏这首诗，这个机会也被电话给夺走了。

她拿起来看，不是诗，是歌词，《岁月是小偷》，署名"健康"。李书福为了避嫌，书法也好，歌词也罢，都不再用自己的名字，起了个笔名"健康"。她知道这个笔名背后有很多寓意：身体健康、家庭健康、事业健康，一切都往健康里去。

"岁月是小偷，偷走了青春，留下烙印。"她脑海里闪过了什么，好像一下子就懂了，书福这首《岁月是小偷》是写给爱的，献给爱的。12颗卫星，每月一颗，占满岁月，挂在天上闪烁，爱是星空里最灿烂的星。

书福又一次出门，带着梦想再出发，踏上征程。

向爱而生

晨，蒙蒙细雨，像雾一样弥漫开来，一片朦胧。5月的台州如一幅画，美丽花季，空气留香；视野凝翠，山海神韵；佛宗仙境，人文焕彩。

路桥从未这样安静过，疫情带来了静谧。20年前也曾这样过，当时叫"非典"，20年后又是这样，现在叫"新冠"。新冠病毒给全世界带来了灾难，台州的经济无可避免地停摆了，全力以赴抗击疫情。

凌晨5点多，太阳已经升起，街无人，闻鸟啼。

从东边驶过来一个车队，隆隆的声音，打破了沉寂。开在最前面的是一辆警车，闪烁的警灯，没有鸣笛。后面紧跟着打着双闪的十几辆特种车，罩得严严的，快速驶过一个路口，还有一辆警车断后，也闪着警灯。

传来对讲机的咔咔声，一位交警拿着对讲机大声说："通过！往你那里去了！"

公路上车胎卷出的水雾弥漫，慢慢飘散。

台州湾新区。吉利卫星超级工厂大门口，宽阔的公路上没有车。一个人打着伞默默地守望前方，他是张华，时空道宇超级卫星工厂的副总经理，卫星制造的负责人，生于1987年，在航天事业也耕耘多年。雨水从伞上流了下来，涓涓滴落，他的衣服和裤子都已经浸湿了。

张华难掩心中的急迫，看了一眼表，时间还有点早，定好的时间是5点30分。

大门里是宽敞的院子，停着一辆没有熄火的救护车，排气管冒着白色的雾气。院子里搭起了帐篷，上面印着"台州防疫"四个大字，穿着全套防护服的人正严阵以待。最前面的大楼里，汇聚着制造卫星的工程师，包括行政人员，全都严阵以待，急切地看向窗外。

上海。时空道宇上海研究总院，王洋正在跟刘勇交谈着什么。一个是时空道宇的CEO，生于1984年；一个是卫星总设计师，生于1978年。王洋和刘勇都曾在中国科学院任职，作为曾经的中国航天人，带领着时空道宇200多位科学家和工程师，传承着中国航天的精神往前冲，承载着中国民营航天事业的未来。

"再检查一遍，"王洋跟大家一起，也是一夜未眠，复核着路桥实时监控的卫星数据，"万无一失！"

"王总？"刘勇忽然紧张地看着王洋。

王洋怔了一下，凝固了一秒钟。他拍了一下刘勇的肩，说："这是我的口头禅，航天人都这样说！"

"还是不说吧！"刘勇有点害怕，"这回说什么也不能在那2%里！"

航天火箭发射，中国的成功率可以达到98％左右，领先世界。

"刘总，别这样说！"王洋的眼圈红了，航天人有时候也迷信的，"不吉利！"

刘勇像是有点后悔，拍了一下嘴，收回。2021年底双子星发射，在出征前的交旗仪式上，王洋把旗帜交给刘勇，两人先是击掌，握紧拳头，再交旗帜，听到王洋大声说："万无一失！"

刘勇接过来旗帜，将其高高举起，说道："从去年8月6日到今天，过去了441天，整整63周，双星研制经历了太多！"

张华在第一次出发的仪式上，强忍着内心的激动，语调平静地说："2019年3月4日，箭旅双星，21个月长大成年，不仅长得快，而且长得结实。时空道宇的家人说，我们陪伴双子星的时间比陪娃的时间还长。'指标正常，通过'是一次次的鼓励，两百多人的研发团队，卫星超级工厂的工程师把双子星造了出来，克服一个个困难，经受住了力、热、磁、EMC（电磁兼容）等重重考验，带着李书福董事长的梦想，向天空出发！"

航天人都有一个特点，时间观念很强，说话习惯精确表达，说日期精确到天，说时间准确到秒。在时空道宇，听不到大概、也许、差不多这样的话。

结果，GeeSAT双子星上去了，没入轨，在高空画出一道长长的白色弧线，然后向下，出现了航天员最害怕在大屏幕上看到的向下曲线。而后，没有一个人过好年，春节只休息了3天，大年初四都回到了各自的岗位，开始了决战九星！

造出来12颗卫星，发射9颗。一箭九星，九星连珠！

英国。伦敦夜里10点，李书福出国一直倒不过来时差，北京时间现在是早上6点。这一次，他为阿斯顿·马丁电动汽车而来。阿斯顿·马丁高贵、经典、优雅，在李书福心里是未来，吉利的未来，他隐忍不说，但俪俪知道。

酒店的服务生也知道，这是一位老先生，英国绅士的做派，他知道一个中国人，一个叫李书福的中国人2006年收购了英国经典出租车，给了它一个新名字：上海英伦。

李书福每次到伦敦，都会住在这家有着百年历史的酒店，是酒店尊贵的客人。酒店每次收到订单，都会尽量安排这位贵客下榻特定的房间。

老牌酒店的英式管家服务举世闻名。老先生还知道，2013年，时任英国首相卡梅伦到中国进行国事访问的时候，12月13日在英国驻上海总领事馆会见了李书福。卡梅伦很高兴2008年北京奥运会，英国经典的黑色出租车被作为运动员指定用车，让英国人脸上放出光彩。英国人不认为李书福先生是在全世界"买买买"，而是"救救救"，吉利拯救了享誉世界的黑英伦。

老先生喜欢中国。中国恢复对香港行使主权后的第二年，儿子就去了上海，他不言不语地学起了汉语，用了将近10年的时间认识了很多汉字，儿子甚至夸他可以做翻译了。老先生喜欢做酒店服务，他的弟弟在美国好莱坞拍电影，为摄影师推了一辈子的移动摄影轨道车。弟弟曾被中国电影导演请去拍一场移动着拍的战争戏，一镜到底，只拍了一条——如果不确定拍几条就不会从好莱坞来请他了，专业，专一，兄弟二人都很专一，把自己的工作做好还不行，要做到极致。

老先生不会让客人发现被关注,这是老牌酒店的职业操守。况且,他习惯了照顾这位尊贵的中国客人,知道李书福到伦敦后睡不着,晚上总要一个人出去走走,他会在这个时候送来果盘,甚至知道李书福特别钟爱水晶。老先生端着水晶盘送来了点心和水果;再整理一下桌子上的物品。

老先生拿起桌上的便笺,正要重新放回原来的位置,看到了上面写的字。他本来不该看客人写的东西,老先生一边整理着果盘、刀叉,一边还是忍不住看了,因为便笺上是一首诗。

不知道是不是李书福写的诗,他知道桌台上是客人的钢笔,钢笔字写在竖红格的纸上:

一龙一凤固坚坡,
待等麒麟定山河。
三凤飞舞长空袖,
二龙驾乘东风破。
默度龙舟迎巨浪,
三龙四凤绘凯歌。
今日不披待良时,
他日合纵惊天波。

不知道写的是什么,每一个字他都认识,却不明其意。也是,这就对了,有人看不懂毕加索的画,问毕加索:"你画的是什么呀?"毕加索反问道:"你听到过小鸟唱歌吗?"那人说:"听过,每天都能听到。"毕加索问:"你喜欢吗?"那人说:"喜欢。"毕加索问:"鸟儿唱的是什么歌？"那人好像懂了，又没懂。如同我们知道风的存在，但却从未真的看见过风。

李书福一个人行走在伦敦街头，他已经算是睡过觉了，睡了不到两个小时就醒了，再也睡不着，出来走走。在国内，一个人散步对他而言是不可能的事，他也没有时间。忽然感觉有点孤单，情绪好像一下子袭上心头。伦敦的夜晚有点冷，不如杭州的暖。

他拿起手机，开始浪漫了，打开微信，给俪俪写下一段话：

你总以为我的世界很大，你不在我身边的时候，我都是一个人——其实是两个，我一直没有告诉你，因为还有你。

他按下发送，才想起现在的北京时间是早上6点。别吵醒了妻子的梦，想不发已经来不及了，听到了嗖的一声，发出去了。当着爱人的面，他永远不会表达，知道自己有多笨，甚至愚蠢，只有写成文字，才可以流露深情。

索性再发一句，他写下了一句："伦敦很好，你知道有多好，放心吧！"他又发了出去，再看一眼发出的话，好像自己已经放心了。

创始于1913年、拥有百年历史的阿斯顿·马丁，2021年净亏损高达1.89亿英镑，2022年上半年在全球仅卖出去2676辆。根据阿斯顿·马丁的计划，到2023年，旗下45%的量产车型将转向混合动力汽车，剩下的5%是传统的内燃机汽车，另外的50%将实现完全的电动化。

这次来伦敦谈好了，吉利还要增资阿斯顿·马丁，争取10月签约，超越奔驰，成为阿斯顿·马丁的第三大股东。

李书福抬起头，看了一眼伦敦的天空，忽然想到，要在英国办一所大学。手机响了，俪俪回消息了，是批评："你不睡觉？明天还有好多事呢！"

他笑了。

刚放下手机，又听见手机振动，他拿起手机就说："明天我去……"

"董事长直接飞西昌吧！6月1日到发射中心，这次是九星连珠，万……万事顺意！"

原来是王洋打来的，李书福这才反应过来，有点尴尬地说："好！怎么这么好！"

王洋听得有点蒙，不知道董事长怎么会这样说？不像李书福的风格，也许是太高兴了。他知道李书福在英国有很多事要办，可这个电话不打不行！

"董事长，有件事很急，打扰您了！时空道宇开证明还不行，要让吉利控股集团出份公函！"他有点着急地说，"从路桥到西昌2000多公里，运送卫星的车是不能下高速路的，万一在哪个地方被拦截可就麻烦了！"

"知道了！"李书福听明白了，说，"特事特办！程序还是要走的，要讲规矩，你现在马上走流程，我来批！"

浙江台州，路桥的晨曦好安静。在台州市委和市政府的领导下，整个城市的疫情防控工作从容不迫、井然有序。

电台、电视台每天轮番播报有关新冠疫情的统计数据。李书福对数字非常敏感，他看到过一条消息，说某大学的博士毕业后有

50%留校当老师，另外的50%嫁给了上市公司的老板。还有这样的大学？往后一看，原来这所大学的应届博士毕业生就两个女生，一个留校，一个嫁人。

李书福看完生气了，要是按照这样的"统计学"认知社会，全民会不会入坑？他不准许发布吉利的平均工资，在这方面他是跟大众站在一起的。谁要是在杭州的阿里巴巴，找一个人跟马云平均一下工资，被平均的人得一头撞死。

一场新冠疫情在改变世界。2022年还没有入夏，睿智的人已经开始布局后疫情时代，有的能看出来，有的看不出来，还有的人让人看不懂。李书福就让人看不懂，从财富而言，不知道他挣到多少钱是个头；从梦想而言，不知道他的天空有多大；从担当而言，有一天他可能会把自己给压垮。

没人知道答案，李书福自己也不知道，谁能解构他的密码？没人可以。李书福带领吉利扎根制造业，重新定义"制造哲学"，坚信汽车是能够懂得人的意图的。而发射卫星，智慧出行，是李书福的又一次求变。

路桥街上到处都是防疫志愿者，按照工作单位、居住社区和街道分片管理。疫情，让人都回到了家中，宽阔的公路上几乎看不到汽车。忽然驶过来一个车队，前面有警车开道，闪烁着警灯，没有鸣警笛。

警车打头的车队让人心生担忧。在特殊时期，似乎没有人会对车队产生好奇，看到被罩得严严实实的车队，反而会感到紧张、忧虑，甚至害怕。警车快速驶过来，紧跟在后面的是12辆特种车，全都打着双闪，后面还跟着一辆总能在电视上看到的那种旅行车，再有一辆警车闪着警灯断后。

"安全通过！"十字路口，被临时派岗上街执勤的交警拿起对讲机说，"吉利大道路岗请注意，车队过去了！"

路口几位防疫志愿者注意到了疾驰而过的车队，一个人嚷嚷着说："李书福这是要干吗？鸡肉算到骨头里，吉利不会造上军火了吧？干吗还把车都给捂得严严实实的？你们说呢？"

"只要国家召唤，那家伙什么都敢造！"另一个志愿者说，像是很了解李书福，"听说他还放卫星呢！没响！"

"什么叫没响？卫星不响的，是火箭炸了！"另一个也像是知情者说，"李家的老三做什么都要闹出动静来！不闹出点动静就不叫李书福了！"

原来，在不少人的眼里，李书福是一个爱闹动静、不甘寂寞、不会服输的人。反过来说，李书福绝不是一个招每个人喜欢的人，有人讨厌他，烦他，甚至恨他。

12辆都是吉利商用车集团打造的新能源货车——吉利远程。这支神秘的车队搭载卫星从路桥出发，这次不是去酒泉，而是奔向四川西昌卫星发射中心，全程2000多公里。

张华看了一下表，经过改装的特种车队该驶入吉利大道了。这是出征前的最后一次路测，车队正向台州湾新区驶来。

他举着伞，站在时空道宇超级卫星工厂的大门外，向公路张望，紧张地等待着。张华是安徽人，走出故乡到南京求学，从东南大学本科毕业后，又拿到了电子科技大学硕士学位，随后投身航天事业。

2018年10月29日，张华来到上海加盟时空道宇，又从上海来到路桥，出任台州超级卫星工厂的副总经理，主管卫星制造。

梦想引领着张华前行，从安徽、南京、四川、北京和上海一路走来，为制造卫星最后落地台州。他怎么也没有想到，自己的梦想跟李书福的梦想交织在了一起，太多吉利人无不如此。

看见警车引导着车队过来了，张华扬了扬手，工厂的电动大门开了，他跑进去大声说："来了！来了！快！"

穿着全套防护服的医护人员早就到了，执行核酸检测任务。台州市疾控中心的一位领导也在现场，大声说："按照流程，严格核对好身份信息输入数据库！大家要耐心！送样快检可以抢时间！"

警车停在了道边，12辆特种车鱼贯驶入大门，整齐停放在大楼前宽阔的场地上。从楼里迎出来的人将蒙在特种车上的罩子取下，每辆车上都喷着醒目的大字：时空道宇卫星专用车。

上海。王洋在做最后动员，这位曾供职华为的青年科学家，在研究3GRAN上积累了信息与通信系统的经验。2008年，王洋加入中国科学院微小卫星创新研究院，参加的项目获得了国家科技进步特等奖第一名。"双子星"发射失败后，王洋率领团队用了15个月时间，一口气完成了12颗卫星的研制。"吉利未来出行星座"计划在2025年完成一期8轨72颗卫星的发射，推动智慧出行，覆盖吉利旗下所有品牌和合资合作车系，开创以车为载体的新生活。

上一次发射，时空道宇举行了一次庄严的出发仪式，王洋把旗帜交给了卫星总设计师刘勇，王洋举起手，跟同时举起手的刘勇击掌后，两人的手握在了一起，王洋说："万无一失！"

今天，王洋没有再说这句话，让兼任时空道宇高级副总裁的刘勇踏实了不少。刘勇在中国科学院任职，是"齐鲁一号"卫星的总设计师。"齐鲁一号"卫星是我国第一颗 Ku 波段的高分辨率轻小型合成孔径雷达卫星，分辨率可以达到 0.5 米，创新意义重大。刘勇无疑还要在时空道宇继续突破。

"乔布斯重新定义了手机，我们也应该重新定义新时代的卫星。"刘勇沉稳地说，"时空道宇在李书福董事长的带领和要求下，让人们看到原来卫星还可以这么做！颠覆性的创新设计，是时空道宇从科技上引领吉利汽车全系发展和服务的尖兵！"

这是一支达200多人以"80后"为主力的强大科技团队。宝刀不老的"50后"、勇气担当的"60后"、承上启下的"70后"起立鼓掌。责任担当，使命召唤，时空道宇的吉利人信心满满，爆发出来的决心之坚，就好像用生命之躯也要把9颗卫星顶进高空入轨！

王洋再一次把旗帜交给刘勇，击掌握手，信心满满地说："仰望星空，万事顺意！"

再出发。

1957年，苏联发射了世界历史上第一颗人造地球卫星"斯普特尼克一号"。该卫星的升空震惊了美国，后来此类倍感威胁的情境被人们称为"斯普特尼克时刻"。1962年7月10日，美国发射了通信卫星"电星一号"，1962年8月31日，肯尼迪政府签署了《通信卫星法案》。1978年5月11日，卡特政府签署了美国第一版《国家太空政策》。2015年，美国众议院通过了《商业航天发射竞争法案》。2017年，特朗普不光盯着中国，也惦记着天上的"美国优先"。

1970年，中国第一颗人造地球卫星"东方红一号"发射。1975年，中国首颗返回式卫星发射。1981年，中国首次掌握了"一箭三星"卫星发射技术。2000年，北斗导航试验卫星入轨。2020年，北斗卫星导航系统组网。

2022年6月2日，吉利星座01组卫星将于12点整准时发射，一箭九星，迎着正午的阳光直冲云霄。这次用的是长征二号丙运载火箭，王洋虽然没有说出万无一失，但中国航天的长征火箭一直万无一失！早在20世纪90年代，长征二号丙运载火箭为中国长城公司和美国摩托罗拉公司以"一箭双星"的方式，先后发射了14颗"铱"卫星，形如环绕地球的卫星项链。现在，吉利要先用自己的72颗卫星构建吉利第一道天网。

张华带领着团队将10颗卫星封装完毕，其中一颗备用。生产出来的12颗卫星里剩下的两颗将作为样星利用。待9颗卫星进入5000米高空的运行轨道时，将把大量数据实时传送给研发团队，以便后续的卫星研制工作。

吉利远程汽车经过特殊改造，车内铺有强化减震气垫。这次卫星运送，对吉利汽车也是一个极大的考验。此外，装有卫星的每个箱体都安装了空调，不仅要抗震，还要确保恒温、恒湿、恒压，充入氮气并密封好。箱体在送进发射中心的整备区之前绝对不能打开。这就是卫星运送，对吉利远程商用车也是一次极大考验。

在这个阳光明媚的早晨，吉利控股集团CEO李东辉来到路桥，祝贺出征，他将代表李书福前往西昌卫星发射中心。因为从5月底至6月初，李书福在北京开一周的会，无法亲赴西昌。

出征的这一天，李书福本来要到路桥亲贺的，他从阿联酋的阿布扎比不得不改飞马来西亚，因为后来成为马来西亚总理的安瓦尔·易卜拉欣要会见他。吉利要在新能源汽车领域发力，另辟新境，这对东南亚汽车工业而言也是发展的机遇。

宝腾汽车称得上是马来西亚的"一汽"，马来西亚民族工业的长子，后来发展遇到瓶颈。2016年，宝腾汽车从过去最高70%的市场占有率跌至12.5%的谷底。2012年开始，李书福苦苦谈判了5年，吉利终于成功击败了大众、通用、日产等多家企业的围猎，2017年拿下了宝腾49.9%的股份。在吉利掌舵的6年里，宝腾汽车走出亏损泥潭，实现盈利，销量连续4年攀升。2018年时的销量为6.5万辆，2022年这一数字为14.1万辆，宝腾汽车成了马来西亚海外出口销量排名第一的汽车品牌。

宝腾汽车号称马来西亚汽车工业的"国家队"，母公司是DRB-HICOM集团。李书福在新能源汽车上，不能不说有"围魏救赵"的意味，国内新能源汽车正掀起一场混战，刀光剑影，鱼龙混杂，翻江倒海，各种新势力无不想笑傲江湖，吉利身处险境。

李书福早已嗅出即将到来的血腥味，奋力出击拥有6亿多人口的东南亚市场，是吉利下的一步妙棋。吉利原想控股宝腾汽车51%的股份，但双方僵持不下，李书福最终做出让步，回手拿下了宝腾汽车旗下的汽车品牌路特斯51%股份。此外，他又在英国谈好了增资阿斯顿·马丁股份，如此一来，"吉利舰队"拥有了两艘"航空母舰"，一艘冠绝东半球，一艘享誉世界。随后，路特斯Evora GT 410横空出世，以405马力闯入中国跑车市场的赛道。不为争霸，只要那一抹鲜丽的色彩。

跟安瓦尔·易卜拉欣愉快地谈完，从马来西亚归来，李书福还相约了一个神秘人物。在吉利总部大厦10楼办公室的会客厅，他与俄罗斯的亿万富翁德米特里·伊茨科夫见了一面。

李书福跟德米特里·伊茨科夫探讨"人脑遥控机器人"，据说这个被称为"2045 Initiative"的计划将实现人类的永生。李书福好像不太喜欢这个人，他只喜欢"initiative"这个词。

"initiative"一词有"主动权、首创精神、新方案、倡议"等含义。一句话，"initiative"词语所能包括的词意，都是李书福非常喜欢的。当年他曾派顾勇去秦岭的深山里医药开发，跟终南山脚下的一家国企共同研制一种新药，据说这种药能让人延年益寿，长命百岁，结果不出所料地失败了。

同是这一天，沃尔沃环球帆船赛正在太平洋上航行。沃尔沃生命奇迹俱乐部在广州召开以"敬畏生命"为主题的座谈会。吉利旗下的飞行汽车"沃飞长空"研制的电动飞行汽车AE200正在武汉试飞。

装载着卫星的吉利远程车队正日夜兼程，奔驰在风雨交加的路上。

人歇车不停，车队不能下高速，一路向西，2000多公里的征程，奔四川。为保证安全，不让拉着卫星的司机感觉到过大的压力，一个小时换一次司机，每辆车配了两个司机，为了以防万一，还多带上了几个司机坐在最后一辆的保障车里。保障车里装满了矿泉水，还有方便面，以防万一。

国家发射卫星都是用专列运输，并由武警全副武装押送，民企制造的商用卫星不可能有这个待遇。张华坐在第一辆车的副驾驶位上，带着吉利控股集团运送卫星的红头文件，万一路上遇上要求开箱检查可就麻烦了，卫星的专用箱不能打开，10辆车上的10颗卫星，都装在特制的箱子里，绝对不可以打开箱子。

特制的密封车，每辆车还装有柴油发电机，向车厢里面不间断地充氮气保护，别说装着卫星的特种箱不能打开，就连车门也不能开。可是，在穿过好几个省的高速公路上，又是疫情防控期间，发生什么情况都说不好。

所以，张华压力巨大，人不离车地连续行驶四天三夜，在车上睡觉，如果遇上服务区关闭，就在车上泡方便面。还要随时关注他坐的头车的车速，拿着对讲机随时跟最后一辆车保持联系，总能听到从最后一辆保障车里传来对讲机的声音："张总！慢点！后面都超速了！"头车没有超速，一直控制在每小时120公里，原来头车开到120，最后一辆车有时候就要加速到每小时140公里才能跟得上。

放慢车速，经过两天一夜的车程，来到西安外环服务区，大家下了车，伸伸胳膊踢踢腿，放松一下筋骨，车辆开始加油。一半人守着车，一半人去吃饭，时间很紧张。

张华拿着两个肉夹馍回来，看到几个军人正在绕着车看，不知道看什么。一位少校看到走过来的张华，问："你们从浙江来的？"

"是的，从台州路桥出发，到西昌卫星发射中心。"张华说。

"看见了，"少校抬起头，看着车厢外面喷的大字，感慨地说，"时空道宇卫星，不容易。"

"还行吧，路上不堵车，一路畅通。"张华说，咬了一口肉夹馍，"我们是吉利控股集团的，吉利不光是造汽车，还研发卫星。"

"一辆都没有剐蹭，也没有换过轮胎，不简单。"少校只关心这些，然后充满敬意，居然向张华行了一个军礼，说:"往前有暴雨，连绵几百里，一路平安，多加小心！"

张华慌忙地给少校低下头弯下腰回礼，肉夹馍差点掉到地上。

他始终没明白，少校不关心卫星，而是汽车。少校也没有说车的好与不好，而是说没有剐蹭，没爆过胎，张华一头雾水。司机听到笑了，告诉他说:"张总，是夸我们组织得好，运气也好！我在部队的时候是汽车连的，只要是规模较大的移动总会遇上情况，车行百里，刚刚蹭蹭、换个胎总是难免的！我觉得是老板公司名字起得好，吉利！"

原来如此，张华明白了，说:"注意安全，前面有几百公里的大暴雨，就要进入四川了！"

天色暗了下来，车队打开了大灯，双闪一直没有停过，行进了30多公里，响雷了，果然下起雨来。越往前雨越大，大暴雨，就在暴雨中西进。高速公路上没有路灯，白茫茫的天地一色，暴雨越发大得邪乎，如柱倾泻，敲打在挡风玻璃上，像连连炸开的花。李书福曾经说过，吉利卫星就像太阳花，现在可真是花儿朵朵。

行进越发艰难，能见度不到10米。不能再强行赶路了，太危险，离下一个服务区还有30公里，车队不得不在应急车带临时停车。

刚停下，就见高速公路上闪着警灯的警车从后面来了，直接向头车过来。张华一阵紧张，急忙地跳下车，差点跌倒，雨伞也摔了出去。

他想向警察解释，两个警察下了警车，一个举着手电筒，看到了车身上"时空道宇卫星专用车"几个大字，另一个警察过来，向张华敬了个礼，大声说:"你们是去西昌卫星发射中心吧？我在前面带你们走，跟着我！"

张华的眼泪一下子夺眶而出。

北京京西宾馆。一场重要的研讨会正在举行，李书福刚刚做了发言。没人知道，他的一半心思在西昌，还有一部分跳到马斯克的"脑机接口"上去了。这就是一次关于新能源汽车和未来科技怎样结合的研讨会，来的是各方面的专家，没有人知道他是不是想要投资德米特里·伊茨科夫，实施"2045 Initiative"计划。

李书福不想参与研究怎样让人类不死，而是怎样活得更健康。他就是一个总能遇到拐点的奋斗者，如果让他兴奋，那就谁也别想让他刹住车。他从不迷信科学，科学是可以被重复验证的东西，李书福做过的所有事都可以被验证，却无法被重复。

科技改变未来，地球人都知道，李书福喜欢紧跟国家新的发展战略理念。会议期间，大家都很自觉地把手机关机，会议结束，他打开手机，跳出来的一条新闻让他怔了一下，四川雅安发生了6.1级地震！

李书福感到头皮发麻，跑着回到客房，一边拨通王洋的电话，一边打开电视机。中央电视台新闻频道正在播出新闻："本台刚刚收到的消息，6月1日17时00分，四川省雅安市芦山县发生6.1级地震，震源深度17公里，国务院抗震救灾指挥部办公室……"

他急迫地想让王洋赶紧接电话，王洋的手机竟然无人接听。他立即打给了李东辉，明天，6月2日中午12点整，吉利的"九星连珠"就要发射，已经安放在长征火箭上。中午李东辉打电话告诉他，两百多吨燃料正在往耸立在发射塔上的长征火箭里加注，雅安居然地震了！雅安离西昌仅仅300公里啊！

西昌卫星发射中心。王洋带着仪器爬上卫星，几个工程师一起上来，万分紧张地检查卫星各项数据！从路桥一路小心翼翼马不停蹄地千里奔来，王洋在地震还没有停下来的时候，站在地上晃晃悠悠的就一直打自己的脸，第二次出征他没有喊"万无一失"啊！

李东辉万分焦虑地站在发射塔前仰望，手机响了，李书福打来的。他接通手机大声说："董事长，正在检查！放心吧！据我所知，所有的卫星经过了上百次各种测试，包括突发情况，获得了模拟发射的上万份数据，希望卫星不会有问题！什么？好！好！我去，代表您和吉利十几万人，再去一下！您放心吧董事长！"

李书福还要他们再向西昌卫星发射中心的烈士纪念碑，敬献花圈。

还好，天佑吉利，卫星数据一切正常！

2022年6月2日，北京时间11点59分，发射中心指挥大厅庄严肃穆，60秒倒计时开始了。刘勇下意识地摸了一下脸，王洋庄严而且大声地发出指令："十、九、八、七、六、五、四、三、二、一，点火！"

只见火箭喷出红白相间的火焰，长征二号丙运载火箭冉冉升起，飞向天空，画出了耀眼的梦想图腾，直入云霄。9颗卫星顺利进入预定轨道，发射任务圆满成功！

新华社西昌6月2日电：6月2日12：00分，中国在西昌卫星发射中心使用长征二号丙运载火箭，成功将吉利星座01组卫星发射升空，9颗卫星顺利进入预定轨道，发射任务获得圆满成功。

这组卫星主要用于智能联网汽车的出行服务，同时还可以支持海洋环保等公益行动。2023年，这组卫星成功为杭州亚运会提供了卫星导航等技术服务，其中有一颗卫星还被命名为"亚运中国星"。

杭州第19届亚洲运动会，被誉为"吉利天团"的吉利完成了三大科技壮举，也迎来了高光时刻，两千多辆吉利汽车成为亚运会指定用车。开幕式，中国首创全球绿色零碳甲醇火炬点燃。10月8日，中央广播电视总台在直播开幕式结束后，播出了专题节目，中央电视台的主持人以骄傲的表情微笑着播报：

亚运会闭幕式都看了吧？有没有被点火仪式震撼到？反正我看了是暗暗感动，因为我知道，这火焰背后有着一个鲜为人知的科技突破。99％的人都不会想到，这是人类历史上开幕式头一次使用废碳再生的绿色零碳甲醇，作为了主火炬的燃料。你会说不可能吧？那么大的火炬燃烧，还能做到"零碳"吗？没错，这次的火炬燃烧不仅全程零碳，而且制作甲醇所用的二氧化碳，都是来自现有的工业废气，更关键的是这次零碳火炬所用的技术，可不是什么海外技术，而是来自我们太熟悉不过的一个企业了，吉利……

这些年吉利的研发已经投入了近2000亿元人民币，全球共有3万高水平、国际化工程研发设计人员，持续在新能源科技、人机交互、智能驾驶、车载芯片、低轨卫星等前沿科技领域进行大量的投入和探索，吉利的能源产业链布局还远没有结束。

一个火炬的背后竟然藏着这么多的科技创新，听到这儿，你会不会更加觉得一切来之不易，值得暗暗感动呢？

还是在3月里，李书福准备好了在人大和政协两会委员直播通道接受采访时，好好说一下新能源，他心中的"新能源"不完全是电动汽车，而是他放不下的甲醇汽车。

长安街的早晨，一眼望不到尾的车队由西向东驶来。举世瞩目的全国两会将在北京隆重举行，警车在前方闪着警灯开道，后面跟着浩浩荡荡的车队，驶经新华门的大巴上坐着人大代表和政协委员们。像往年一样从代表驻地出发，前面吉利汽车开道，在长安街上准时集结，开往人民大会堂。

"书福，今年是第几年了？"大巴上，坐在李书福旁边的浙江代表说，"吉利为全国两会提供车辆服务，多么骄傲的事，怎么看不见你们宣传呢？"

"低调。"李书福笑笑说。

"这要是换了别的车企，为两会服务，还不都得传播到幼儿园去！"

"今年的春天，风不大。"李书福转移了话题，"去年3月的风很大，大家都戴着口罩，这回不用了。"

"书福，上一届你做了人大代表，今年又回到政协，这回做了什么提案？我听说是完善碳排放的？你今年还要在委员通道上接受采访吧？那可是央视现场直播，书福，你讲多了会不会得罪别的车企？"

"你看中国星，这个颜色漂不漂亮？"李书福不接话题，指着大巴前面的吉利两会服务和礼宾车说，"只此青绿，好有诗意，来自《千里江山图》。"

"书福，吉利汽车的风头不对呀？没怎么看到你们的宣传！"

"低调做人，低调做事。"李书福说，看向窗外。聚威更要聚德。千军万马造新能源汽车的时代来了，像20多年前一样，各种新势力再次杀向汽车。显而易见，吉利面临着巨大的考验，面对着国内外越发惨烈的殊死竞争。

时代已经不允许李书福"造出个寂寞"。

有时候他总在想，这个世界会不会是被形容出来的呢？平行宇宙，量子纠缠，往后不定还会发现什么新鲜的东西。他曾经像一个魔术师，把一个个梦想弄得千奇百怪，像变戏法似的呈现出来，让人看得目瞪口呆。

李书福做的事很多人都知道，别人不是不会做，就是做不到，做不到像李书福这样。李书福不像魔术师，能把一架波音飞机当着人们的面给变没了，他总是在众目睽睽之下，空地上变出来一个庞然大物，无中生有。老子说："天下万物生于有，有生于无。"

有些事情他想放下，却结束不了，也是身不由己。结束，或是开始，都是改变。英国历史学家 A.J.P. 泰勒说："历史上所有的改变，所有的进步，都来自不顺从者。如果没有麻烦制造者，没有提异议的人，我们应该还住在山洞里。"

姑且如此。

2023年的两会引起了全世界的高度关注。3月4日下午，李书福走上了全国政协十四届一次会议的首场"委员通道"。他穿着笔挺的西装，面对CCTV向全球现场直播的镜头，还有数不过来的全世界记者的长枪短炮，讲起跟随国家减碳战略，中国汽车工业凭借新能源汽车实现弯道超车，展现出吉利在新时代的信心。

王俪俪在家看着直播，跟以前相比，书福面对镜头和上千的记者采访，变得越来越从容自信了，气色也越来越好。如果能在家待的时间长一点，他的状态一定会更好，可惜他做不到。一个朋友说的极是，李书福已经不属于她一个人，世界需要李书福，全世界都在跟她争夺李书福的时间，分享他的爱。

她轻轻地叹了口气。

又是一个夜晚，杭州更美丽，她看见了"大莲花"的火炬映亮了夜空。世界上第一次使用甲醇做燃料的火炬，在杭州奥体中心点燃。人们把奥体中心美丽的造型称为"大莲花"，甲醇火炬岂不就是绽放的花蕊，夺目闪亮。

多少年来，从来没有这么近地跟书福一起仰望天空，她在这里，书福在那里，共睹国家盛事。

她没有去开幕式现场，在家里看直播，等书福回家。家，可以容下男人的柔软。书福肯定地说，亚运会期间哪儿都不去，因为吉利为杭州亚运会提供了太多的服务，除了甲醇火炬，还有接送各个国家运动员和外国首脑的礼宾车，太多了。"中国新时代，杭州新亚运"，吉利不仅没有缺席，而是又一次惊艳了世人。

书福可以好好在家待上几天了，早上，俪俪从一家老店定制了鸭子，放上玉竹、红枣、陈皮、冬虫夏草、黑枸杞、沙参，再加上一片干姜，把老鸭用大火炖，再调成小火熬。老鸭汤滋补降燥，补血益气，李书福过去是一个爱生气的人，跟她讲过一开始吉利想要在路桥造汽车，土地批不下来，只好去了临海。

那时候没人看好吉利，书福没少郁闷过。想在临海大力发展，好像没看到政府的热情，随着经济发展土地确实日益紧张。在一筹莫展的时候，宁波北仑一个日本人经营不善，撂下工厂离开了。书福运气好，恰逢其时，抓住了机会，用原价把土地和厂区全买了，从此扎根宁波越做越大。后来，临海欢迎吉利回来，路桥更是想方设法地跟书福沟通，希望吉利能在路桥设厂。

书福是一个特别注重感情的人，别说汽车，就连卫星超级工厂都放在了路桥。李书福总说对故乡的回报是应该的，他是一个远行的有梦人，归来还是出走时的模样。世界上有多少人不是这样？反复跟自己相遇，又不停地告别。

他曾是放荡不羁的画，也是一意孤行的灯。汽车与人是冰，人与汽车是诗。当汽车是主语的时候，汽车是冷冰冰的机器；当人是主语的时候，汽车是有生命的。懂得的人自然会懂，不懂得的人就学会懂。岁月只能让人变老，经历才会使人长大。

俪俪开始感觉到了书福的紧张。吉利一天比一天做得大，书福却一天比一天紧张。她不会多问的，只要他健健康康的，就是她对吉利不可替代的贡献。

她估算着时间，把煲老鸭汤的火关上了，书福回家喝的时候温度正好。家，是李书福最温暖的地方，放得下他的柔软。俪俪知道李书福柔软的一面，甚至脆弱。是不是在外面越坚强的男人，回到家里越脆弱呢？

李书福回到家，已经晚上11点多了。她去厨房端汤，回到客厅，看到书福坐在沙发上睡着了，手里还拿着书，手机放在身旁。

她再放轻些脚步，把碗放在侧边的茶台上。茶台挺高，上面摆着书福从英国给她带回来的英国瓷器，精致的韦奇伍德九谷鹤盖碗，盛汤没有景德镇的好。她把茶台上吉利控股集团专用信笺向里推了一下，放下盖碗，扫了一眼信笺，上面有字，几行诗，不知道书福什么时候写的。

李书福醒了，从身上又捡起来书，还没有回过神来。

"你又看《道德经》，"她轻声说，"别看了，喝完汤早点休息。"

"我好像跟别人看到的不太一样。"书福说，"道可道，非常道。名可名，非常名。对《道德经》每个人都有自己的解读，我的总结是：第一，做自己喜欢的事。第二，把喜欢的事做到极致。第三，做到极致还不够，还要做到一种境界。"

"真好，开幕式结束了，"她掀开盖碗，拿起汤勺，微笑着说，"等你回来，你回家又给我做上报告了。"

"比如说，人体最舒适的震动频率是有标准的，要讲科学。"书福说，"要让吉利汽车坐得更舒服，更科技，更安全，都要往极致上做！"

"我知道你想说什么，还好你没说。我真害怕你在外面说，现在什么人都来造电动汽车，还以为是做电动娃娃呢，看人家怎么围攻你！"她把汤勺递过来，说，"你赶上了好时候，身边又有那么多的精兵强将，来自全世界的。喝汤，温度正好，你有时间吗？"

李书福看着她，表情有点怪。

"别这么看着我，好像你多委屈似的。"她端起碗，说，"没关系，我都习惯了，你就去做你想做到极致的事儿吧！"

"我不认为这是批评我。"李书福笑了笑，接过了碗，拿起汤勺，自言自语地说，"现在快12点了，华盛顿是早上9点。"

"怎么了？"她问，书福今天好奇怪。

"没事儿！"李书福故意回避了，恍惚地问道，"你说什么？喝汤？"

手机忽然响了起来，炸裂般地响，在沙发上颤动着，把俪俪给吓了一跳。

"未来，人类早晚会被机器给控制的。"李书福说，分明有意绕开什么。

"未来控制不住你。"俪俪说，知道书福不想让她担心，见书福的脸色不对，非常难看，她的心里咯噔了一下，说，"你快回个电话吧，一定特别急！"

"对不起，我得出去一下！"李书福忽然说，"我去换下衣服，你先喝，给我留一口就好！"

李书福说完，快步离开客厅，匆匆向衣帽间走去换衣服。这是又要走，一定有天大的事儿发生，书福不说，怕她担忧，才不告诉她。

俪俪忽然越发心慌起来，不是担心，是揪心，书福晚上回来就心神不宁的样子。会是什么大事？美国那边吗？不是底特律是华盛顿？还是德国、英国、冰岛、马来西亚？不会是俄罗斯吧？不知道，这个晚上书福不寻常。

李书福从来都把手机调成静音的，今晚没有，知道会有大事发生，怕睡着了，才把手机静音关闭。子夜时分，必须离家，是去应战还是挑战呢？

不知道，她有点难过，甚至是伤心。王俪俪轻轻叹了口气，把

碗又放回茶台,她低头看了一眼信笺,吉利控股集团的信笺上写着一首诗,李书福的钢笔字越发硬朗了:

未来的每个日落
你都把它看成太阳初升

未来的每一天
都不会回到从前

放下你的沉重
坚信每一步都走向希望

有些对联只有上联
下联靠你的坚强书写

附 录

大事年表

1986年
　　"创业三部曲"：开照相馆，做电冰箱，做装潢材料
1990年
　　成立吉利装潢材料厂
1994年
　　吉利涉足摩托车行业
1997年
　　吉利进入汽车行业
1998年
　　第一辆吉利豪情在临海基地下线
2001年
　　获得汽车生产资质，成为中国首家民营汽车企业
2002年
　　吉利汽车进入中国汽车企业10强

2003年
　　中国国家博物馆收藏吉利美人豹跑车；浙江吉利控股集团有限公司成立
2005年
　　在香港证券交易所上市
2006年
　　入股英国锰铜集团
2007年
　　李书福发表《宁波宣言》，宣布吉利开始战略转型
2010年
　　收购沃尔沃汽车
2012年
　　吉利跻身世界500强
2013年
　　吉利汽车欧洲研发中心成立
2014年
　　吉利三品牌归一的全新品牌架构
2015年
　　吉利博瑞上市，吉利进入3.0时代；曹操出行上线
2016年
　　发布吉利新能源商用车品牌"远程"；发布LYNK&CO（领克）品牌
2017年
　　收购马来西亚DRB-HICOM集团旗下宝腾汽车及路特斯股份；收购美国太力飞行汽车公司；高端合资品牌领克首款车型领克01上市；

收购沃尔沃集团8.2%股权，成为其第一大持股股东

2018年

  收购戴姆勒9.69%具有表决权的股份，成为其最大股东；与戴姆勒出行服务有限公司在华组建合资公司"耀出行"；控股盛宝银行

2019年

  成为杭州亚运会官方合作伙伴；与戴姆勒成立合资公司，在全球共同运营发展smart品牌；与戴姆勒共同投资Volocopter

2020年

  与梅赛德斯-奔驰共同成立smart品牌全球合资公司；台州吉利卫星项目开工

2021年

  吉利正式加入IATF

2022年

  "吉利未来出行星座"首轨九星成功发射

2023年

  全球首创零碳甲醇亚运主火炬点燃

2024年

  "吉利未来出行星座"第二轨11星成功发射入轨

组织架构

乘用车：

  吉利汽车集团 —— 吉利汽车、领克汽车

  沃尔沃汽车集团 —— 沃尔沃汽车、极星汽车

极氪智能科技 —— 极氪汽车
路特斯集团 —— 路特斯汽车、路特斯工程
宝腾汽车
伦敦电动汽车
雷达新能源汽车
smart

商用车：

远程新能源商用车集团 — 远程科技、醇氢科技、汉马科技、绿色慧联、万物友好、阳光铭岛

科技集团：

新材料、新能源、工业互联网、通用航空 - 时空道宇、沃飞长空、Volocopter

出行：

曹操出行、耀出行、礼帽出行

教育：

吉利人才发展集团：吉利学院、三亚学院、湘潭理工学院、三亚理工职业学院、湖南吉利汽车职业技术学院、浙江汽车工程高研院、浙江汽车职业技术学院（代管）、浙江吉利汽车技师学院（代管）、临海市豪情汽车工业学校（代管）

全球生产布局

亚洲：

　　吉利汽车集团整车工厂：杭州、宁波、台州、湖州、成都、重庆、湘潭、贵阳、张家口、晋中、宝鸡、西安、济南

　　吉利远程新能源商用车集团整车工厂（中国）：南充、上饶、马鞍山、淄博、湘潭

　　沃尔沃汽车集团整车工厂：成都、大庆、台州、沃尔沃吉隆坡KD工厂、沃尔沃印度班加罗尔KD工厂、伦敦电动汽车整车工厂（中国义乌）、路特斯集团整车工厂（中国武汉）

欧洲：

　　沃尔沃瑞典舍夫德发动机厂、沃尔沃瑞典哥德堡整车工厂、沃尔沃比利时根特整车工厂、路特斯英国海瑟尔跑车工厂、伦敦电动汽车考文垂整车工厂

美国：

　　沃尔沃美国南卡罗来纳整车工厂